i教育

一课研究丛书·图形与几何系列

主编 朱乐平

圆柱与圆锥的认识、表面积和体积

教学研究

吴玉兰 章 剑 沈美莲 张 麟◎著

教育科学出版社
·北京·

出版人　所广一
策划编辑　郑　莉
项目统筹　郑　莉
责任编辑　闫　景
版式设计　宗沅雅轩　贾艳凤
责任校对　贾静芳
责任印制　叶小峰

图书在版编目（CIP）数据

圆柱与圆锥的认识、表面积和体积教学研究／吴玉兰
等著．—北京：教育科学出版社，2014.1（2019.1重印）
（一课研究丛书／朱乐平主编．图形与几何系列）
ISBN 978-7-5041-8133-6

Ⅰ.①圆… Ⅱ.①吴… Ⅲ.①几何课—教学研究—小
学　Ⅳ.①G623.502

中国版本图书馆 CIP 数据核字（2013）第 299604 号

一课研究丛书·图形与几何系列
圆柱与圆锥的认识、表面积和体积教学研究
YUANZHU YU YUANZHUI DE RENSHI、BIAOMIANJI HE TIJI JIAOXUE YANJIU

出版发行	教育科学出版社			
社　　址	北京·朝阳区安慧北里安园甲9号	市场部电话	010-64989009
邮　　编	100101	编辑部电话	010-64989593
传　　真	010-64891796	网　　址	http://www.esph.com.cn
经　　销	各地新华书店			
制　　作	北京金奥都图文制作中心			
印　　刷	保定市中画美凯印刷有限公司			
开　　本	720毫米×1020毫米　1/16	版　　次	2014年1月第1版
印　　张	16.75	印　　次	2019年1月第3次印刷
字　　数	251千	定　　价	39.00元

如有印装质量问题，请到所购图书销售部门联系调换。

这是一套什么样的书?

你见过对一节课的研究形成一本十几万字的学术专著吗?

你见过查阅百年来课标(大纲)后综述对一节课的教学要求吗?

你见过对一节课的内容进行国内外多个版本教材比较吗?

你见过对主要杂志上关于一节课的研究成果进行综述吗?

你见过根据一节课的内容给出许多个不同的教学设计吗?

你见过对一节课的研究形成系列校本教研的活动方案吗?

你见过以作者与读者互动对话的形式写成的学术专著吗?

本丛书将让你见到上面所有的"样子"。

《一课研究丛书·图形与几何系列》(以下简称"丛书")是对课的研究。其中的每一本都是围绕小学数学"图形与几何"领域的一节课(或两三节相关的课)进行多视角系统研究而形成。

研究的内容主要根据教师的课堂教学实践与理论水平提高的需要来确定。主要维度如下:

1. 数学知识维度。数学老师要上好一节课,就应该比学生有更多关于这节课的数学知识,即"上位数学知识"。它是指超越了小学数学一节课的内容,在初中、高中(或中等师范学校)以及大学数学中出现的相关数学知识。很显然,没有上位数学知识是无法上好一节课的,但只有上位的数学知识也远远不够,还必须能够从中获得教学的启示。也就是说,要把围绕一节课的上位数学知识与小学数学紧密结合,指导小学数学教学。这一维度的研究主要解决老师在知识上的"一桶水"问题。

2. 课程标准（教学大纲）维度。 从理论上说，一个教师有了数学知识以后，首先要关注的就是课程标准（教学大纲）。这是因为数学课程标准（教学大纲）是一个规定了数学学科的课程性质、目标、内容和实施建议的教学指导性文件。对一节课展开研究应该从最高的纲领性文件入手，明确这节课的目标定位。丛书中所涉及的每一节课，其作者都查阅了自20世纪初到现在的一百多年来国内所有和国外部分数学课程标准（教学大纲），从标准的视角，展现出一节课教学要求的历史沿革过程并从中获得启示。

3. 教材比较维度。 数学教材为学生学习一节课的内容提供了基本线索和知识结构，它是重要的数学课程资源。丛书对一节课的教材从多个角度进行比较研究。从时间的角度看，进行了纵向与横向比较研究。纵向比较研究是对不同时期出版的教材进行比较，特别是对同一个出版社或同一个主编不同时期编写的教材进行多角度比较，从历史的沿革中感悟一节课不同时期的编写特点；横向比较研究是对同一时期出版的多种不同版本教材进行比较。从地域的角度看，进行了中国大陆与港、澳、台教材的比较，以及国内外教材的比较。教材比较研究可以为研究这节课或去给小学生上这节课的老师开阔视野，帮助找到更多有价值的课程资源。丛书的每一本不但在正文中对教材进行了比较，而且还在附录中完整呈现了多个版本的相关教材，供读者进一步研究参考。

4. 理论指导维度。 我们知道，没有实践的理论是空虚的，没有理论的实践是盲目的。要上好一节课，自然需要理论的指导。奇怪的是，虽然有许多教育理论，但要真正系统地指导一节课的时候，特别是要指导一节课进入实践操作时，却又常常是困难的。丛书在数学教育理论指导课堂教学方面做了探索，努力做到让理论进入课堂教学实践，使得实践者能够真正感受到理论的力量。

5. 学生起点维度。 学生是学习的主体，要进行一节课的教学，自然要研究学生的起点。丛书不仅阐述了如何了解学生起点的方法，而且还围绕一节课的学习，对学生起点情况进行分析与研究，以便更好地进行教学设计。

6. 教学设计维度。 有了上述五个维度的研究后，我们就可以进入教学设计的研究维度。丛书首先对一节课的教学设计进行综述，就是把散见在多种重要杂志和专著上的教学设计成果进行整理（比如，查阅《小学数学教师》《小学教学》等刊物自创刊以来的全部内容），试图明确这节课迄今为止的所有研究成果。然后再根据学生的情况和多个不同的角度设计出新的不同的教学过程。这些新的教学设计都可以直接进入课堂教学实践。

7. 课堂教学维度。 有了教学设计就可以进入课堂教学研究。这一维度主要是对一节课进行课堂教学的观察与评价，具体阐述了如何从多个角度了解教师与学生的情况，如何对教师的教与学生的学进行观察与评价。

8. 课后评价维度。课后评价维度是指在学生学习了一节课以后，对学生的学习情况进行了解与评价。丛书主要从情感态度与"四基"（基础知识、基本技能、基本思想、基本活动经验）内容两大方面，对学生进行测查评价，包括如何进行课后测查与访谈，学生容易掌握的内容和容易出错的地方的调查与研究，等等。

9. 校本教研维度。校本教研的重要性不言而喻。丛书主要围绕一节课提供校本教研的活动方案。即提供了老师们对一节课开展系列研究的活动方案，以便在更广的范围内对一节课进行全面深入系统的研究。

上述九个维度是丛书研究的基本视角，丛书中每一本书的作者还会根据课的具体内容与特点有所侧重地展开研究。所以，每本书既有自己的个性，又有丛书的共性。

从写作形式来说，丛书中每一本书的目录基本都采用了问题形式，以便读者能够快速查到自己感兴趣的内容。正文中的阐述方式采用了平等对话的形式，并提出了一些问题让读者思考。这样的写作形式，试图拉近作者与读者的距离，增加读者的参与度，让读者更感亲切。

这套书是如何形成的？

时间与人员：丛书撰写历时五年。丛书作者 25 人，有省特级教师、省优秀教师、省市教坛新秀和骨干教师。他们都是"朱乐平小学数学名师工作室"的成员，是经过自愿报名、笔试、面试后，在众多的报名者中脱颖而出者。

目标与问题：丛书撰写的目标是为了与大家分享成果，试图在分享中促进数学老师的专业发展，让更多的老师能够减轻工作负担，提高数学教学水平。如何真正促进数学教师的专业发展？有人说，要"实践—认识—再实践—再认识"。这很正确，但任何一个专业要发展都应该如此。也有人说，要"多读书，多交流"。这很对，但对所有专业的发展都适用。还有人说，要"多实践，多反思"。这也很有道理，但缺少了教师专业发展的特点。

观念与操作：通过课例研究，促进专业发展——这是具有教师职业特点的专业发展之路。数学教师主要通过一节课一节课的教学体现出自己的专业水平，学生主要通过一节一节数学课的学习而成长。可见，对一节节课进行研究的重要性怎么强调都不会过分。数学教师通过一节一节课的研究定能提高自己的专业水准，而研究出的成果又可以与同行分享，并有可能减轻同行的工作负担。正是基于上面的这些想法，我们才花五年时间写出了这套丛书，希望同行们能够从中得到一些启迪。

由于水平所限，书中一定存在不足甚至错误，敬请读者批评指正。

朱乐平

2013 年 7 月于杭州

目　录

1　上位数学知识研究

1.1　上位数学知识解读 / 3

1.1.1　圆柱与圆锥的定义 / 3

圆柱与圆锥是如何定义的？/ 3

可以怎样解读定义？/ 4

属于哪种定义方式？/ 5

如何以更高维度探索定义？/ 6

1.1.2　圆柱与圆锥的性质 / 7

圆柱的性质有哪些？/ 7

圆锥的性质有哪些？/ 8

圆柱、圆锥与点、线有怎样的位置关系？/ 8

1.1.3　圆柱与圆锥的面积与体积 / 9

圆柱与圆锥的面积如何计算？/ 9

圆柱与圆锥的体积如何计算？/ 9

长方体、圆柱和圆锥体积有怎样的关联？/ 11

1.2　上位数学知识对教学的启发 / 12

1.2.1　操作中理解本质属性 / 12

1.2.2　比较中了解圆柱的平移与滚动 / 13

1.2.3　圆柱与圆锥认识的误区 / 14

2　课程标准（教学大纲）研究

2.1　回顾历史要求 / 19

2.1.1　圆柱和圆锥教学的开始年限 / 19

2.1.2　1978—2000 年教学大纲中有哪些具体的教学
　　　　要求？/ 20
　　　　1978—2000 年教学大纲中对圆柱与圆锥的
　　　　教学要求分别是怎样的？/ 20
　　　　在发展过程中，教学要求有怎样的变化？/ 21

2.2　了解课程标准导向 / 22

2.2.1　2001 年起课程标准的学习要求是怎样的？/ 22

2.2.2　与 2011 年课改前的课程标准相比，发生了怎样的
　　　　变化？/ 22
　　　　在过程性目标上有怎样的变化？/ 23
　　　　在问题解决上有怎样的要求？/ 23

2.3　球的认识教学要求 / 23

2.4　学习历年课程标准（教学大纲）后的启示 / 24

2.4.1　学习要求的变化给我们的启示 / 24

2.4.2　学习目标的变化给我们的启示 / 25
　　　　制定教学目标时需注意哪些方面？/ 25
　　　　培养空间观念的落脚点在哪里？/ 26

3　圆柱与圆锥认识的教学研究

3.1　教材比较研究 / 29

3.1.1　我国 2001 年后教材的编写特点 / 29
　　　　教材编写是如何安排课时的？/ 29
　　　　教材是如何命名教学内容的？/ 30
　　　　各部分编排有何异同？/ 32

3.1.2　各版本教材比较给我们的启示 / 44
　　　　为什么要重视实物与抽象图形之间的联系？/ 44
　　　　如何用运动的观点认识图形特征？/ 44

3.2　学情研究 / 45

3.2.1　学生学习起点分析 / 45

　　　　测试的问题有哪些? / 45

　　　　给我们怎样的启示? / 51

3.3　教学设计研究 / 52

3.3.1　教学设计综述 / 52

　　　　教学目标可以如何阐述? / 53

　　　　已有的教学设计如何安排各个教学环节? / 56

3.3.2　同课异构研究 / 62

　　　　如何在 APOS 理论指导下, 进行圆柱的认识教学? / 62

　　　　如何从小组合作的角度设计教学? / 68

4　圆柱表面积的教学研究

4.1　教材比较研究 / 75

4.1.1　2001 年前的教材比较 / 75

　　　　20 世纪 70 年代四套教材是怎样编排的? / 75

　　　　20 世纪 90 年代三套教材是怎样编排的? / 80

　　　　2001 年前教材的比较给我们怎样的启示? / 82

4.1.2　2011 年后的四套教材比较 / 82

　　　　选取了哪些教材进行比较? / 82

　　　　各套教材编排有何异同? / 83

　　　　给我们怎样的启示? / 90

4.2　学情研究 / 91

4.2.1　调查研究, 分析学情 / 92

　　　　学习起点是怎样的? / 92

　　　　学生学习后的掌握情况如何? / 94

4.2.2　学情调查给我们的启示 / 96

　　　　如何利用类比教学法帮助学生推导公式? / 96

　　　　如何利用类比教学法帮助学生归纳知识点? / 97

4.3　教学设计研究 / 98

4.3.1　教学设计综述 / 98

教学目标可以如何阐述？/ 98

已有的教学设计如何安排各个教学环节？/ 102

4.3.2　同课异构研究 / 113

如何从"动手操作，合作探究"角度进行设计？/ 114

如何从自学的角度进行设计？/ 115

如何从"基于差异，能力分层"角度进行设计？/ 117

4.3.3　还需进一步思考的问题 / 119

5　圆柱体积的教学研究

5.1　教材比较研究 / 123

5.1.1　教材编写情况分析 / 123

引入情境有什么不同？/ 123

探究部分编写有什么不同？/ 126

练习是如何安排的？有哪些类型？/ 131

5.1.2　各版本教材比较给我们的启示 / 135

如何突出知识的系统性与联系性？/ 135

如何突出活动经验的积累？/ 135

如何培养学生的应用意识？/ 136

5.2　学情研究 / 136

5.2.1　学生学习起点分析 / 137

测试的问题是怎样的？/ 137

测试结果如何？/ 137

5.2.2　学生学习后的掌握情况分析 / 142

哪些知识学生掌握得较好？/ 143

学生的主要错误是什么？/ 144

存在的最大困难是什么？/ 144

5.2.3　学情研究给我们的启示 / 145

如何把握好学生原有的认知起点？/ 145

如何把握探究公式与公式结果之间的关系？/ 145

公式应用该如何展开？/ 146

5.3　教学设计研究 / 147

5.3.1　教学目标综述 / 147

教学目标一致吗？/ 147

5.3.2　教学过程综述 / 150

如何教学引入环节？/ 150

如何展开探究环节？/ 153

5.3.3　同课异构研究 / 155

如何从自学的角度进行设计？/ 156

如何从现代信息技术的角度进行设计？/ 158

如何从学生自主探究的角度进行设计？/ 161

6　圆锥体积的教学研究

6.1　教材比较研究 / 167

6.1.1　2001 年前教材比较研究 / 167

20 世纪 70 年代四套教材如何编排？/ 167

20 世纪 90 年代两套教材如何编排？/ 172

2001 年前教材的比较给我们怎样的启示？/ 173

6.1.2　实验稿课程标准下四套教材的比较研究 / 174

四套教材的整体编排有何异同？/ 175

四套教材的各部分编排有何异同？/ 175

新课改后的教材比较给我们怎样的启示？/ 185

6.2　学情研究 / 186

6.2.1　学生学习起点分析 / 187

测试的问题是怎样的？/ 187

测试结果如何？/ 188

6.2.2　学生学习后的掌握情况分析 / 190

哪些知识学生掌握得较好？/ 192

学生的主要错误是什么？/ 192

存在的最大困难是什么？/ 193

6.2.3 学情研究给我们的启示 / 193

　　　如何利用好学生已有的知识基础？ / 193

　　　是计算公式重要还是推导过程重要？ / 194

　　　得出公式后该如何进行应用？ / 195

6.3 教学设计研究 / 196

6.3.1 教学设计综述 / 196

　　　教学目标如何阐述？ / 196

　　　已有的教学设计是如何安排各个环节的？ / 201

6.3.2 同课异构研究 / 211

　　　如何从合情推理的角度设计教学？ / 211

　　　如何从变换几何的角度设计教学？ / 213

　　　如何从合作交流的角度设计教学？ / 218

6.3.3 需进一步思考的问题 / 220

　　　圆锥体积是圆柱体积的三分之一吗？ / 220

　　　是容积还是体积？ / 221

　　　复杂问题怎样深入浅出？ / 222

参考文献 / 225

附　录 / 229

1　根据实验稿课标编写的圆柱与圆锥认识的教材图片 / 231

2　根据实验稿课标编写的圆柱表面积的教材图片 / 236

3　根据实验稿课标编写的圆柱体积的教材图片 / 239

4　根据实验稿课标编写的圆锥体积的教材图片 / 242

5　圆柱与圆锥认识的前测试卷 / 245

6　圆柱表面积的前测与后测试卷 / 247

7　圆柱体积的前测与后测试卷 / 249

8　圆锥体积的前测与后测试卷 / 251

后　记 / 253

1

上位数学知识研究

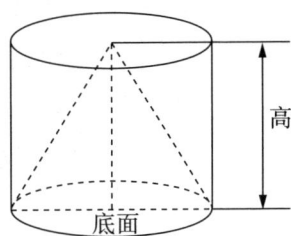

在小学数学圆柱与圆锥教材中，已经有许多与圆柱、圆锥相关的知识，这些知识是小学生应该掌握的，作为小学数学教师当然也需要掌握。由于考虑到小学生的认知水平，小学数学教材中有关圆柱与圆锥的知识，常常不是十分严格地给出定义，而是采用直观描述的方法进行阐述，而作为小学数学教师只知道这样的直观描述是远远不够的，还需要知道初中、高中（或中等师范学校）甚至大学的有关圆柱与圆锥的一些数学知识，这些知识我们称为上位数学知识。也就是说，上位数学知识主要是指初中、高中（中等师范学校）和大学的数学知识。小学数学教师了解与圆柱、圆锥相关的上位数学知识，可以开阔眼界，更好地把握小学数学中关于圆柱与圆锥的知识，在教学圆柱与圆锥相关知识时做到居高临下。在下文的阐述中，我们不但要了解圆柱与圆锥的上位数学知识有哪些，如何理解这些上位数学知识，还要与你交流这些上位数学知识对小学数学教学有什么启示。

1.1　上位数学知识解读

在小学数学教学中，立体图形所占的比例不算太高。教材都是先引入正方体和长方体，然后再过渡到圆柱与圆锥。圆柱与圆锥是规则的立体图形，是初等数学中的基本教学内容之一。

▷ **圆柱与圆锥是如何定义的?**

思 考

1. 你还记得小学里是如何定义圆柱和圆锥的吗?
2. 在立体几何中，圆柱与圆锥是怎样定义的? 如何理解圆柱与圆锥的定义?

对圆柱和圆锥的定义，有多种表达方式，常见的有以下两种。

定义一：圆柱就是以矩形的一边所在直线为旋转轴，其余三边旋转形成的面所围成的旋转体，即以矩形的一条边 AG 为轴，旋转 360°所得的几何体。AG 的长度叫作圆柱的高，DA 和 $D'G$ 旋转形成的两个圆叫作圆柱的底面，DD'旋转形成的曲面叫作圆柱的侧面（见图 1-1-1）。

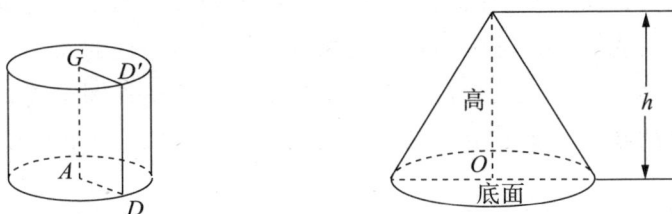

图 1-1-1

圆锥是以直角三角形的一条直角边所在直线为旋转轴，其余两边旋转形成的面所围成的旋转体。

定义二：在同一个平面内有一条定直线和一条动线，当这个平面绕着这条定直线旋转一周时，这条动线所成的面叫作旋转面，这条定直线叫作旋转面的轴，这条动线叫作旋转面的母线。如果母线是和轴平行的一条直线，那么所生成的旋转面叫作圆柱面。如果用垂直于轴的两个平面去截圆柱面，那么两个截面和圆柱面所围成的几何体叫作直圆柱，简称圆柱。

圆锥是由圆锥面和一个截它的平面（满足交线为圆）组成的空间几何图形。

在圆柱和圆锥的定义过程中，二维平面和三维空间的联系跃然而出。作为三维空间中的圆柱和圆锥的出发点分别是二维平面中的基本图形：长方形和直角三角形。在二维空间中，面积定义使得我们能够比较各种平面图形的大小，而通过平面图形对特定旋转轴的旋转便形成了三维立体物，并引申出了对空间度量的需要，从而产生了体积的概念。

▷ **可以怎样解读定义？**

我们可以通过以下几个方面来理解圆柱与圆锥的定义。

（1）什么是旋转一周？

在空间内，将一个平面图形绕着一条固定的直线沿着某个方向转动 $360°$，这样的图形运动称为旋转。

（2）什么是"定直线"、"动线"？

"定直线"是相对于动线而言的，定直线是二维平面中固定不动的一条直线。定直线和动线的区别在于：二维图形通过旋转成为三维物体时，如二维平面内的某条直线的空间位置一直保持固定，则该条直线为定直线。与此相反，发生了空间位置变化的直线为动线。而正是这条定直线在三维空间中便成了圆柱的中心轴，其长度便转化为圆柱的高。当固定不动的定直线明确之后，与其平行的动线在某个特定距离外围绕其旋转而形成了三维空间的物体，而最边缘动线形成的轨迹便刻画出了物体最大空间边界。

（3）什么是"体"？

对于二维图形而言，"面"是一个重要的概念，用于刻画图形占据的平面的空间。对于三维空间物体而言，"体"是一个立体概念，用于刻画物体所占据的空间。体积，或称容量、容积，是物件占有多少空间的量。任意一件物件的体积是一个数值，用以形容该物件在三维空间所占有的空间。而对于一维空间物件（如线）及二维空间物件（如正方形）在三维空间中均是零体积的，其实质在于一维和二维空间物件至少有一个维度不存在，故其取值为0。

▷ **属于哪种定义方式？**

思考

1. 你知道对概念下定义的方式有哪些吗？
2. 请先阅读下面的一段话，再想一想圆柱与圆锥的定义采用了怎样的定义方式？

   对概念下定义的方式通常有以下几种：

   A. 种加类征的定义方式；

   B. 发生式定义方式；

   C. 提示外延的定义方式。

圆柱与圆锥的定义采用的是发生式定义方式。所谓发生式定义，也是种加类征的一种特殊形式，定义中的类征是描述被定义概念的发生过程。

在小学教材和教学过程中，圆柱和圆锥的概念可由实物引出。水杯、轮胎、饮水机上的水桶、电线杆等都是圆柱的典型实例。而静止的沙漏中的细沙堆，宫殿的顶、岗亭等则能形成较为标准的圆锥（见图1-1-2）。教师应当从这些实例出发，通过互动方式，引导学生形成对圆柱和圆锥的基本认知。此外，圆柱和圆锥本质上都属于旋转体，可以通过学生动手操作来实现。平面图形旋转所带来的视觉冲击能够促进学生空间想象能力的培养，使得对圆柱和圆锥的特征认识由感性上升到了理性层面。（郜晓定 等，2011）

图1-1-2

在几何教学中，教学内容是逐步深入的，从抽象的点、线，到长方形、三角形等平面图形，最终过渡到现实中可以体验的长方体、圆柱和圆锥。学生真正掌握这些几何对象的相互关系是教学中的核心之一。

在圆柱与圆锥的教学过程中，应该让学生理解旋转过程中一维的点线、二维的面和三维的体是如何实现统一的。组成动线的一维的点在旋转过程中各自刻画出了二维平面中的圆，其圆心就是固定不动的定直线上的对应点，而所有这些动线的点形成的二维的圆最终形成圆柱或圆锥的侧面。同时，二维的长方形和直角三角形的内部点在旋转中也完成了同样形式的轨迹。所有这些无穷的点在旋转中所占据的无穷而有界的位置最终形成了圆柱或圆锥在三维中的呈现形态。

▷ **如何以更高维度探索定义？**

维度，又称维数，是数学中独立参数的数目。在物理学和哲学的领域内，指独立的时空坐标的数目。零维是一点，没有长度；一维是线，只有长度；二维是一个平面，是由长度和宽度（或曲线）形成面积；三维是二维加上高度形成体积。

我们周围的空间有三个维（上下、前后、左右）。我们可以往上下、东南西北移动，其他方向的移动只需用3个三维空间轴来表示。向下移就等于负方向地向上移，向西北移就只是向西和向北移的混合。

我们所居于的时空有四个维（三个空间轴和一个时间轴），根据爱因斯坦的概念推测为四维空间，我们的宇宙是由时间和空间构成，时间是第四维，与三个空间维不同的是，它只有一个，且只能往特定方向前进。有些理论预言宇宙实际上有更多的维度（通常有10个、11个或26个），但是这些附加的维度所量度的是次原子大小的宇宙。

超正方体（Tesseract）又称超立方体或正八胞体，在几何学中四维方体是立方体的四维类比，有8个立方体胞。零维的1个点，包含1个零维元素（点）；一维的一条线段，包含1个一维元素（线段），2个零维元素；二维的一个正方形，包含1个二维元素（面），4个一维元素；三维的一个正方体，包含1个三维元素（三维立体），6个二维元素，12个一维元素，8个零维元素。

对比下列算式：

$$(x+2)^0 = 1$$
$$(x+2)^1 = x + 2$$
$$(x+2)^2 = x^2 + 4x + 4$$
$$(x+2)^3 = x^3 + 6x^2 + 12x + 8$$

我们可以归纳出：一个 n 维立方形所包含的 k 维元素个数等于 $(x+2)^n$ 展开式的 k 次项系数。$(x+2)^4 = x^4 + 8x^3 + 24x^2 + 32x + 16$ 可以得出：超正方体有 8 个立方体（胞），24 个面，32 条线段，16 个点。

1.1.2 圆柱与圆锥的性质

有了圆柱与圆锥的定义，我们就可以从定义出发，来探寻这两种立体图形的各种性质，从而更好地进行把握和研究。

思考

你知道圆柱与圆锥有哪些基本性质吗？

▷ **圆柱的性质有哪些？**

圆柱的性质主要有以下几条。

①圆柱的旋转轴经过上下两个底面的圆心，并且垂直于两个底面。

②用垂直于圆柱旋转轴的平面去截圆柱，所得的截面是和底面完全相等的圆。

③用一个过圆柱旋转轴的平面去截圆柱，所得截面是一个长方形，其中有两条对边是圆柱的两条母线，另外两条对边分别是两个底面圆的直径。

④用一个平行于圆柱的轴的平面去截圆柱，所得的平面是个长方形，其中有两条对边是圆柱的两条母线，另外两条对边分别是两个底面圆的弦。

这些性质都是与长方形以一条边为旋转轴所进行的旋转直接相关联的。与旋转轴垂直的两条邻边通过旋转形成了两个相互平行的圆。这两个圆面积相等，对应的圆心恰好在旋转轴上。因为圆仅仅是二维平面内的物件，其第三维的度量为 0，故圆柱中与底面的圆大小相同且平行的圆的数量为无穷，并且所有这些圆的圆心也都在旋转轴上。此外，任何包含旋转轴的平面都将圆柱等分成形状相同的两个半圆柱。进行这样的切分，其实是圆的直径在与平面垂直的第三维上的运动。因此，圆的直径有多少条，这样的截面就有多少个。因为圆的直径有无数条，所以这样的截面也有无数个。

▷ **圆锥的性质有哪些？**

圆锥的性质主要有以下几条。

①圆锥有一个顶点。

②圆锥的底面是一个圆；在圆锥内的任何一个与底面平行的截面都是大小互不相同的圆。

③圆锥的侧面是一个曲面，展开后是一个扇形。

直角三角形在以某条直角边为固定轴旋转时，该固定轴的两个端点分别成了顶点和底面的圆心。三角形的另一条直角边在旋转过程中形成了圆锥的底面。三角形的斜边在旋转过程中形成了圆锥的侧面，展开后为一个扇形，扇形中心角的取值范围为（0°—360°）。

▷ **圆柱、圆锥与点、线有怎样的位置关系？**

> **思考**
>
> 你知道圆柱、圆锥与点、线有怎样的位置关系？

作为立体图形，圆柱与圆锥占据一定大小的空间，因此零维度的点和圆柱与圆锥的关系不外乎以下三种：点在圆柱与圆锥内、点在圆柱与圆锥上和点在圆柱与圆锥外。由于圆柱在平行于底面的任意一个切面上的大小都是相等的，因此，判断一个点与圆柱的具体位置关系仅仅依赖于该点到定直线的距离。当该距离大于底面半径时，则点在圆柱外；当该距离小于底面半径时，则点在圆柱内；当该距离等于底面半径时，则点在圆柱上。而对于圆锥，由于平行于底面的任意一个切面的半径是互不相等的，所以判断点的位置需要进行一定的计算。若该点到定直线的距离大于该点所在的切面的底面半径时，则点在圆锥外；当该距离小于底面半径时，则点在圆锥内；当该距离等于底面半径时，则点在圆锥上。

一维的直线与圆柱、圆锥的位置关系也有以下三种：直线与圆柱、圆锥相离，直线与圆柱、圆锥有一个交点，直线与圆柱、圆锥有无穷个交点。虽然我们可以在空间上直观地来判断直线与圆柱、圆锥的位置关系，但形式上的判定条件却是相当复杂的。

1.1.3　圆柱与圆锥的面积与体积

▷ **圆柱与圆锥的面积如何计算？**

圆柱的面积等于圆柱底面周长乘以圆柱高度加上两个底面的面积，表达公式为：$S = 2\pi rh + 2\pi r^2$；圆锥的面积等于圆锥体的侧面积 πrl 与圆锥体的底面积 πr^2 之和。

解析：圆柱的侧面展开后是一个长方形，该长方形的一条边长为圆柱的上、下底面的周长，另一条边长是圆柱的高。圆锥的侧面展开后是一个扇形，r 为展开后扇形的半径，l 为圆锥的母线的长度。任意一个扇形（$<360°$）都可以通过空间操作变成圆锥的侧面。

> **思考**
>
> 在直角三角形的旋转过程中，一条直角边旋转生成了底面。而直角三角形的斜边则生成了圆锥的侧面。那你知道侧面积和底面积之间有什么联系吗？

通过圆锥的生成过程，我们可以发现圆锥的底面周长和面积分别是 $2\pi r$ 和 πr^2，而侧面积则是 πrl。侧面积和底面积之间的关联是通过底面半径和母线实现的。一般地，若圆锥侧面积为底面积的 m 倍，则其母线长为底面半径的 m 倍，其侧面展开的扇形的圆心角是 m 度；反之也成立。

▷ **圆柱与圆锥的体积如何计算？**

> **思考**
>
> 1. 你知道圆柱与圆锥的体积公式吗？
> 2. 圆锥的体积公式除了用实验证明，还有其他证明方法吗？

圆柱的体积：$V_{圆柱} = \pi \times r^2 \times h$

圆锥的体积：$V_{圆柱} = \dfrac{1}{3} \times \pi \times r^2 \times h$

对于圆柱而言，与底面平行的任何一个截面的大小都与底面完全相同，而圆锥就没有这样的特性了。圆锥中平行于底面的截面的形状都是圆，但每一个截面的圆的直径都不同，所以圆锥的体积大小的计算必然有所不同。虽然在高等数学中，利用积分手段能够获得圆锥的体积公式，但该方法不能在小学教学中运用。所以现阶段小学数学教学中，通常以动手操作的方式来进行。各种版本的教材基本都是以等底等高的圆柱和圆锥进行水量的测量，最终来获得圆锥的体积公式。

其实在小学数学教学中，可以初步引入极限概念，来开拓优秀学生的思维，掌握这种渐进变化的思想。教师可以在课堂上，通过板书和动态演示等手段，来展现细分到整合的过程。2007 年《小学数学教师》第十期中张宏书《对国标本教材圆锥体积内容的一点建议》一文比较详细地介绍了圆锥体积的推算过程。该推算站在"儿童数学"的立场，用"切割法"证明，通俗易懂。

"切割法"是小学生比较熟悉的一种方法，圆面积计算公式的推导就是采用"切割法"的。怎么用切割法来证明圆锥的体积公式呢？可以先假设以"等分高"为标准把圆锥切割成 16 份，再把圆锥看成是由 16 个等高不等底的圆柱拼组而成的立体图形。只要算出每个小圆柱的体积，就可以近似地算出圆锥的体积了。

需要说明的是 16 个圆柱中，每个圆柱的底面半径是多少呢？根据"三角形中位线等于底边的一半、梯形的中位线等于上下两底之和的一半"，不难求出每个圆柱的半径。知道每个圆柱的半径后，就可以推算出它们的体积。如图 1 – 1 – 3 所示。

切割成 16 份后拼成的立体图形，算出的是圆锥体体积的近似值，但如果切分的份数越多，那么拼成的图形就越接近圆锥，算出的体积就更接近准确值了。比如切割成 65535 份，体积就是 $0.333333333333333 \pi r^2 h$。

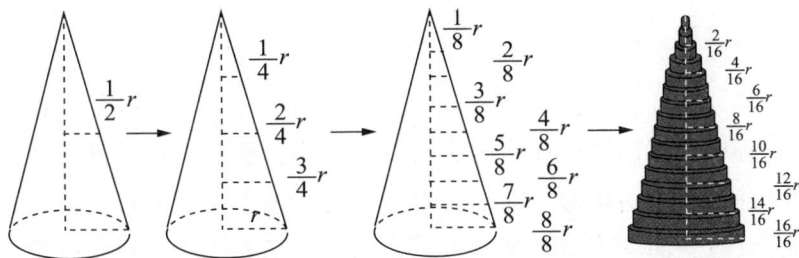

$$V = \pi \left(\frac{1}{16}r\right)^2 \left(\frac{1}{16}h\right) + \pi \left(\frac{2}{16}r\right)^2 \left(\frac{1}{16}h\right) + \cdots + \pi \left(\frac{16}{16}r\right)^2 \left(\frac{1}{16}h\right)$$

$$= \frac{1^2 + 2^2 + 3^2 + \cdots + 16^2}{16^3} \pi r^2 h$$

$$\approx 0.365\pi r^2 h$$

图 1 - 1 - 3

那么切割成 n 份后，就可以这样去推算：

$$\frac{1^2 + 2^2 + 3^2 + \cdots + n^2}{n^3} \pi r^2 h$$

$$= \frac{1}{6} \frac{n\,(n+1)\,(2n+1)}{n^3} \pi r^2 h$$

$$= \frac{\frac{1}{3}n^3 + \frac{1}{2}n^2 + \frac{1}{6}n}{n^3} \pi r^2 h$$

$$= \left(\frac{1}{3} + \frac{1}{2n} + \frac{1}{6n}\right)\pi r$$

从上式可以看出，当 n 值无限大时，$\frac{1}{2n} + \frac{1}{6n^2}$ 的值就会无限小，最终趋向于 0，那么 $\frac{1}{3} + \frac{1}{2n} + \frac{1}{6n^2}$ 就会等于 $\frac{1}{3}$，从而得到圆锥的体积公式。

这个推算过程并不要求学生知晓，但对于那些有进一步研究欲望的优秀学生来说，也可能是一份很好的学习材料，可以提供给他们进行研究。对教师来说，应该知晓这样的推算过程。

▷ 长方体、圆柱和圆锥体积有怎样的关联？

长方形的体积：$V_长 = a \times b \times h$

圆柱的体积：$V_{圆柱} = \pi \times r^2 \times h$

圆锥的体积：$V_{圆柱} = \dfrac{1}{3} \times \pi \times r^2 \times h$

长方体与圆柱的体积计算都是以三维直角坐标系为基础的。我们一般在计算过程中，都是首先计算出底面积的大小，然后与第三维的高进行乘法运算，从而得到物体在三维空间中所占有的大小。因为长方体与圆柱的体积都是通过底面积乘以高来获得的，因此若二者同高，则底面积大的体积大；若二者底面积相同，则高的体积大。

1.2 上位数学知识对教学的启发

1.2.1 操作中理解本质属性

圆柱的本质属性是：圆柱由三个部分组成，两个圆和一个曲面。两个圆的面积相等，是圆柱的上下底面，曲面是圆柱的侧面，圆柱有无数条高。因此在教学过程中，学生关注的目标应从具体的实物转移到圆柱表面的组成和高。

圆锥的本质属性是：圆锥的侧面展开形成的扇形的半径、底面圆上到顶点的距离。圆锥有一个底面、一个侧面、一个顶点、一条高、无数条母线，且侧面展开图是扇形。

> **思考**
>
> 1. 是不是任意两个完全相等的圆和一个侧面就一定能组成圆柱呢？
> 2. 圆柱的底面和侧面之间又有什么样的关系呢？
> 3. 如何让学生理解圆柱与圆锥的本质属性？

我们知道，在小学数学教学中，学生的抽象思维能力较为薄弱，因此常常需要给出实物或出示一些实物图，才让学生直观地感知圆柱与圆锥的含义。可以先选择一些日常生活中较为常见的圆柱进行展示，有利于学生形成圆柱"上下有两个圆面"、"侧面是弯曲的"的概念。接着我们就可以通过展示上下两行不同的实物图（上为圆柱，下为圆锥），使学生在不断的比较和判断的过程中，找出正确的圆柱和圆锥体，初步形成圆柱与圆锥的表象。

为了让学生从一开始就尽可能地感受到数学中圆柱与圆锥的本质属性，教学中还可以多安排一些操作活动，如让学生拿着一张长方形的纸片，并指导他们将纸片弯曲并首尾相连粘成圆柱的侧面，那么，学生就能形成"圆柱的侧面实质上是一个长方形"的观念。然后可以让学生思考，还有不同围法吗？并动手将一张长方形的纸围成一个圆柱，互相比较与欣赏，发现同一张长方形的纸可以围成不同的圆柱，得出圆柱的基本特征：圆柱由两个完全相等的圆和一个侧面围成的，圆柱的侧面展开后是一个长方形，长方形的长等于圆柱的底面周长，长方形的宽等于圆柱的高。也可以想象如果要围成一个圆锥，应该用怎样的纸？并试着围一围，了解圆锥的组成。

1.2.2　比较中了解圆柱的平移与滚动

在小学教学圆的认识时，经常会让学生讨论"为什么车轮要做成圆的"这样的问题。事实上，车轮本质上是一个圆柱。平时我们看到车辆的行进，都是依赖于车轮这一圆柱的滚动。由于圆柱是轴对称的，因此我们可以通过平移和滚动两种方式来前进。那为什么现实生活中，车轮都是通过滚动而不是平移来前进的呢？

思考

你知道生活中车轮通过滚动或者滑动前进有什么区别吗？

当圆柱进行平移时，产生了滑动摩擦力。物体受到的滑动摩擦力的方向和它的运动方向相反。如果世界上没有了滑动摩擦，那么人们推动非常重的东西，比在冰上推还快呢！而当圆柱进行滚动时，就产生了滚动摩擦力。滚动摩擦就是物体在另一物体上滚动时产生的摩擦。它比最大静摩擦和滑动摩擦要小得多，在一般情况下，滚动摩擦只有滑动摩擦阻力的 $\frac{1}{40}$ 到 $\frac{1}{60}$。所以在地面滚动物体比推着物体滑动省力得多。这可以解释为什么我们见到的车轮都是通过滚动前进的。

> 思考
>
> 你知道在圆柱滚动与滑动的时候，组成圆柱的各个点是如何发生位移的吗？

在光滑平面上滚动时，圆柱的对称轴一直保持水平，而其他任何一个点都在绕着对称轴做圆周运动，周而复始。而当圆柱作平移时，所有的点都只是在其水平方向上平移。

1.2.3   圆柱与圆锥认识的误区

圆柱与圆锥是规则的几何体，是构成现实世界的基本元素之一。那么，什么是圆柱，什么是圆锥呢？通过以下的实例，能够辨析出圆柱与圆锥的特征。

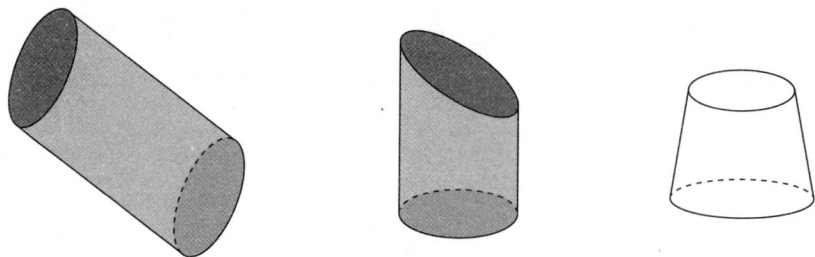

请你对比以下的图形，判断哪一个是圆柱，为什么？

要解决以上问题，就需要我们按照科学的定义来进行相应的判断。圆柱两个上下底面是由长方形的两条对边绕共同的轴旋转生成的，因此上下两个底面应当相互平行且面积相等。第二个图形虽然有两个圆面，但这两个圆面相互不平行，且面积是不相等的，从而不符合长方形的对边相等的基本定义。第三个图形中上下两个圆面虽然相互平行，但面积却不相等，也不是圆柱。此时可以引导学生进一步思考，第三个图形到底是如何生成的？这样才能提高学生的认知。

下面有两句话，你认为正确吗？为什么？

1. 圆柱和圆锥有无数条高。

2. 圆锥的体积是圆柱体积的 $\frac{1}{3}$ 。

以上两句话其实都是不正确的。对于第一句话，由于圆柱的上下两个底面是平行的，从上底面中任意一点向下底面作垂线。这条垂线是两个底面之间最短的路径，而任意一个面都有无数个点，所以圆柱确实有无数条相等的高。但圆锥是由直角三角形围绕某一条直角边旋转而成，该固定轴的两个端点中，一个成为顶点，另一个成为底面的圆心。在圆锥中，只有这两个端点之间的垂线才是圆锥的高。其他任何两个点之间的连线都不可能体现出圆锥的高。

圆柱和圆锥的表面积和体积公式在教材中都明确给出了。但对于小学生而言，公式的掌握难免流于形式，而未能把握定义中的实质，从而在认知过程中产生各种偏差，学生会以课本中的公式为出发点，直接认为第二句话正确。这说明教师在讲解过程中，应当提醒学生定义中的各种隐含信息。圆锥只有和圆柱等底等高的时候才会有 $\frac{1}{3}$ 的体积关系，否则两个物体之间的体积关系可以是任意一个正数。

此外在课本中，有关于圆锥的高的测量（见图 1 - 2 - 1）。

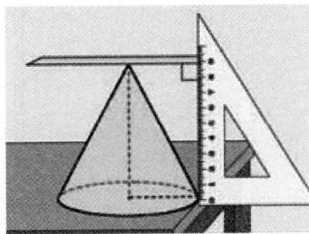

图 1 - 2 - 1

但在实际操作中，由于圆锥的顶点只有一个，很难使平板与底面一样平，所以测量结果的准确度较低，不利于真正的高的测量。可以采用图 1 - 2 - 2 的方法进行，将"直尺竖放"改为"直角三角板横放"，将"过圆锥顶点放一平板"改为"过圆锥顶点放一直角三角板，使之与另一三角板互相垂直"，形成一个有支撑的、稳定的长方形框架。（孔仲，2012）

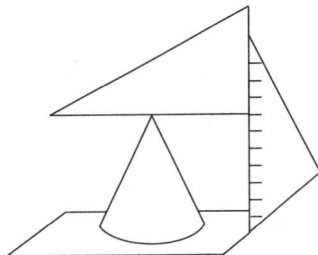

图 1 - 2 - 2

2

课程标准（教学大纲）研究

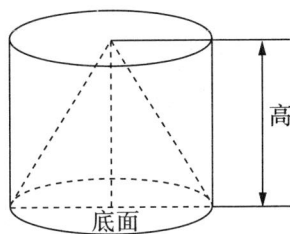

高

底面

你知道在 20 世纪的 100 年中，我们国家一共颁布了多少个课程标准或教学大纲这样的纲领性文件吗？你知道"圆柱和圆锥"这一内容是从哪一年开始要求学习的吗？学习要求又有什么变化？本章将与你一起回顾历史上课程标准或教学大纲对"圆柱与圆锥"学习要求的变迁，一起研究当今课标对这一内容的学习要求，以便更好地指导我们开展教学。

2.1　回顾历史要求

我们国家究竟是从什么时候开始，在小学阶段要求进行有关圆柱和圆锥知识的教学的？

在 20 世纪的 100 年中，我国颁布了 20 余个课程标准或教学大纲这类的纲领性文件。在 2001 年，我国颁布了《全日制义务教育数学课程标准（实验稿)》（简称实验稿课标）。在 2011 年又颁布了《义务教育数学课程标准(2011 年版)》（简称 2011 版课标），这也是至今一直在用的课标。这些国家层面颁布的文件对小学"圆柱和圆锥"的教学无疑产生着极其重要的影响。

思 考

1. 你觉得圆柱与圆锥的教学，最早会出现在什么时候？
2. 开始出现时，会安排在几年级学习？会要求学习哪些内容？

早在 1902 年，我国就颁布了《钦定蒙学堂章程》和《钦定小学堂章程》，之后又分别在 1904 年颁布《奏定初等小学堂章程》和《奏定高等小学堂章程》，1912 年颁布《小学校教则及课程表》，1916 年颁布《国民学校令施行细则》《高等小学校令施行细则》，1923 年颁布《新学制课程标准纲要·小学算术课程纲要》……一直到 1956 年《小学算术教学大纲（修订草案)》，都没有提出在小学进行有关圆柱和圆锥的知识的教学。直到 1963 年颁布的《全日制小学算术教学大纲（草案)》，开始要求在六年级第一学期学习柱体和圆锥，共安排了 8 课时，教学要求：初步认识棱柱、圆柱、棱锥、圆锥，能够用公式计算它们的体积。这是我国首次要求在小学学习有关圆柱和圆锥的知识，且从具体要求来看，棱柱、棱锥也作为柱体和椎体的学习内容存在。

2.1.2 1978—2000 年教学大纲中有哪些具体的教学要求？

▷ 1978—2000 年教学大纲中对圆柱与圆锥的教学要求分别是怎样的？

自 1978 年《全日制十年制学校小学数学教学大纲（试行草案）》到 2000 年《九年义务教育全日制小学数学教学大纲（试用修订版）》，对圆柱和圆锥的教学要求见表 2 – 1 – 1。

表 2 – 1 – 1   1978—2000 年教学大纲中圆柱和圆锥的教学要求

年份	大纲名称	学习时间	具体要求	总课时
1978	全日制十年制学校小学数学教学大纲（试行草案）	五年级上学期	掌握圆柱、圆锥的特征，能够计算圆柱的表面积、体积和圆锥的体积	8
1986	全日制小学数学教学大纲	五年制小学五年级下学期，六年制小学六年级下学期	掌握圆柱、圆锥的特征，会计算圆柱、圆锥的体积和圆柱的侧面积、表面积	9
1988	九年制义务教育全日制小学数学教学大纲（初审稿）	五年制小学五年级，六年制小学六年级	认识圆柱和圆锥，会计算圆柱的表面积和圆柱、圆锥的体积	没有具体说明
1992	九年义务教育全日制小学数学教学大纲（试用）	五年制小学五年级，六年制小学六年级	认识圆柱和圆锥，会计算圆柱的表面积和圆柱、圆锥的体积	没有具体说明
2000	九年义务教育全日制小学数学教学大纲（试用修订版）	五年制小学五年级，六年制小学六年级	认识圆柱和圆锥，会计算圆柱的表面积和圆柱、圆锥的体积	没有具体说明

思考

1. 从上面的表格中，你看出了圆柱和圆锥教学要求的哪些变化？
2. 你觉得"认识"和"掌握"有区别吗？如果有，有什么区别？

▷ **在发展过程中，教学要求有怎样的变化？**

从表 2 – 1 – 1 中可见，对圆柱和圆锥教学要求的变化主要有两方面。

（1）行为动词的描述发生了变化

1978 年和 1986 年的教学大纲，把认识圆柱和圆锥的要求，从 1963 年的"初步认识"修改为"掌握"。"初步认识"是指从具体实例中知道或说明对象的有关特征；根据对象的特征，从具体情境中辨认或者举例说明对象。"掌握"是要求学生在理解的基础上，把对象用于新的情境。可见，教学要求有了一定的提升。

从 1988 年起，对认识圆柱和圆锥的教学要求，又更改为"认识"圆柱和圆锥。"认识"是要求学生能描述对象的特征和由来，阐述此对象与相关对象之间的区别和联系，与"掌握"相比，要求稍低一些，而与"初步认识"相比，要求又稍高一些。可见，专家在编制教学大纲时，根据前期的学生学习情况，又对圆柱和圆锥的学习要求做了一定的调整，使之更切合学生的实际。

（2）曾经对圆柱的侧面积有过学习要求

从 1978 年至 2000 年的教学大纲来看，对圆柱和圆锥的表面积与体积的教学要求基本不变，唯一稍有变化的是 1986 年的《全日制小学数学教学大纲》，明确提出"会计算圆柱的侧面积"，这也是其他几年的标准中未提及的。虽然求圆柱的表面积也需要掌握圆柱侧面积的计算方法，但把侧面积作为一项具体的学习要求单独提出，只出现在 1986 年的教学大纲中。

思考

你觉得需要把侧面积作为一项具体的学习要求单独提出吗？

请在下面的选项后打"√"，并简述理由。

需要（　　　　）　　不需要（　　　　　　）

我的理由：＿＿＿＿＿＿＿＿＿＿＿＿＿＿＿＿＿＿＿＿＿＿＿＿＿＿＿＿＿

＿＿＿＿＿＿＿＿＿＿＿＿＿＿＿＿＿＿＿＿＿＿＿＿＿＿＿＿＿＿＿＿＿＿＿＿

＿＿＿＿＿＿＿＿＿＿＿＿＿＿＿＿＿＿＿＿＿＿＿＿＿＿＿＿＿＿＿＿＿＿＿＿

2.2　了解课程标准导向

上一节我们简要回顾了 1978—2000 年的教学大纲中有关"圆柱与圆锥"的教学要求，现在，请你走进当代，看看 21 世纪的课标中对圆柱与圆锥又有哪些新的要求？

2.2.1　2001 年起课程标准的学习要求是怎样的？

随着 2001 年《全日制义务教育数学课程标准（实验稿）》的颁布，对圆柱和圆锥的学习要求发生了较大的变化，主要教学目标为：

①通过观察、操作，认识圆柱和圆锥，认识圆柱的展开图。

②结合具体情境，探索并掌握圆柱的体积和表面积以及圆锥体积的计算方法。

③探索某些实物体积的测量方法。

2011 年颁布的《义务教育数学课程标准（2011 年版）》对圆柱和圆锥的学习提出了以下目标。

①通过观察、操作，认识圆柱和圆锥，认识圆柱的展开图。

②结合具体情境，探索并掌握圆柱的体积和表面积以及圆锥体积的计算方法，并能解决简单的问题。

③体验某些实物（如土豆等）体积的测量方法。

思考

阅读了上面的课标，请你思考以下问题：

1. 新课程改革后，对圆柱与圆锥的学习要求在哪些方面发生了变化？
2. 这些变化体现了新课程改革的哪些理念？
3. 2011 版课标与实验稿课标相比，发生了什么变化？这些变化说明了什么？

2.2.2　与 2011 年课改前的课程标准相比，发生了怎样的变化？

从实验稿和 2011 版两版课标来看，"圆柱与圆锥"的学习目标与之前相比有了较大的变化。

▷ **在过程性目标上有怎样的变化?**

从教学目标的叙述上来看,两次颁布的课标有一个共同的特点:更关注学生的学习过程。2001 年以前的课标或大纲,关注的是知识与技能目标,包括圆柱与圆锥的基本概念、圆柱与圆锥体积与表面积计算公式以及基本运算;2001 年以后颁布的两次课标,除了在知识与技能上提出了相应的要求,还注重了"过程与方法",提出了"探索"这一描述过程目标的行为动词,要求学生独立或与他人合作参与特定的数学活动,理解或提出问题,寻求解决问题的思路,发现对象的特征及其与相关对象的联系与区别,获得一定的理性认识。总体来看,这两次颁布的课标,更注重让学生亲身经历学习的过程,在"做"中学数学。

▷ **在问题解决上有怎样的要求?**

无论是实验稿课标还是 2011 版课标,对圆柱与圆锥体积的学习都有这样一条教学目标:探索(体验)某些实物体积的测量方法。在 2011 版课标中,还提到能用圆柱的体积和表面积以及圆锥体积的计算方法,解决简单的问题。可见,随着社会的发展,对圆柱圆锥的学习不仅仅局限于基本知识与基本技能,而且开始关注用学到的知识来解决实际问题、培养能力,体会数学的实际应用价值。解决问题既是学习过程的重要环节,也是学习数学的主要目的。

2.3　球的认识教学要求

1988 年颁布的《九年制义务教育全日制小学数学教学大纲(初审稿)》中要求:直观认识球的半径和直径,这是第一次在大纲中提出认识球。1992 年和 2000 年的大纲中,再一次出现了球的学习内容:球和球的半径、直径的初步认识。与之前不同的是,这一部分内容从必学变为选学。以后的课标(直至现在),再也没有提出过"球的认识"的学习要求。

思 考

1. 你所教的教材中，对"球的认识"有要求吗？

2. 教学中，你会教学"球"的概念吗？你觉得小学生对"球"应该认识到怎样的程度？

3. 你认为大纲或课标编写者是出于怎样的考虑将"球的认识"改为选学并最终取消这一知识的学习要求？

2.4 学习历年课程标准（教学大纲）后的启示

2.4.1 学习要求的变化给我们的启示

思 考

请你先阅读下面一段话，再思考问题。

研读历年的课程标准或教学大纲，1923 年小学数学教学开始要求学生学习"圆的认识"这一知识，1941 年开始出现立体图形的学习要求（正立方体和长立方体的实测和计算），而对圆柱和圆锥的学习，一直到 1963 年才开始出现。

1. 请你想一想，为什么圆锥与圆柱的教学会晚于长方体与立方体 20 多年出现？

2. 你觉得学习这部分知识，对学生来说最困难的是什么？

从课程标准或教学大纲中对图形学习要求的发展历程来看，同样是立体图形的学习，圆柱和圆锥比长方体、立方体迟 20 多年出现，可能因为圆柱和圆锥是曲面围成的立体图形，对小学生来说不容易理解。但圆柱和圆锥又是生活中常见的立体图形，小学生应该学习。或许在 1963 年以前，在大家认为小学生难以理解圆柱与圆锥的观念下，还是有一部分先驱者探索圆柱与圆锥的教学，这样才得以在 1963 年的大纲中出现学习要求。这说明

小学数学的教学内容并非一成不变，而是随着时代的发展在不断变化，要求人们不断进行探索。

1963 年大纲首次要求学生认识圆柱和圆锥这一知识，此后直到 2000 年，大纲对柱体与锥体的相关学习内容与要求在不断进行调整。从内容上看，1978 年取消了对棱柱、棱锥的学习要求，1988 年出现球的学习要求后，又在 1992 年将其从必学修改为选学。这说明人们对于哪些立体图形适合在小学进行教学，在认识上是有变化的，这可能与学习难度相关。这样的变化过程也可以看出，有许多的探索者在不断实验，探索小学生学习立体图形的规律，为他们选择合适的学习材料。我们应该感谢这些探索者，为后人积累了难能可贵的经验，我们也应该以良好的心态，做一个不断探索、不断支持探索者的人。

2.4.2　学习目标的变化给我们的启示

2011 版课标颁布后，"圆柱和圆锥"的学习目标发生了较大的变化。这些变化给我们以下启示。

▷ **制定教学目标时需注意哪些方面**？

> **思 考**
>
> 1. "四基"指的是什么？哪两条是新增加的？
> 2. "双基"为什么要发展为"四基"？

过去的数学课程，非常强调"双基"，即要求学生基础知识扎实，基本技能熟练，这是正确的，但还不够。因为"双基"，仅仅涉及"知识与技能"目标，忽视了"过程与方法"和"情感、态度与价值观"。从圆柱和圆锥学习要求的发展历程来看，正是经历了从"双基"走向"四基"的过程。在实验稿课标和最新的 2011 版课标中，我们都可以看到"探索"、"体验"这样的行为动词，并明确指出通过观察、操作这样的学习活动来认识圆柱和圆锥。可见，不仅学习结果是教学目标，学习过程也是目标。因此，制定教学目标时，除了考虑应掌握的基础知识与基本技能，还需要使学生获得数学的基本思想与基本活动经验，让学生通过亲身经历数学活动，获得具有个性特征的感性认识、情感体验以及数学意识、数学能力和数学素养，这也正是数学活动的教育意义。因此，在教学圆柱和圆锥的相关知识时，需安排大量的操作性活动，有利于学生建立概念，积累数学活动经验。

▷ **培养空间观念的落脚点在哪里？**

> **思考**
>
> 2001 年开始颁布的两次课标，都要求"认识圆柱的展开图"，请思考：
> 1. 增加这一要求对学习圆柱与圆锥有怎样的帮助？
> 2. 这一要求对培养学生的空间观念会有怎样的帮助？

空间观念作为 2011 版课标内容的核心概念，是"图形与几何"学习的核心目标之一，主要是指根据物体特征抽象出几何图形，根据几何图形想象出所描述的实际物体；想象出物体的方位和相互之间的位置关系；描述图形的运动和变化；依据语言的描述画出图形等。从圆柱和圆锥学习要求的变化来看，新课程改革后，增加了"认识圆柱的展开图"这一学习要求，体现了三维图形与二维图形之间相互转换的具体要求，在图形转换中引导学生观察、抽象、想象，有利于空间观念的培养。因此，教学中应注重展开与折叠的操作过程，尤其是在圆柱表面积的学习过程中，可以安排"想象—展开"这样的学习活动，实现图形之间的转换，理解表面积的计算公式。同时，在"圆柱与圆锥的体积"学习过程中，也需要重视圆柱与长方体、圆柱与圆锥之间的转换，先想象，再操作，理解体积计算公式，发展空间观念。

3

圆柱与圆锥认识的教学研究

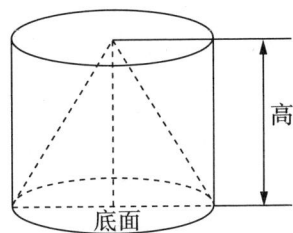

高

底面

教学是教师的教和学生的学所组成的一种人类特有的人才培养活动。教学活动中教师和学生是教学活动的主体，教材是师生教学活动中的核心教学材料，是教学过程中的重要媒介。因此本章的教学研究，将主要围绕教材比较、学生情况、教学设计展开。

3.1　教材比较研究

比较不同教材，寻找不同教材编写时的异同，思考教材编写背后深层次的同与不同的原因，是一件很有趣味的事情。教师教学前，了解这些异同，借鉴不同版本教材的优势，来指导自己的教学，是一件十分有意义的事。本章将与你一起就"圆柱与圆锥的认识"这部分内容的教材编排进行比较研究，试图寻求课改前后我国各套教材之间的共性与个性，为我们理解教材、展开有效的教学提供参考。

3.1.1　我国 2001 年后教材的编写特点

实验稿课标在教材编写建议中强调：教材编写应以课标为基本依据，选取素材要密切联系学生的生活，内容的呈现方式要丰富多彩，要为学生提供积极思考与合作交流的空间。基于这样的要求，现行教材是如何编写的呢？

空间与图形部分的编排是按"立体—平面—平面—立体"的混合编排结构，在第一学段先直观认识立体图形，然后借助立体图形初步认识平面图形，这时候只要求学生看到图形能叫得出名称，第二学段再进一步对平面图形的特征进行刻画，在学习平面图形特征的基础上学习立体图形的特征。

圆柱和圆锥的认识是安排在六年级下学期进行教学，是在学生学习了长方体、立方体的特征以及表面积与体积计算方法的基础上进行的，后面呼应的是棱柱、棱锥和旋转体等知识。

现选取实验稿课标下的五套数学教材（即人教版教材、苏教版教材、浙教版教材、北师版教材和青岛版教材）进行比较研究。

> **思考**
>
> 如果要比较同一时期的几套教材，你会选择哪些角度进行比较呢？

▷ **教材编写是如何安排课时的？**

课时的安排主要有两种情况（见表 3 – 1 – 1）。

表 3 -1 -1　各套教材课时安排比较

课时安排	教学内容	教 材
一课时	圆柱和圆锥的认识	苏教版教材，浙教版教材，北师版教材，青岛版教材
三课时	第一课时：圆柱的认识、组成及特征 第二课时：圆柱侧面、底面及其之间的关系 第三课时：圆锥的认识、组成及特征	人教版教材

> **思 考**
>
> 阅读上面的表格，请你试着分析以上这两种编排分别有什么优点。

　　将圆柱和圆锥集中编排在一课时进行教学，加强了圆柱和圆锥的对比，较有利于学生通过对比两种立体图形来发现、探索、理解和掌握圆柱和圆锥的特征，对圆柱和圆锥的特征不容易混淆。而人教版对"圆柱和圆锥的认识"这一教学内容安排了三课时进行教学，并且是在进行圆柱的特征及相关计算的教学后，再安排圆锥的认识。因为安排的教学时间比较充足，所以比较有利于不同层面的学生掌握知识，同时学生是在对圆柱知识掌握已经比较全面深刻的基础上学习圆锥的认识，因此有利于学生从圆柱知识的学习迁移到圆锥知识的学习，有利于学生主动地去探索发现圆锥的特征。

　　▷ **教材是如何命名教学内容的?**

　　同样是教学圆柱与圆锥的认识，五套教材在编排时却采用了不同的命名（见表 3 -1 -2）。

表 3 -1 -2　各套教材教学内容命名情况表

教学内容的命名	教 材
圆柱和圆锥的认识	苏教版教材、浙教版教材和人教版教材
信息窗一：冰淇淋盒有多大	青岛版教材
面的旋转	北师版教材

1. 以上几种命名有什么区别?

2. 根据北师版教材的命名，请你估计一下，这套教材在编写圆柱与圆锥的认识这一内容时，会有怎样的特点?

从上表中可知，有三套教材采用了我们通用的命名方式，即直接以学习的内容命名；而另两套教材对于"圆柱和圆锥的认识"却采用了比较独特的命名。由于内容命名的不同，教材引入课题的方式、新课的呈现方法、学习活动的探索以及新课的练习安排都各有其特色。

（1）浙教版教材命名情况

先从实物引入抽取出图像，在观察圆柱的特征上学习圆柱的定义及各部分名称，接着安排了一个有关圆柱知识的应用练习判断；在认识圆柱的基础上认识圆锥，几乎采用了和圆柱一样的教材编排顺序，从实物引入抽取出图像，在观察圆锥的特征上学习圆锥的定义及各部分名称，接着安排了一个有关圆柱、圆锥高的跟进练习，最后的课后练习是有关面的旋转的。

（2）北师版教材命名情况

在课题的命名上就比较独特，它将圆柱和圆锥的认识这一教学内容命名为"面的旋转"，从这个课题也可以看出教材编写是围绕着旋转这一思想展开的。引入这个环节是从具体的事物（如自行车、风筝、雨刮器、旋转门），到抽象的图形再到对具体事物的判断，在自行车这个内容上体现了"点动成线"的思想，在风筝、雨刮器和旋转门这个环节体现了"线动成面"，到旋转小棒这个环节则体现了"面动成体"。在此基础上，教材编写了同时对圆柱和圆锥的特征进行观察，对于圆柱、圆锥各部分的名称则是用图示法，没有任何语言描述，最后的练习安排了判断物体形状和找一找圆柱、圆锥形状的物体。可见北师大版教材非常重视图形的形成过程。

（3）人教版教材命名情况

对圆柱和圆锥的认识这一教学内容安排了两个课时，其余四套教材都只有一课时的教学时间。我们先来看第一课时圆柱的认识，从实物引入到图形，找一找身边的圆柱形物体，然后学习圆柱的各部分名称和特征，接着设计了一个操作活动，旋转贴有长方形硬纸的小木棒，最后有一个判断圆柱底面、侧面和高的练习。第二课时圆锥的认识，也是从实物引入到图形，找一找身边的圆锥形物体，然后学习圆锥的特征和圆锥的高，这里比较有特色的就是增加了教学测量圆锥的高，而且还有图示，非常好。接着设计了一个操作活动，旋转贴有三角形硬纸的小木棒，最后有一个做圆锥的动手操作练习。

（4）苏教版教材命名情况

从实物引入，但它的实物是将圆柱和圆锥放在一起，提问"上面哪些物体的形状是圆柱？"接着让学生举例圆柱形物体，然后学习圆柱的特征及各部分名称。在圆锥的教学中也采用了相同的教学顺序，学生举例圆锥形物体，然后学习圆锥的特征及各部分名称。课后练习是圆柱、圆锥的判断，在练习课中设计了小旗旋转一周成什么形状的题目。

（5）青岛版教材命名情况

课题命名"冰淇淋盒有多大"也比较有特色，从圆柱和圆锥的实物引入，抽象出图形，然后让学生举例形状是圆柱或圆锥的物体，接着学习圆柱、圆锥的特征和各部分名称，最后设置了一个学习反思型的空间"问题口袋"，比较有特色，在练习课中也出现了小旗旋转一周能成什么图形这样的题目。

从以上分析可见，五套教材的整体编排上主要有以下特点。

①重视实物与抽象图形之间的关系。

②重视用运动的观点认识图形特征。五套教材在引入、展开、新课练习、练习课中都涉及了通过旋转认识图形的特征，非常重视变换的思想。德国的大数学家克莱因（哥廷根学派的组织者）1872 年在爱尔兰根大学哲学系和大学理事会发表的纲领（即被人称为《爱尔兰根纲领》）中，就用变换群来统一各种几何。

总体来看，五套教材在编排"圆柱与圆锥的认识"这一教学内容时，都非常重视对学生空间观念的培养。

▷　**各部分编排有何异同？**

（1）各套教材的引入环节有什么异同？

你知道引入一节课主要有哪些方式吗？

引入是一节课的基础，是一个十分重要的环节。引入得当，就可以紧紧地围绕课题，充分地激发起学生的兴趣和学习动机，为学生顺利地掌握图形特征起到奠基作用。一节课的引入经常采用的方式主要有以下几种。

①以感性材料为基础引入，即以学生在日常生活中所接触到的事物或教材中的实际问题以及模型、图形、图表等作为感性材料，引导学生通过观察、分析、比较、归纳和概括去获取概念、特征。

②以新、旧知识之间的关系引入，即通过复习旧知引入新知的学习。

③以"问题"的形式引入，即从现实生活中的问题或数学问题引入。

④从发生过程引入，即通过概念特征的形成过程引入。

对于"圆柱和圆锥的认识"这一学习内容，有四套教材采用了以感性材料为基础引入。

1. 进行几何教学时，往往会从形状相似的实物引入。你觉得选择实物图时需要注意什么？

2. 请你先阅读下面各套教材选择的实物图，再想一想这些实物图是否合适。

◆ 浙教版：同时出现了圆柱的实物图和抽象图（见图3-1-1）

观察下列各图，想一想圆柱有什么特征。

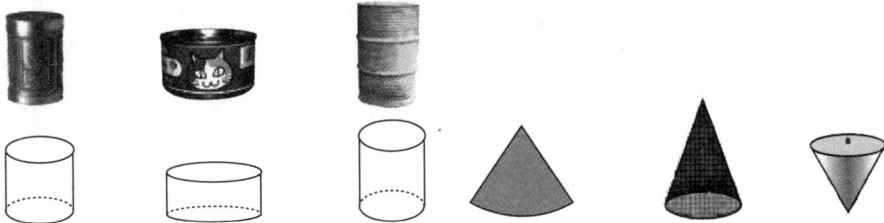

图3-1-1

整体来看，教材以感性材料为基础引入。所选择的材料中，第一个水杯以及圆锥的三个实物图——草堆、帽子和陀螺比较好，具有一定的典型性。相对而言，第二个罐子不是很合适，看上去中间是凹进去的，容易给学生误导；第三个油桶是一段一段的，应该说是三个圆柱的叠加，也不是很好的素材。但是编者安排了一个从实物抽象出几何图的过程，非常好，值得借鉴。

◆ 苏教版：同时出现了圆柱的实物图和圆锥的实物图（见图 3 – 1 – 2）

上面哪些物体的形状是圆柱体？圆柱体简称圆柱。
你还能举出其他例子吗？

仔细观察圆柱，你发现了什么？

图 3 – 1 – 2

苏教版也是以感性材料为基础引入。但其中三个图形并不是典型的圆柱或圆锥，不容易让学生对圆柱或圆锥的形状表象建立清晰的认识。教学时，可以让学生辨析哪一部分是圆柱或圆锥。如航天火箭，教师可以强调一部分的形状是圆柱。

不过教材引入部分的提问比较好，"上面哪些物体的形状是圆柱？"指向性比较明确。

◆ 人教版

第一课时：（圆柱的认识）出现了圆柱的实物图；第三课时：（圆锥的认识）出现了圆锥的实物图（见图 3 – 1 – 3）。

教材的编排也是以感性材料为基础引入。圆柱的实物图中，蜡烛和灯笼是非常典型的圆柱实物；客家围屋是空心的，显然和圆柱的特征不符合，而且学生对客家围屋也不是太熟悉，没有生活经验；比萨斜塔也不符合圆

客家围屋　　　　比萨斜塔

岗亭　　蜡烛　　灯笼

上面这些物体的形状有什么共同特点？　　　上面这些物体的形状有什么共同特点？

图 3 - 1 - 3

柱的特征，因为圆柱是一个直棱柱；岗亭也不是很合适的实物图，因为整体来看，并不是一个圆柱，而是由几个圆柱组合而成的，在初学圆柱时，典型性不够。

　　圆锥的实物图中，宫殿圆锥的形状不明显，小丑的帽子一部分是圆锥形，教师需引导学生进行辨析。射灯射出的光线围成的部分是一个很典型的圆锥体，但学生容易感觉是一个平面。一般来说铅锤、冰淇淋这些物体是比较好的实物图的选择。

　◆ 青岛版：同时出现了圆柱的实物图和圆锥的实物图（见图 3 - 1 - 4）

你能提出什么问题？

图 3 - 1 - 4

　　教材以感性材料为基础引入，实物的选用非常典型，教师如果也想用实物图引入圆柱与圆锥的认识，这些都可以作为你的选择对象。

　◆ 北师版：主要设计了三个活动（见图 3 - 1 - 5）
北师版教材的编排与其他几套不同，是从圆柱与圆锥的发生过程引入。

1. 如图，将自行车后轮支架支起，在后轮辐条上系上彩带。转动后轮，观察并思考彩带随车轮转动后形成的图形是什么？

2. 观察下图，你发现了什么？

3. 如图，用纸片和小棒做成下面的小旗，快速旋转小棒，观察并想象纸片旋转后所形成的图形，再连一连。

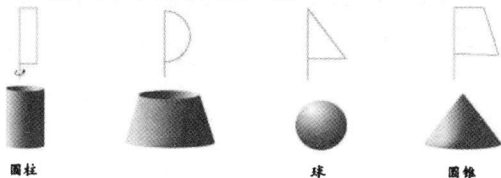

圆柱　　　　球　　　　圆锥

图 3 – 1 – 5

　　为了体现"点动成线"、"线动成面"、"面动成体"的数学思想，编者设计了三个活动。

　　活动一：点动成线。把彩带看作一个点，随着车轮转动，形成一个圆形，这个圆的圆周就是点动成线。

　　活动二：线动成面。将风筝的每一个节动起来就形成了一个长方形，但是线动成面的过程不够明显；旋转门也一样，不能清晰地表达要学生观察的线是哪一条，形成的面又在哪里。雨刮器"线动成面"的过程比较明显，是一个不错的选择。这一活动的提示语也不是很恰当，"观察下图，你发现了什么？"一幅静止的图，要学生去想象物体运动的轨迹，难度比较大。教师上课时，最好能用课件动态展示变化过程。这一活动选用的素材如果改用压路机工作来体会线动成面，对学生而言可能会容易一些。

　　活动三：面动成体。这一活动体现了立体图形的形成过程，是一个不错的选择。

　　从以上分析来看，五套教材基本上采用了两种形式引入学习内容。

　　①以感性材料为基础引入。以学生熟悉的实物为素材，引导学生通过观察、分析、比较、归纳和概括去获取图形的特征，如人教版、苏教版、青岛版和浙教版。在生活中，形状是圆柱或圆锥的物体主要有茶叶罐、固

体胶、蛋筒冰淇淋等。教材所出示的圆柱或圆锥形实物图中，装物体的罐子、冰淇淋是学生平时最容易看到的。蜡烛、宫殿的顶、小丑帽子的顶、航天火箭的一部分、客家围屋、岗亭、灯笼等则进一步拓展了学生对圆柱或圆锥形物体的认识，应该还是可以理解的。而比萨斜塔、舞台表演时射出的灯光所形成的圆柱和圆锥的形状，平时不太常见，形状有的倾斜、有的外轮廓不是特别清晰，这就需要教师帮助学生一起去理解。

②从发生过程引入，如北师版。这种引入方式比较独特，它引导学生经历"点动成线"、"线动成面"、"面动成体"的过程，体会"点、线、面、体"之间的联系。在教材的第一个活动中，彩带随着车轮的转动形成了圆，从而让学生体验点动成线。第二个活动中，风筝的每一个节连起来看就形成了一个长方形；雨刮器扫过后就形成一个扇形，从而体验线动成面。第三个活动将长方形、半圆形、三角形、梯形绕小棒快速旋转从而形成圆柱、圆锥、球等图形，体现了"由平面图形经过旋转形成几何体"，从而体验面动成体。这不仅是对几何体形成过程的学习，也是发展面、体等空间观念的重要途径，可能这也是教材将此课题命名为"面的旋转"的原因。北师大教材通过呈现几个生活中的具体情境，鼓励学生进行观察，激活学生的生活经验，使学生经历"点动成线""线动成面"、"面动成体"的过程，这种方法生动直观，体现了运动变化的观点和思想。

但是到目前为止，尚未见到关于采用哪一类课题引入的方式更为有效的研究。需要强调的是：圆柱和圆锥的认识教学都要密切联系学生的数学现实，从学生已有的知识、能力、情感出发进行教学。

（2）各套教材教学内容的选择有区别吗？

综观这五套教材一共涉及以下九方面教学内容。

①圆柱的定义。

②圆柱各部分的名称：圆柱的底面、侧面、高。

③圆柱表面积的定义。

④圆柱的特征。

⑤圆柱的侧面与长方形的关系。

⑥圆锥的定义。

⑦圆锥各部分的名称：圆锥的底面、侧面、高。

⑧圆锥的特征。

⑨圆锥高的测量方法。

> **思考**
>
> 如果你来教学，你会选择哪些教学内容？为什么？

各套教材选择教学内容时，各有侧重（见表 3 - 1 - 3）。

表 3 - 1 - 3　各套教材教学内容编排

教　材	浙教版	苏教版	人教版	青岛版	北师版
圆柱的定义	√				
圆柱各部分的名称：圆柱的底面、侧面、高	√	√	√	√	√
圆柱表面积的定义	√				
圆柱的特征	√	√	√	√	√
圆柱的侧面与长方形的关系			√		
圆锥的定义	√	√			
圆锥各部分的名称：圆锥的底面、侧面、高	√	√	√	√	√
圆锥的特征	√	√	√	√	√
圆锥高的测量方法	√		√		
合　计	8	5	6	4	4

从上述统计可以看出，五套教材都涉及了四个方面的教学内容，即圆柱各部分的名称、圆柱的特征、圆锥各部分的名称、圆锥的特征。

通过进一步的比较分析，发现五套教材对"圆柱、圆锥各部分名称"都有图示，其中浙教版教材出现了高用 h 表示，其他四套教材都出现了圆心用字母 O 表示。对于"圆柱各部分名称"浙教版、苏教版、人教版三套教材都有文字描述，青岛版教材只描述了圆柱的高；对"圆锥各部分名称"的文字描述四套教材都只涉及了高。北师版教材没有出现用文字叙述两种图形的各部分名称。

各套教材对圆柱与圆锥各部分名称的叙述也有所区别（见表 3 - 1 - 4）。

表 3 −1 −4　各套教材圆柱与圆锥各部分名称编排比较

教材	圆柱各部分的名称	圆锥各部分的名称
	圆柱的底面、侧面、高	圆锥的底面、侧面、高
浙教版	两个相等的面叫作圆柱的底面 这个曲面叫作圆柱的侧面 两个底面之间的距离叫作圆柱的高，通常用 h 表示	从圆锥的顶点到底面圆心的距离是圆锥的高，用 h 表示
苏教版	圆柱的上、下两个面叫作圆柱的底面 围成圆柱的曲面叫作圆柱的侧面 圆柱两个底面之间的距离叫作圆柱的高	从圆锥的顶点到底面圆心的距离是圆锥的高
人教版	圆柱的两个圆面叫作底面 周围的面叫作侧面 两个底面之间的距离叫作高	从圆锥的顶点到底面圆心的距离是圆锥的高
青岛版	两底面之间的距离叫作高	从圆锥的顶点到底面圆心的距离是圆锥的高
北师版		

　　针对"圆柱、圆锥的特征"，五套教材都进行了探索研究，其中三套教材（苏教版、人教版、青岛版）都有文字描述，浙教版教材则只出现了对圆锥特征的文字描述，而北师版教材只出现了对圆柱特征的文字描述（见表 3 −1 −5）。

表 3－1－5　各套教材圆柱与圆锥特征描述编排比较

教　材	圆柱的特征	圆锥的特征
浙教版		圆锥的底面是个圆 圆锥的侧面是个曲面
苏教版	圆柱上下是一样粗的 圆柱上下两个面是完全相同的圆形 圆柱有一个面是弯曲的	圆锥有一个顶点 圆锥的底面是一个圆 圆锥的侧面是一个曲面
人教版	圆柱的底面都是圆，并且大小一样 圆柱的侧面是曲面	圆锥的底面是个圆 侧面是一个曲面
青岛版	圆柱的上下两个面都是圆，并且大小一样	圆锥的底面是圆，圆锥有一个曲面
北师版	圆柱有两个面是大小相同的面，有一个面是曲面	

　　综上所述，通过对五套教材的比较发现，在教学顺序和教学内容上虽然或多或少存在一些差异，但对于一些基础知识的掌握要求还是一致的。比如"认识圆柱和圆锥的各部分名称、认识圆柱和圆锥的特征"，这些知识是学生需要掌握的。比较研究的结论明确地告诉了教师，在教学"圆柱和圆锥的认识"这节课时，无论使用何种教材、无论面对何种学生，教学的重点是什么，哪些知识是必须要学习的，而其他一些教学内容，则可以根据教材的特色、学生的实际情况进行适当拓展。

　　（3）各套教材练习与应用是如何安排的？有哪些类型？

　　顾泠沅等先后两次（1990，2007）进行大样本测试，并经过分析、改造，提出数学认知水平的 4 层次分析框架，主要有以下四个水平。

　　水平 1：计算——操作性记忆水平。这一水平层次解决比较简单的问题，直接运用知识点或公式。

　　水平 2：概念——概念性记忆水平。这一水平能结合具体情境，运用公式。

　　水平 3：领会——说明性理解水平。这一水平层次的问题要求学生能较好地理解知识点的内涵，能联系实际，涉及对一个公式的正向与逆向应用，或者多个公式的综合应用。

　　水平 4：分析——探究性理解水平。要求学生能灵活运用公式进行不同方向的思考。推理性较强。

思考

下面有一些"圆柱和圆锥的认识"的练习题（见图3-1-6），你觉得它们分别属于上面所说的哪一种水平？

① 说说下面哪些物体的形状是圆柱，哪些物体的形状是圆锥。

② 围绕所示的轴旋转各个平面图形，将得到什么样的立体图形？用线连一连。如果这个图形是圆柱或圆锥，它们的底面圆半径与平面图形边长的关系是怎样的？

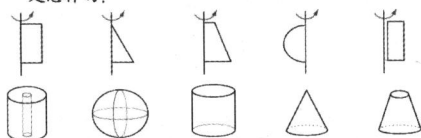

③ 按照附页1的图样，用硬纸做一个圆柱，量出它的底面直径和高。

按照附页2的图样，用硬纸做一个圆锥，量出它的底面直径和高。

④ 某种饮料罐的形状为圆柱形，底面直径为6.5厘米，高为11厘米，将24罐这种饮料按扣图所示的方式放入箱内，这个箱子的长、宽、高至少是多少？

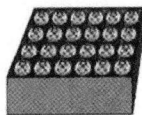

⑤ 实践活动

用纸片和小棒做一面小旗，旋转"旗杆"，观察并想象纸片旋转后所形成的图形。

⑥ 指出下面圆柱的底面、侧面和高。

图3-1-6

根据顾泠沅的学生认知水平的4层次分析框架，我们可以将图3-1-6中有关"圆柱和圆锥的认识"的练习分成以下几类：

水平2：概念——概念性记忆水平。这里指考查学生对圆柱、圆锥物体的判断，包括"圆柱和圆锥各部分名称"等事实的记忆。如上面的习题1（苏教版）与习题6（人教版）。

水平3：领会——说明性理解水平。这一水平层次的问题要求学生能较好地理解圆柱的特征与内涵，能运用圆柱特点进行不同方向的思考，如习题4（北师版），需要通过圆柱的特征求长方体的长、宽、高；又如习题2（浙教版）已知平面图形的形状，想象"面动成体"后立体图形的形状，从而进一步思考，圆柱与圆锥底面半径与平面图形边长的关系。

水平4：分析——探究性理解水平。这一水平的练习综合性比较强，如习题3和习题5，都需要动手实践，制作后再测量底面直径和高。

以上四个水平中，水平1、2为记忆水平，处于较低认知水平；水平3、4为理解水平，处于较高认知水平。

> **思 考**
>
> 你估计各套教材中，各水平的习题分别会占多少？

将各套教材新课后的习题进行分析比较，发现各水平习题的安排上各有侧重（见表3-1-6）。

表3-1-6　不同版本教材"圆柱和圆锥的认识"练习题认知水平比较

	水平1	水平2	水平3	水平4	合　计
人教版	0	1（50%）	0	1（50%）	2
北师版	0	3（50%）	2（33.3%）	1（16.7%）	6
浙教版	0	0	1（100%）	0	1
苏教版	0	1（100%）	0	0	1
青岛版	0	2（28.6%）	3（42.8%）	2（28.6%）	7

（注：表中括号内数字为该题量占该教材新课练习习题量的百分比）

从上表中可以看出，各套教材新课的练习量相差较大，最多的安排了7个练习，而最少的只有1个练习，但是大部分教材都安排有水平2的练习，说明对于基础知识的掌握还是十分重视的，这在学习新知的起始阶段是十分必要的。

> **思 考**
>
> 从教材来看，水平2的练习主要有以下几种类型：
>
> 1. 下面的物体哪些是圆柱？哪些是圆锥？
>
> 2. 下面的图形哪些是圆柱？哪些是圆锥？
>
> 3. 指出圆柱和圆锥的底面、侧面、底面直径和高。
>
> 请你想一想，这三种类型的练习有什么区别？在各套教材中，你估计哪类题会多一些？为什么？

对水平 2 的练习进一步分析见表 3 – 1 – 7：

表 3 – 1 – 7　水平 2 各类练习题数量比较

	下面的物体哪些是圆柱？哪些是圆锥？	下面的图形哪些是圆柱？哪些是圆锥？	指出圆柱和圆锥的底面、侧面、底面直径和高
人教版	0	0	1
北师版	1	1	1
浙教版	0	0	0
苏教版	1	0	0
青岛版	1	1	0

从上表可见，各套教材的编者都比较重视圆柱、圆锥形状的认识和圆柱、圆锥基本特征的掌握。

对水平 3 的进一步分析见表 3 – 1 – 8：

表 3 – 1 – 8　水平 3 各类练习题数量比较

	连线题	解决实际问题
人教版	0	0
北师版	1（想一想，连一连，转动后会形成怎样的图形？）	1（某种饮料瓶为圆柱形，底面直径为 6.5 厘米，高 11 厘米，将 24 罐饮料如图放入箱内，箱子的长、宽、高至少多少？）
浙教版	1（围绕所示的轴旋转各个平面图形，将得到什么样的立体图形？用线连一连。如果这个图形是圆柱或圆锥，它们的底面半径与平面图形边长的关系是怎样的？）	0
苏教版	0	0
青岛版	2（将如下图所示的长方形、半圆形、梯形和三角形小旗快速旋转。想象一下，小旗旋转一周能形成什么图形？请你连一连。）	1（用一张长 20 厘米，宽 15 厘米的长方形纸卷成一个圆柱形纸筒。纸筒的底面周长和高各是多少？）

从上表可见，教材都比较重视"面动成体"的过程，重视平面图形与

立体图形的沟通与联系，同时又将数学与实际生活进行联系，这对提高学生掌握圆柱、圆锥的特征以及灵活运用这些特征的能力有很大的帮助。

3.1.2　各版本教材比较给我们的启示

> **思考**
>
> 通过前文的不同版本教材介绍，你一定已经感受到，各个版本之间有共通之处，也各有特色。你认为教材的编写最重视哪几个方面？

▷ 为什么要重视实物与抽象图形之间的联系？

人们生活在三维的空间中，常见的冰淇淋、蜡烛、灯笼……都给我们以圆柱、圆锥等直观形象。基于这样的生活经验，"圆柱和圆锥的认识"教材都是通过对实物的观察与操作，直观地、整体地来认识圆柱形和圆锥形，经历从实物到几何图形的抽象过程。从对实物的观察与操作过程中来认识图形的特征和性质，既符合学生认识事物的规律，也符合数学课程的目标要求。这样的过程有助于学生发展能力，初步体会数学的思想方法，发展积极的情感与态度。

▷ 如何用运动的观点认识图形特征？

图形的运动在生活中并不稀奇，如电梯、地铁、自行车的车轮、风车，这些生活中的事物的图形的变换为学生学习图形的运动提供了学习背景。"圆柱和圆锥的认识"部分的教材都非常重视图形的运动和相关知识的联系，从运动变换的角度来认识图形，如长方形沿着边旋转一周就可以形成一个圆柱，体现了"面动成体"，在运动中认识图形的特征，有利于更好地培养学生的几何直观和推理能力。

> **思考**
>
> 你在教学中，会以自己使用的教材为主，兼顾其他版本教材的特色吗？

教师在教学中，若能以自己使用的教材为主，兼顾其他版本教材的特色或长处，或许会更有利于教学活动的展开，有利于学生的学习。

3.2 学情研究

《圆柱和圆锥的认识》是数学六年级下册的教学内容，圆柱和圆锥是区别于正方体和长方体的含有曲面的几何体，对于学生来说在图形的认识上增加了一定的难度。圆柱和圆锥的认识拓宽了学习空间，为今后进一步学习其他立体图形打好基础，进一步丰富学生"空间与图形"的学习经验。

> **思考**
>
> 根据你的经验，你觉得学生在学习这节课前已经有了怎样的准备？个体之间的差异是否明显呢？

针对这些问题，笔者专门对杭州城区某校五年级学生进行了一次关于"圆柱和圆锥的认识"的前测，对测查情况进行数据分析，希望能对上述问题有初步的了解。

3.2.1 学生学习起点分析

学生在学习"圆柱和圆锥的认识"前已经掌握了长方形、正方形和圆等一些常见的平面图形的特征，以及长方体、正方体的特征，已经有了直观认识圆柱和圆锥的基础。通过前测还发现了学生对这节课的知识储备存在着以下一些特征。

▷ **测试的问题有哪些?**

测试卷中安排了7道题目，来了解学生对于圆柱和圆锥是否已经建立了表象并能进行再认。

> **第一题**
>
> 请选择：（在合适的题号前打"√"）
> 你以前见过圆柱或圆锥吗？　　（1）见过；　　（2）没有见过。

参加测试的共有146人，统计结果见表3-2-1。

表 3 – 2 – 1　学生是否见过圆柱与圆锥情况表

	见　过	没有见过	漏　做
人数	139	4	3
比例（%）	95.2	2.7	2.1

　　由此看出，绝大多数学生认为自己见过圆柱和圆锥，能作出这样的判断说明学生能够根据以往见过的实物或图形，形成圆柱或圆锥的表象，然后通过回忆提取出表象。

第二题

在你身边，有圆柱或圆锥状的物体吗？请你写一写，

圆柱有：_____。

圆锥有：_____。

思　考

1. 你觉得学生会写哪些圆柱与圆锥形的物体？为什么？
2. 他们可能会把哪些物体误认为圆柱？原因是什么？

　　经统计，能正确写出生活中圆柱形物体的共有 113 人，占所有参加调查的学生的 77.4%，而写对的学生中人均写出的物体数为 2.3 个。学生给出物体中出现次数最多的依次是：柱子、茶叶罐、可乐罐、杯子。个别学生给出了：生日蛋糕、日光灯管、硬币、红绿灯杆、卷纸、铅笔（新）、香烟、擀面杖、接力棒、鞭炮、水管、笔筒等物体。在学生写出的不正确物体中出现次数最多的分别是：粉笔和电线杆。由此统计结果可以看出，大部分学生能够找出圆柱形的物体，说明已经能够通过建立表象抽象出圆柱的特征，然后进行再认。通过统计可以发现，学生能回忆起生活中的圆柱形物体还是非常多的，说明学生的生活经验为认识圆柱体打下了很好的基础。而有些学生由于没有感悟到圆柱的本质特征，所以误将"粉笔"和"电线杆"作为圆柱，没有考虑到上下两个底面是相同的圆这一特征。

下面物体中，是圆柱的在括号里打"√"，是圆锥的在括号里画"△"。

① ② ③ ④ ⑤ ⑥ ⑦

( ) ( ) ( ) ( ) ( ) ( ) ( )

思 考

1. 请你试着估计一下，有多少学生能正确判断圆柱与圆锥？
2. 哪几题正确率会高一些？哪几题错误率会高一些？为什么？

经统计，能够全部判断正确的学生共有 96 人，占所有参加测试学生人数的 65.8%。其中②图形的正确率为 82.2%，③图形的正确率为 97.3%，⑤图形的正确率为 71.9%，⑥图形的正确率为 88.4%。而多选的图形中，错误率最高的是①图形，误选为圆柱，其次是⑦图形，误选为圆锥。从上述统计可以发现，由于学生没有具体地学习过圆柱及圆锥的概念，判断的时候都是依据已有的表象所抽象出的图形进行再认，所以碰到一些并不是很常规的图形时，就会判断失误，图中的两个圆柱都不是一般形状的圆柱，所以正确率就会低一些。而错选了圆台和棱锥的同学，说明他们对于圆柱和圆锥的特征不是非常清晰。

圆柱和圆锥的展开图可以清楚地表示出这两个立体图形分别由哪些平面图形所围成，可以检测学生对于立体图形的构成是否清晰。

第四题

做一个下图这样的纸质圆柱，你会选择右边的哪三张纸？（ ）

做一个下图这样的纸质圆锥，你又会选择右边的哪几张纸？（ ）

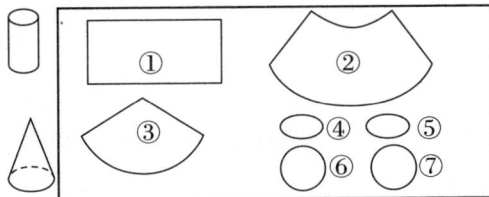

① ② ③ ④ ⑤ ⑥ ⑦

> **思考**
>
> 1. 你觉得哪一题错误率会高一些？
>
> 2. 答错的学生可能会选哪几张纸？为什么？

　　经统计，圆柱的展开图选择正确的有 96 人，占测试人数的 65.8%；圆锥的展开图选择正确的有 44 人，占测试人数的 30.1%。由此发现，学生对于圆柱的展开图有一定的了解，但还是有很多同学的认识出现偏差，对于圆锥的展开图的了解比较少，特别是圆锥的侧面展开图学生在生活中很少接触，所以通过率比较低。

　　圆柱的展开图的错误主要集中在，有的学生底面选择的是④和⑤，这是由于图上的立体图形是一个透视图，用肉眼观察会觉得底部和顶部是一个椭圆，学生受其影响而选择错误，另一方面也说明学生对于圆柱特征的认识还是不够清晰。绝大部分学生圆柱的侧面都能选择正确，说明圆柱的侧面对于学生而言是比较熟悉的。圆锥的展开图选择错误的主要集中为：侧面选成了②，底面选了④或⑤，也有的学生不清楚圆锥的展开图是由两个部分所组成的，所以多选了或少选了。

　　圆柱和圆锥的各部分名称包括：底面、侧面、高、底面半径、底面周长。可以通过两道测试题来了解学生的知晓情况。

> **第五题**
>
> 请选择（在合适的题号上打"√"）：你知道或者听说过"底面"、"侧面"、"圆柱（或圆锥）的高"、"底面半径"、"底面周长"这些名词吗？
>
> ①全部名词都听说过。
>
> ②部分名词听说过（给听说过的名词打上"√"）。
>
> ③没有听说过这些名词。

　　通过此题，想了解学生对这些名词是否知道，知道的情况如何，学生的选择情况统计如表 3-2-2 所示。

表 3-2-2　学生对于圆柱与圆锥相关名词的初步了解情况表

	全部名词都听说过	部分名词听说过	没有听说过这些名词
人数	89	46	11
比例（％）	61.0	31.5	7.5

从结果可以看出，听到过这些名词的学生还是占多数，可能由于在长方体、立方体知识的学习时已经有类似的名词出现过，所以对这些并不陌生。而还有个别同学对这些名词没有听说过，说明他们之前的知识可能掌握得不够好。而选择部分名词听说过的学生，基本上都选了"底面"和"侧面"，因为这两项在长方体中都有涉及。

第六题

看图选填（选择合适的序号填在□里，不知道的可以不写）。

A. 底面　　　　B. 侧面展开图　　　　C. 高

D. 底面半径　　E. 底面周长

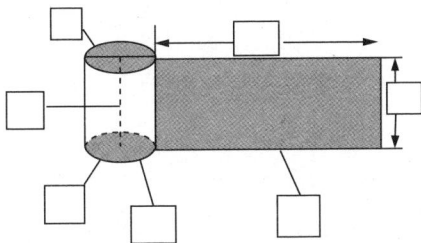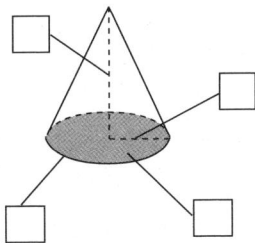

思考

你觉得解决以上问题，学生的主要困难在哪里？

通过此题想了解有多少学生能够将这些名词在图形上一一对应起来，如果能够对应说明学生是真正了解了这些名词的含义。通过统计发现，圆柱这题全部选对的有 76 人，占 52.1%；圆锥这题全部选对的有 116 人，占 79.5%。从这个数据上看右边的题目通过率高，但这并不能说明学生对圆锥的各部分名称更熟悉。其原因是圆柱这题增加了难度，要求在侧面展开图上判断出"侧面"、"底面周长"、"高"，很多学生在立体图形上能够判断准确，但在侧面展开图上却判断错误了，说明在展开图上判断这些名词所表示的意思对于学生来说是一个难点。另外有的学生底面半径和底面周长判断混淆，这很可能是读图不够仔细造成的，说明他们的审题能力还有所欠缺。

　　立体图形是由平面图形通过旋转形成的，那么这种二维到三维的转化，学生是否清晰呢？通过一道测查题，了解学生的情况。

第七题

各个平面图形围绕所标注的轴旋转，将得到怎样的立体图形？用线连一连。

① ② ③ ④ ⑤

思考

1. 你觉得学生平时有从二维到三维的转化经验吗？如果有，是在什么时候形成的？
2. 这一题对学生来说会有难度吗？

　　通过统计发现，这道题的通过率是非常高的，总共有 132 人通过，占总人数的 90.4%。这个结果有些出乎意料，原本认为会比较有挑战性，但学生却认为是相当简单的。可能是由于出题的形式为连线题，学生比较好判断，但更大的可能是学生确实已经具备了这样从二维到三维转化的想象力，只是我们教师没有意识到而已。

▷ **给我们怎样的启示？**

┌─ 思 考 ───┐
1. 阅读了以上对前测的分析，你觉得对于我们教学圆柱与圆锥的认识
   有怎样的启示？
2. 如何让我们的教学更加有针对性？
└──┘

（1）认识圆柱时素材要提供得尽量丰富

在认识圆柱时，教师会安排了解圆柱实物的环节，此环节有助于学生建立起对圆柱的表象。但是学生往往看到的圆柱都是比较一般的，是否可以准备一些比较特殊一点的圆柱的实物或图片，比如底面特别小、高度比较高的（如擀面杖、金箍棒等），底面特别大、高度比较低的（如跳棋盒、月饼等），而且摆放的位置可以是水平、垂直或者是倾斜的。这样可以丰富学生对于圆柱这个概念的表象，而且容易让学生关注到这个图形的本质特征：上下是两个一模一样的圆、中间的粗细是一样的，而不是看大致的形状去判断。

（2）"底面为什么画成椭圆"要有所交代

圆柱和圆锥是学生第一次接触带圆的立体图形。有时我们就直接给出了圆柱或圆锥的示意图，其实有些能力弱的孩子并不太明白为什么底面要画成椭圆形，从而造成了一些不必要的错误。所以还是有必要在第一次呈现时做一个解释，可以适时地运用多媒体软件展示圆柱的平面透视图，并用实物操作，使学生明确为什么圆柱的两个底面要画成椭圆。

（3）要重视展开图的教学

通过前测发现有些学生对于展开图的了解是比较弱的，所以在教学中要加以重视。像圆柱的话，不仅要通过多媒体让学生观察圆柱展开后是怎么样的，也要利用实物（如茶盒的包装纸）将圆柱的侧面剪开，并进行观察。要将立体图形中的各个部分，如高、底面周长、底面直径等，在展开图上找到相应的位置，建立起联系。像圆锥的话，侧面展开图对于学生是不太熟悉的，所以要利用多媒体进行动态演示，也可以将实物（如圣诞帽）剪开让学生观察。在课后可以让学生利用硬纸板来制作圆柱和圆锥，帮助学生增强对展开图的了解。

（4）要着重理解高的意义

圆柱和圆锥的高对于学生来说是个难点。关键是如何理解高的含义，可以从现实生活的高来引入，理解圆柱的高是两个底面之间的距离，而圆锥的高是顶点到底面的距离。这样可以理解圆柱的高是有无数条，只是一般将两个底面的圆心连起来画出来，其他的也是圆柱的高。而圆锥的高因为是顶点到底面的距离，顶点只有一个，所以圆锥的高只有一条。

（5）二维到三维的转化需要动态演示

圆柱的定义是矩形的一条边所在直线为旋转轴，其余三边旋转形成的面所围成的旋转体叫作圆柱。圆锥的定义是以直角三角形的一条直角边所在直线为旋转轴，其余两边旋转形成的面所围成的旋转体。虽然这两个概念，在小学阶段是不需要学生掌握的，但是我们可以利用动态演示让学生了解这个形成过程，让学生感受二维到三维的转化，这样能够培养学生的空间想象力。

圆柱和圆锥的认识对于学生建立空间观念，顺利地认识后续的立体图形都是非常重要的，是需要一线教师继续研究、探讨的一节课。希望通过教师的努力，学生在这方面能够得到更好的帮助。

3.3　教学设计研究

对于课堂教学效果起直接作用的就是教学设计，要实现课堂教学最优化，就要精心设计教学目标和教学过程。本节内容将对已经发表的部分教学设计中的"教学目标"、"教学过程"、"同课异构"三方面内容进行综述，以期能对这节课的课堂教学有所帮助。

3.3.1　教学设计综述

研究"圆柱和圆锥的认识"这节课的人相对比较少，查阅了《小学数学教育》《中小学数学·小学版》《小学教学数学版》等几本杂志，找到"圆柱和圆锥的认识"教学设计 3 篇，"圆柱的认识"教学设计 15 篇，"圆锥的认识"教学设计 5 篇，"圆柱和球的认识"教学设计 3 篇。在各种小学数学教学的杂志上有关"圆柱的认识"的教学设计文章相对较多，所以本节将围绕"圆柱的认识"这节课展开研究。

▷ **教学目标可以如何阐述？**

思考

1. 2011 版课标是从哪几个方面来阐述教学目标的？
2. 你知道课标中关于第二学段"图形与几何"的教学目标是如何阐述的？

一节课的教学目标如何确定，是由多种因素相互作用决定的，但教学目标的表达和阐述，需要课标。2011 版课标明确指出：义务教育阶段数学课程目标分为总目标和学段目标，从知识技能、数学思考、问题解决、情感态度等四个方面加以阐述。

对于第二学段中"图形与几何"的教学目标，2011 版课标是这样阐述的。

知识技能：探索一些图形的形状、大小和位置关系，了解一些几何体和平面图形的基本特征；体验简单图形的运动过程，能在方格纸上画出简单图形运动后的图形，了解确定物体位置的一些基本方法；掌握测量、识图和画图的基本方法。

数学思考：初步形成数感和空间观念，感受符号和几何直观的作用。在观察、实验、猜想、验证等活动中，发展合情推理能力，能进行有条理的思考，能比较清楚地表达自己的思考过程与结果。会独立思考，体会一些数学的基本思想。

问题解决：尝试从日常生活中发现并提出简单的数学问题，并运用一些知识加以解决。能探索分析和解决简单问题的有效方法，了解解决问题方法的多样性。经历与他人合作交流解决问题的过程，尝试解释自己的思考过程。能回顾解决问题的过程，初步判断结果的合理性。

情感态度：愿意了解社会生活中与数学相关的信息，主动参与数学学习活动。在他人的鼓励和引导下，体验克服困难、解决问题的过程，相信自己能够学好数学。在运用数学知识和方法解决问题的过程中，认识数学的价值。初步养成乐于思考、勇于质疑、言必有据等良好品质。

思 考

根据 2011 版课标，你觉得"圆柱的认识"这节课的教学目标可以如何阐述？

让我们先来看一看已经在杂志发表的部分教学目标的阐述：

【教学目标 1】（刘震 等，2006）

①使学生认识圆柱的底面、侧面和高，掌握圆柱的基本特征，发展学生的空间观念。

②让学生经历探索圆柱基本特征的过程，提高学生观察、操作、分析和概括的能力。

③通过自主研究，学生掌握研究立体几何的一般方法，丰富其学习数学的积极体验。

【教学目标 2】（王宁宁，2008）

①认识圆柱，了解圆柱的各部分名称，掌握圆柱的特征。

②理解圆柱的侧面展开图与圆柱各部分的关系。

③通过操作、观察、比较、探索，提高分析、推理和判断能力。

【教学目标 3】（蔡凌燕，2010）

①让学生经历动手制作一个圆柱的活动，发现圆柱的底面、侧面和高，掌握圆柱的基本特征以及圆柱的侧面与展开图之间的关系。

②在探索过程中，提高学生观察、操作、分析和概括能力。

③发展学生的空间观念。

关于"圆柱的认识"这一节课的教学目标，大部分教师的表达都涉及了"知识技能"、"数学思考"和"解决问题"这三个维度，但较少涉及"情感态度"这一维度，而且比较完整和丰富表达的教学目标并不多见。

根据第二学段"图形与几何"教学目标的要求，"圆柱的认识"这节课我们可以从以下四个方面进行教学目标的阐述。

【知识技能目标】

①经历从现实生活中的圆柱形物体中抽象出数学中圆柱形的过程。

②经历动手制作一个圆柱的活动，发现圆柱的底面、侧面和高。

③经历底面、侧面和高的研究过程，明确圆柱的底面都是圆，并且相等，圆柱的侧面是曲面，两个底面之间的距离叫作高，高有无数条。

④经历圆柱的侧面与展开图之间关系的探索过程，明确圆柱侧面的展开图就是长方形或正方形，体会"化曲为直"。

⑤经历圆柱的侧面、底面、高之间关系的探索过程，掌握底面周长就是侧面展开图长方形的长，高就是侧面展开图长方形的宽。

⑥经历"点动成线，线动成面，面动成体"的活动过程，体会"点、线、面、体"之间的关系。

【数学思考目标】

①在用字母表示底面圆心、高的过程中发展学生的符号意识。

②在制作圆柱，以及抽象和概括底面、侧面、高的特征的过程中，发展形象思维与抽象思维能力。

③在探索侧面、底面、高的关系等知识的过程中，通过观察、操作等数学活动，发展合情推理和演绎推理能力。

【问题解决目标】

①从观察罐子、蜡烛等物体的形状中，初步学习从数学的角度发现问题和提出问题，并能够运用圆柱的相关知识解决一些实际问题，培养和发展应用意识和能力。

②在讨论与解决"阳光照射物体时的阴影形状"的过程中，发展空间观念。

③在尝试"用长方形做圆柱"的活动过程中，体验解决数学问题方法的多样性。

【情感态度目标】

①在解决圆柱的相关问题的过程中，培养学生积极主动参与数学活动的情感。

②在解决圆柱的相关问题的过程中，体验获得成功的乐趣，锻炼克服困难的意志，建立自信心。

③在抽象圆柱的相关知识，应用圆柱的知识解决问题的过程中，体会数学的特点，了解数学的价值。

思考

你觉得上面的这些教学目标中，哪些目标是圆柱的认识这节课独一无二的目标？哪些不是？

　　以上我们从课标的要求出发，从四个方面比较全面地写出了"圆柱的认识"这节课的教学目标。从这四个方面的目标中，我们可以看到，有些目标是这节课独一无二的，是通过这节课的教学后要达到的。有些目标只是这节课对它的贡献，特别是关于情感态度方面的目标，常常不是通过一节课就能够达到的。比如说要"培养主动参与数学活动的情感"这一目标，就不是通过圆柱的认识这节课的教学，就可以让学生有主动参与的情感。对于这方面的目标，虽然通过一节课不能完全达成，但每一节课都要特别的关注；每一节课都对它的达成做出了贡献，只有这样学生才能形成良好的情感、态度与价值观。

　　从理论上说，每一节数学课都应该比较完整地写出四个方面的目标，但实际情况常常不容易做到。对于不同层面的教师，在目标的写法上可以有差异，新教师应该写详细一些，一定要使自己明白，"圆柱的认识"这节课的目标有哪些方面，具体的内容是什么，特别是一些非知识技能的目标，更要予以关注，以便使自己养成良好的目标观念。对于骨干教师来说，已经形成了较好的目标意识，在具体写作上可以适当简化一些。但无论采用什么形式写目标，大家都要重视圆柱的认识这节课特有的教学目标。

　　▷ **已有的教学设计如何安排各个教学环节?**

　　有了清晰、完整的教学目标，我们就要围绕教学目标设计"圆柱的认识"的教学过程。

　　(1) 有哪些导入方式?

思考

1. 日常的教学中，你会关注导入环节的设计吗?
2. 你认为"圆柱的认识"这节课可以有哪些导入方式?

　　"良好的开始是成功的一半。"导入是小学数学教学中一个不可或缺的重要环节，虽然占用时间短，但恰当的导入有利于营造良好的学习氛围，吸引学生的注意力，激发学生的学习兴趣，引起学生的积极思考，为良好的教学效果奠定基础。

以下是"圆柱的认识"的几个导入片段。

【导入片段1】

以新、旧知识之间的关系引入，利用学生原有的知识和经验学习新知。

①出示一些平面图形和立体图形，这些是我们已经学过的几何图形，你能把它们分分类吗？

生：一类是平面图形，另一类是立体图形。

②想一想，把长方形平行移动会得到一个什么样的立体图形？（电脑演示，长方体）

③猜一猜，绕长方形的边旋转一周会得到什么样的图形呢？（电脑演示，圆柱）

④电脑显示茶叶罐等实物图，这些物体的形状也是圆柱。（电脑抽象出圆柱图形）

你知道生活中还有哪些物体的形状也是圆柱吗？

【导入片段2】

以感性材料为基础引入。

①课件出示：圆柱、立方体、长方体的实物图片（魔方、笔筒、铅笔、茶叶罐、牙膏盒、橡皮、固体胶……）这么多物品，你知道它们各是什么形状吗？

生：魔方是立方体，牙膏盒、橡皮是长方体，笔筒、铅笔、茶叶罐、固体胶是圆柱。

②你还记得长方体、立方体各有什么特征吗？

生：都有6个面、8个顶点、12条棱，立方体的6个面都是正方形且相等……

③这些物体的形状有什么共同特点？（课件从实物中抽象出圆柱的图形）

我们把具有这些特征的物体形状叫作圆柱。今天这节课我们就一起来研究圆柱。

【导入片段3】

从发生过程引入。

①今天老师给你们带来了些老朋友（电脑出示一个小圆点，闪烁），小圆点来找你们玩了。（电脑演示小圆点动起来成一条线）（感受：点动成线）

②如果将这条线平行移动会成为什么图形？（电脑演示移动过程，形成长方形或正方形）（感受：线动成面）

③如果绕着长方形的一条边旋转一周，你猜猜看会是什么图形？（电脑演示绕长方形的一条边旋转一周成一个圆柱）（感受：面动成体）

④你知道圆柱有什么特征吗？

今天这节课我们就一起来认识圆柱这个新朋友。

以上列举了"圆柱的认识"一课三种不同的导入方式，这三种方式侧重点各不相同。

以新、旧知识之间的关系引入，即通过复习旧知引入新知的学习，容易激发学生的学习兴趣，激起学生的好奇心和求知欲，更容易投入到新课的学习中，也因导入的新旧知识之间已经有一定的联系，所以学生容易将新知识纳入原有的知识图式当中，便于学生的理解；以感性材料为基础引入，贴近学生的生活实际，能让学生真实的感受数学，从熟悉的物体中抽象出几何图形，符合儿童"抽象逻辑思维是建立在感性经验上"的数学学习特点；从发生过程引入，让学生结合空间想象体会立体图形的形成过程，这不仅是对几何体形成过程的学习，同时也能让学生感知面和体的关系，能更好发展学生的空间观念。

（2）如何教学"圆柱的特征"？

> **思考**
>
> 1. "圆柱的认识"一课中"圆柱特征"的学习是重点，如果是你会如何教学圆柱的高和圆柱的侧面？
> 2. 下面有几个教学片段，请你先阅读，再想一想三种教学设计有哪些是相同的？哪些是不同的？你更喜欢哪一种教学设计？为什么？

【教学片段1】（林良富，2013）

①老师提供学习材料，请同学们根据材料，采用看一看、摸一摸、剪一剪、拼一拼等方法，先自主后合作开展研究，看看同学们能发现圆柱的哪些特征？

生：我动手以后发现，圆柱侧面展开是长方形。

生：我发现圆柱侧面展开还可以是一个平行四边形，而且还有可能是一个正方形。

②那圆柱的侧面有几个？

生：圆柱的侧面有无数个。

生：我认为圆柱的侧面只有一个，因为它展开以后是一个长方形，没有无数个侧面的说法。

生：我是说没展开以前，往下摸是一个面，这样绕一圈可以摸出无数个面。

师：大家再摸一摸感觉一下，这个圆柱的侧面与底面有什么不同？

生：圆柱的两个底面是平面，而侧面是一个弯曲的面。

师：这个弯曲的面叫曲面，所以我们一般说圆柱有一个侧面，这个侧面是曲面。

③刚才大家都说展开的长方形的宽是圆柱的高，那什么是圆柱的高呢？

生：两个底面之间的距离叫作圆柱的高。

师：右图中哪一条线段是圆柱的高？

生：中间一条，因为中间一条是垂直于两个底面的。

师：这个煤饼的高在哪里？谁来指一指？

生：煤饼里面的小孔都有高，有无数条高。这些高都是相等的。

师：日光灯管可以看作一个近似的圆柱，人们通常怎么表述它的"高"？

生：长。

师：一元硬币也可看作一个近似的圆柱，人们通常怎么表达它的"高"？

生：厚。

师：我们有些同学家里挖的水井同样可以看作一个近似的圆柱，人们又怎么说它的"高"呢？

生：深。

【教学片段2】（王宁宁 等，2008）

①自学并观察圆柱形状的实物。

②汇报并认识圆柱的几何图形。

师：看完书的同学请把你了解到的知识和同伴交流一下，好吗？

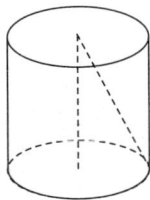

……

师：你们的办法可真多，现在通过课件演示，咱们一起来验证一下大家的发现。

（出示课件）老师在圆柱的上下底面之间画了4条线段，这4条线段是否都是圆柱的高呢？如果不是能说出你的理由吗？

生：这4条线段不都是圆柱的高，因为高是两个底面之间的距离，所以说只有垂线段才是圆柱的高。

师：你概括得真准确。那么圆柱的上下底面之间有多少条垂线段呢？

生：无数条。

师：所以说圆柱的高也有无数条。

③认识圆柱的侧面展开图。

师：圆柱的侧面用手摸一摸是一个曲面，大家猜一下，这个陌生的侧面是否也能够转化为我们比较熟悉的平面图形呢？如果能的话可能是什么图形呢？

生：我猜可能是长方形；我猜可能是梯形。

师：那么圆柱的侧面究竟是哪一种平面图形，请你把圆柱的侧面剪开，仔细观察剪开后的图形和圆柱之间有什么联系？

生：我沿着圆柱的高剪开以后是长方形。生2：我剪开是正方形。生3：我是沿着一条斜线剪开，可是剪开的却是平行四边形。生4：我剪开的是不规则图形，但可以转化成我们学过的平面图形。

师：你们可不可以根据自己动手操作及投影演示的过程把下面的表格补充完整。

圆柱侧面展开图	底面周长	高
长方形		
正方形		
平行四边形		

【教学片段3】（丁红芳，2010）

①探究圆柱的高。

（选择底面相等高不等的两个圆柱，并演示底面相等）请看这两个圆柱，你发现了什么？这两个圆柱哪个大哪个小呢？

为什么？高究竟指的是什么呢？

试量圆柱的高，再用自己的语言来说说什么叫圆柱的高？

（教师演示量高的错误情境）问：这样量圆柱的高行吗？该怎样量？换个位置再演示。

想一想，如果我们在一个圆柱上画高，可以画多少条？

②包装圆柱，发现侧面特征。

小组合作，动手试一试，哪张纸最适合做圆柱模型的商标纸。

你们是怎样选择的，通过包装圆柱的侧面，你们发现了什么？

电脑演示：（3个圆柱立体图）假如沿着圆柱侧面的高展开。

想一想，这三个圆柱侧面的展开图是什么形状？算一算，这张包装纸的面积有多大？

三种教学设计都比较重视学生的动手操作，我们要培养学生的空间观念，需要学生大量的探索实践活动。片段一，学生进行"圆柱的高和侧面"的学习，是在动手实践以后展开的，由学生之间生成的矛盾展开了对侧面的研究，教师因势利导，让学生在获取知识的同时也联系自己的生活经验，接着由图示的不同展开对高的学习，尤其是最后将数学中圆柱的高与生活紧密相连，使学生头脑中圆柱的高更加具体形象。片段二，学生先通过书本自学"圆柱特征"，再由教师通过课件演示，帮助学生证实自己的发现，"什么是高？高有无数条"。圆柱侧面的学习，教师也是让学生先猜想，然后通过动手剪一剪来验证自己的猜想，并进行了圆柱侧面展开图和底面周长、高之间关系的研究。片段三，教师通过比较和测量，让学生发现什么是圆柱的高，圆柱的高有无数条，再通过包装做商标纸，使学生自主探索圆柱侧面的特点，并且最后还让学生来试算圆柱的侧面积。

三种设计也有所区别。片段一，教师非常重视学生的自主探索，整体都是围绕学生的课堂生成进行圆柱特征的教学。片段二、三，学生是在教师的引导下进行动手实践，猜测验证发现圆柱的特征。通过教学设计的比较，我们认为对于学习兴趣浓厚、有探索精神和思考意识的学生而言，第一种设计能够较好地调动学生的积极性，而如果学生的探索能力较弱，则第二、三种教学设计能使学生在正确的引导下，较好地掌握教学的内容。

3.3.2 同课异构研究

所谓同课异构，是围绕同一节课，结合所教学生的实际情况，根据自己的知识背景、教学经验建构出不同的教学设计。下文将围绕"圆柱的认识"呈现两份不同的教学设计。

▷ **如何在 APOS 理论指导下，进行圆柱的认识教学？**

思考

你知道什么是 APOS 理论吗？

APOS 理论是 20 世纪 80 年代末至 90 年代初由美国的杜宾斯基（Dubinsky）等人在数学教育研究实践中发展起来的一种数学教学理论。杜宾斯基等人在数学教育研究实践中把学生学习数学概念的过程分为四个阶段：操作（Action）阶段、过程（Process）阶段、对象（Object）阶段、图式（Scheme）阶段。取这 4 个阶段英文单词的首字母，命名为 APOS 理论。

根据 APOS 理论，学生学习数学概念的心理建构过程要经历以下的四个阶段（Arnon et al.，2013）。

操作（Action）阶段："活动"是指个体通过一步一步的外显性（或记忆性）指令去变换一个客观的数学对象。例如，在理解圆柱这一概念时需要活动或操作，对于圆柱有 2 个底面、1 个侧面和无数条高，需要用具体的实物对应，通过看一看、摸一摸等观察、操作活动理解圆柱特征。

过程（Process）阶段，当"活动"经过多次重复而被个体熟悉后，就可以内化为一种称为"程序"的心理操作。有了这种"程序"，个体就可以想象这个"活动"，而不需要通过外部的刺激；个体可以在头脑中实施这个程序，而不需要具体操作；进而，个体还可以对这个程序进行逆转以及与其他程序进行组合。例如，把上述例子中的操作活动进行综合，想到圆柱，不需要摸一摸、数一数，也可以知道圆柱有 2 个底面、1 个侧面和无数条高。

对象（Object）阶段。当个体能够把"程序"作为一个整体进行操作时，这一程序就变成了一种心理"对象"。接着上面的例子，当学生经过过程阶段后，可以把圆柱当作一个独立的对象来处理，比如计算圆柱表面积时，两个底面大小相等、侧面积是底面周长乘高等内容都是作为一个整体出现，这就是对象阶段。

最后是"图式（或者说图式结构，Scheme）"阶段。一个数学概念的"图式"是指由相应的活动、程序、对象以及与某些一般原理相联系的其他"图式"所形成的一种个体头脑中的认知框架，它可以用以解决与这个概念相关的问题，如圆柱体积、组合图形表面积或体积等。

> **思 考**
>
> "圆柱的认识"是概念课，根据"APOS"理论，概念的形成要经历四个阶段，那应该如何设计教学环节呢？

下面是依据"APOS"理论设计的一堂课。

教学内容

人教版《数学》六年级下册第10—11页"圆柱的认识"。

教材分析

本设计基于人教版教材。教材呈现了现实生活中具有圆柱特征的物体的图片，然后从这些实物中抽象出圆柱的立体图形，给出图形的名称，使学生对圆柱的认识经历由形象—表象—抽象的过程。

圆柱的认识

客家围屋　　比萨斜塔　　岗亭　　蜡烛　　灯笼

先教学圆柱的组成及其特征。通过快速转动贴有长方形纸的小棒，使学生从旋转的角度认识圆柱，感受平面图形与立体图形的转换。

再教学圆柱侧面、底面及其之间的关系。教学时，可以先让学生想象侧面展开后的形状，接着让学生剪开侧面，通过操作看到：圆柱的侧面展开后是一个长方形或正方形。然后，再引导学生思考圆柱展开得到的长方形的长、宽与圆柱的关系，使学生亲历立体图形与其展开图之间的转化。

"做一做"通过让学生制作圆柱，加深对圆柱特征以及圆柱侧面与底面、侧面与圆柱的高之间的关系的理解。

教学目标

①让学生经历从现实生活中的圆柱形物体中抽象出数学中圆柱形的过程。

②让学生经历动手制作一个圆柱的活动，发现圆柱的底面、侧面和高。

③让学生经历底面、侧面和高的研究过程，明确圆柱的底面都是圆，并且相等，圆柱的侧面是曲面，两个底面之间的距离叫作高，高有无数条。

④让学生经历圆柱的侧面与展开图之间关系的探索过程，明确圆柱侧面的展开图就是长方形或正方形，体会"化曲为直"。

⑤让学生经历圆柱的侧面、底面、高之间关系的探索过程，掌握底面周长就是侧面展开图长方形的长，高就是侧面展开图长方形的宽。

⑥在探索侧面、底面、高的关系等知识的过程中，通过观察、操作等数学活动，发展学生合情推理和演绎推理能力。

⑦从观察灯笼、蜡烛等物体的形状中，初步学习从数学的角度发现问题和提出问题。并能够运用圆柱的相关知识解决一些实际问题，培养和发展学生的应用意识和能力。

⑧在解决圆柱的相关问题的过程中，培养学生积极主动参与数学活动的情感。

教学具准备

长方形或正方形纸片若干，圆形纸片若干。

教学过程

（1）活动阶段

①课件出示：圆柱、立方体、长方体的实物图片（魔方、笔筒、铅笔、茶叶罐、牙膏盒、橡皮、固体胶……）。

②这么多物品，你知道它们各是什么形状吗？

生：魔方是立方体，牙膏盒、橡皮是长方体，笔筒、铅笔、茶叶罐、固体胶是圆柱。

③你还记得长方体、立方体各有什么特征吗?

生:都有6个面,8个顶点,12条棱,立方体的六个面都是正方形且相等……

④这些物体的形状有什么共同特点?(课件从实物中抽象出圆柱的图形)

生:都是直的,都有两个圆的面……

今天这节课我们就一起共同来研究圆柱。

[点评:活动阶段中,学生经历了"从实物找到圆柱形"、"概括圆柱形物体的共同特点"两项活动,活动过程为学生圆柱的认识积累了丰富的活动经验,尤其是找出圆柱形物体的共同点。学生在活动过程中逐步而且自然地经历了由活动阶段向程序阶段的过渡。]

(2)程序阶段

①感知圆柱的特征和各部分名称

看来我们生活中的圆柱形物体真不少,相信同学们对圆已经有了一定的了解。你们对圆柱有哪些了解呢?

教学预设

圆柱有两个底面,两个底面是圆的,两个底面的大小相同。

圆柱有无数条高。

圆柱有一个侧面。

圆柱可以滚动。

……

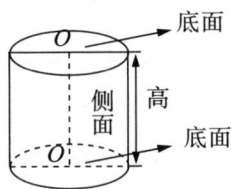

②大家对圆柱这么感兴趣,你们想不想自己做一个圆柱?

四人小组为单位,认真观察学具袋中的材料,从中选出你们需要的平面图形,小组合作制作一个圆柱。(学具袋内有:大小相同、不同的圆若干,与圆周长相等、不等的长方形、正方形、平行四边形、三角形、梯形各两个)

小组分工:2人负责制作,1人简单记录,1人汇报。

我们组选择的材料是什么?为什么这样选择?

我们组发现了些什么?

学生汇报:

我们选择了 1 个长方形，2 个圆，我们发现圆的周长和长方形的长要一样。

我们选了 1 个正方形，还有 2 个圆，这两个圆的大小必须是相同的。

……

③练习：判断哪些是圆柱？

小组同学讨论后汇报。

判断过程中引导学生从圆柱的特征出发说明理由。

［点评：经历了对前面活动阶段的思考，经历了对"什么是圆柱"的思维内化、压缩过程，学生在头脑中对前面一系列活动进行描述和反思，抽象出"圆柱"的样子。这一阶段中，"圆柱"已经内化为学生头脑中的一种"程序"，他们根据头脑中对圆柱的认识，自主发现圆柱的特征，以及对一个图形是不是圆柱作出相应判断。这一阶段是活动阶段的提升，也是进入后面对象阶段的基础。］

（3）对象阶段

①圆柱特征的学习

刚才我们每个组都做了一个圆柱，你们知道圆柱有哪些特征吗？

教学预设：

生：圆柱有上下两个面，形状、大小完全相等的两个圆，叫作底面。

生：圆柱的侧面是一个曲面，展开以后可以是长方形或正方形。

生：圆柱是直的，从上到下粗细一样，两底之间的距离叫作高，高有无数条。

……

②练习

指出下面圆柱的底面、侧面和高。

③圆柱的侧面展开

圆柱的侧面展开是长方形，长方形的长和宽与圆柱什么有关系呢?

教学预设:

生:长方形的长就是圆柱的底面周长，因为我们刚才在做圆柱的时候发现如果底面圆的周长和长方形的长不一样，就不能成为一个圆柱。

生:长方形的宽就是圆柱的高，因为我们做圆柱的时候发现，长方形的宽决定了圆柱的高。

……

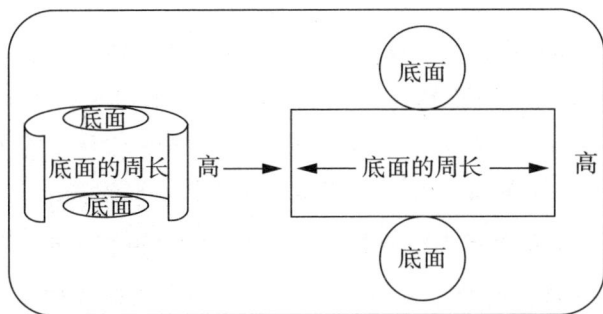

在这一阶段，学生在前一阶段操作活动的基础上，能够把"圆柱"当作一个整体进行思考，学生头脑中已经初步形成自我对圆柱的理解，"圆柱"这一程序就变成了一种心理"对象（objects）"。他们能够理解"圆柱"，并能感知圆柱的特征，以及思考圆柱侧面、底面及其之间的关系，从而更加丰富其对什么是圆柱的理解。

（4）图式阶段

①通过这节课的学习，我们和圆柱成了好朋友，现在如果你想向别人介绍一下这位好朋友，你打算怎么介绍它?

②圆柱是个调皮的小家伙，它就藏在我们身边，你能找到它吗?

"图式阶段"的形成要经过长期的学习活动进一步完善，在这个环节中，学生只是初步踏入"图式阶段"，体现在他们能够找到在生活中的实物或者从其他图形中抽象出圆柱，今后他们还将经过学习，建立起圆柱与其他概念、规则、图形等的联系，在头脑中形成更加综合的心智结构。

▷ **如何从小组合作的角度设计教学?**

新课改后，小组合作成为一种非常重要的学习方式。如何从小组合作的角度出发设计"圆柱的认识"？希望以下这个教学设计能给你一些启迪。

教学内容

人教版《数学》六年级下册第10—11页"圆柱的认识"。

教材分析

同第63页教材分析。略。

教学目标

①经历"点动成线，线动成面，面动成体"的活动过程，体会"点、线、面、体"之间的关系，从而认识圆柱。掌握圆柱的特征及各部分的名称。

②经历圆柱的侧面、底面、高之间关系的探索过程，掌握底面周长就是侧面展开图长方形的长，高就是侧面展开图长方形的宽。

③通过观察、触摸和研究圆柱侧面积的活动来认识圆柱的特征，建立和发展学生的空间观念。

④在探索侧面、底面、高的关系等知识的过程中，通过观察、操作等数学活动，发展学生合情推理和演绎推理能力。

⑤在解决圆柱的相关问题的过程中，培养学生积极主动参与数学活动的情感。

教学具准备

3个物品袋，内有长方体、球体、圆柱体等物品，线、易拉罐、长方形纸片若干。

教学过程

1. 课前游戏

我们大家先来玩一个《名侦探柯南》的游戏。

游戏规则介绍：

每个大组派出1个侦探。侦探手伸进物品袋，选择一个物品，用手触摸，并说出此物品的特征（不能直接说出这个物品的形状）。

每个小组根据侦探提供的线索猜测物品形状。

教学预测：（学生描述）

长方体——有六个面、有长方形的面、有棱（12条）、8个顶点……

球体——圆形的、立体图形……

圆柱——有两个面是圆形的、直的立体图形、有一个曲面……

2. 运动导入

①今天老师给你们带来了些老朋友（电脑出示一个小圆点，闪烁），小圆点来找你们玩了。（电脑演示小圆点起来成一条线）（感受：点动成线）

②如果将这条线平行移动会成为什么图形？（电脑演示移动过程，形成长方形或正方形）（感受：线动成面）

③如果绕着长方形的一条边旋转一周，你猜猜看会是什么图形？

（电脑演示绕长方形平面向后移动形成长方体，长方形绕长或宽为轴旋转一周成一个圆柱）（感受：面动成体）

④你知道圆柱有什么特征吗？

今天这节课我们就一起来认识圆柱这个新朋友。

3. 探究学习（第二部分和第三部分可以根据学生的课堂生成进行环节互换）

（1）请学生举例说一说生活中的圆柱形物体

现在我们分小组研究圆柱的特征，每四人小组有一个易拉罐，需要给易拉罐的侧面围上商标纸，需要面积是多少的长方形纸。

合作任务

研究、测量、计算易拉罐侧面商标纸的面积。

操作步骤

①每个小组分发一个易拉罐、一根线、一张纸。

②小组成员观察和触摸易拉罐，熟悉圆柱的表面特征。

观察、触摸、讨论圆柱形的特点，特别是侧面（曲面的特点）。

③小组研究易拉罐商标纸的面积。

分工合作：测量人员、记录人员（记录测量数据和方法）、汇报人员等。

记录内容：a. 怎样测量。

              b. 怎样计算（只讲方法不要求计算）。

④小组派代表汇报研究结果。

（2）圆柱的特征

学生汇报：

①圆柱的上下两个面是面积相等的圆，这两个圆面就叫作底面。

②圆柱还有一个曲面，这个曲面叫作侧面。
侧面展开是长方形。
③上下两个底面之间的距离叫作圆柱的高。

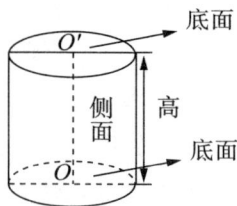

想一想，圆柱的高有多少条？

（3）圆柱的侧面

课件展示圆柱侧面展开图，与圆柱进行比较。

教学预测：（学生汇报）

①用绳子绕易拉罐一圈，用尺子测量绳子的长，量出易拉罐的高，求出面积。

②用纸直接围在侧面，做个记号，展开后测量计算。

……

> **思 考**
>
> 圆柱侧面积展开后是什么形状？求圆柱的侧面积和什么有关？

圆柱侧面展开后是一个长方形（板书展示）

长方形面积 ＝ 长 × 宽

圆柱侧面积 ＝ 底面圆周长 × 圆柱的高

圆柱侧面展开可能是其他形状吗？

4．巩固练习

（1）判断题

①圆柱的高只有一条。

②圆柱两底面的直径相等。

③圆柱的底面周长和高相等时，侧面沿一条高剪开后一定是正方形。

④圆锥的横截面可能有相同的。

（2）思考平面图形旋转一周后形成的立体图形

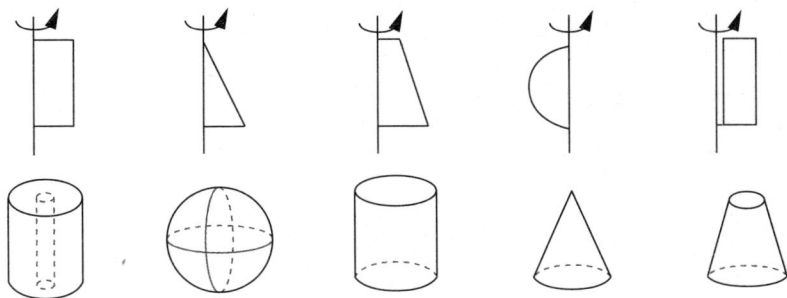

5. 课堂小结

今天这节课我们是怎么来认识圆柱的特征的？你知道了哪些关于圆柱的知识？你还想知道什么？

以上教学设计中，第一环节和第三环节都安排了小组合作。在前测中我们了解到学生对于展开图与高的含义的理解都比较弱，通过第三环节，以小组为单位分工合作研究圆柱的特征，使每个学生都有机会能主动参与、主动思考，有利于学习积极性的激发，为更好地理解展开图与高创设了时间与空间，易于突破教学的重点和难点，能使学生更好地掌握与理解知识。

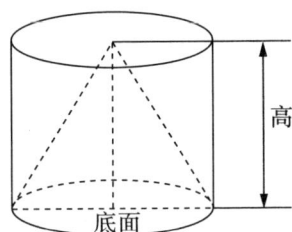

4

圆柱表面积的教学研究

你还记得上一章研究"圆柱与圆锥的认识"是从哪几方面着手的吗？"圆柱的表面积"与前一章一样，也将从教材比较、学生情况、教学设计方面入手，对"圆柱的表面积"这节课进行详尽的分析，供你参考。

4.1 教材比较研究

不同时期出版的教材有不同的特点，同样，同一时期出版的不同教材，也各有特色。本节将与你一起看一看不同版本的教材在小学圆柱的表面积这一内容的编写上的相同点与不同点，以便取长补短，促进发展。

> **思 考**
>
> 1. 你打算怎样进行多套教材的比较？
> 2. 要比较同一时期的教材，你会选择从哪些角度进行比较？

4.1.1　2001 年前的教材比较

圆柱的表面积是小学几何教学中的重要内容，不同时期的教材在编写这一内容时有着各自不同的特点，同时也存在着一些共同的因素。研究近30 余年间教材编写的变化，再来看你正在使用的教材，或许会有种登高望远的感受。

▷ 20 世纪 70 年代四套教材是怎样编排的？

本文选取的教材分别是 1974 年上海人民出版社出版的上海市小学课本《数学》（简称上海版）、1975 年陕西人民教育出版社出版的陕西小学试用课本《算术》（简称上海版）、1976 年浙江人民出版社出版的浙江省小学试用课本《数学》（简称浙江版）以及 1978 年福建人民出版社出版的福建省小学试用课本《算术》（简称福建版）进行比较。除了上海教材把"圆柱的表面积"安排在第十二册，其余教材都在第十册教学这一内容。

（1）教材的结构是怎样的？

四套教材中，除上海版教材之外，另外三套都把圆柱的认识与圆柱的表面积编排在同一节课，具体每套教材的编排结构如下。

上海版：①从工农业生产中引出圆柱，提出要计算圆柱的表面积；②研究圆柱的表面积展开图；③得出侧面积和表面积的计算方法；④实际应用；⑤练习题。

陕西版：①从工农业生产中的实物引出圆柱，认识圆柱；②研究圆柱的侧面展开图；③得出侧面积和表面积的计算方法；④实际应用；⑤练习题。

浙江版：①从工农业生产中的实物引出圆柱，认识圆柱；②研究圆柱的侧面展开图；③得出侧面积和表面积的计算方法；④实际应用；⑤练习题。

福建版：①从工农业生产中的实物引出圆柱，认识圆柱；②研究圆柱的侧面展开图；③得出侧面积和表面积的计算方法；④实际应用；⑤练习题。

整体来看，四套教材的结构区别并不大。

（2）教材用到的实物图有哪些？

四套教材中，有两套教材用文字表述引入圆柱，有两套用工农业生产中的实物引入。选择怎样的实物，将体现教材编者对数学知识产生的观念。以下是几套教材使用的表述方法（见图4-1-1）。

上海版：

我们经常看到的钢管、水泥管、圆形罐头盒等都是圆柱形的；工厂里的锅炉、运油车上的油罐、公社里的氨水池（见下图）大致上也是圆柱形的。

（1）钢管

（2）油桶

（3）氨水池

陕西版：

在工农业生产和日常生活中，我们常见的水泥管、钢管、油桶、架子车轴、圆铅笔、毛笔杆等物体的形状都是圆柱体（指直圆柱）。

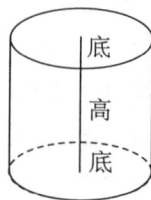

浙江版：

我们常见的水管、圆钢等物体都是圆柱体。

图 4 - 1 - 1

思考

1. 你觉得上面三种教材选择的实物有哪些共同的特点？
2. 你觉得这里展示的实物图有哪些好处？

　　这三套教材都考虑到了学生生活中常见的圆柱的实物，注重与学生实际生活的联系。可见，20 世纪 70 年代的小学数学教学，已经重视数学知识与日常生活的紧密联系，呈现的素材贴近学生的现实生活。相比而言，浙江版展示的水管、钢管都侧重了圆柱的侧面积；而对于油桶这样的实物更有利于学生理解表面积；实物图的展示，更有利于学生认识圆柱。

　　（3）教材是如何引导学生认识侧面积和表面积的？

思考

如果你引导学生认识侧面积和表面积，你会安排怎样的活动，还是直接揭示？

　　各套教材具体的学习过程如下。

上海版：

　　提问：生产这些物品，都需要计算用料，这就需要计算圆柱的表面积，怎样计算圆柱的表面积呢？将一个圆柱的表面展开，可以看到它的表面是由一个长方形和两个圆组成的。也就是说圆柱的表面积就是这个长方形的面积与上下两个底面积的和。

陕西版：

　　直接揭示。如果把圆柱的侧面展开，就是一个长方形，这个长方形的长等于圆柱底面的周长，宽等于圆柱的高，所以这个长方形的面积等于圆柱的侧面积。圆柱的侧面积加上它两个底面的面积，叫作圆柱的表面积。

浙江版：

把圆柱的侧面展开是长方形，长方形的长就是圆柱底面的周长，宽就是圆柱的高。圆柱侧面的大小叫作侧面积。圆柱的侧面积加上两个底面面积的和，就是圆柱的表面积。

福建版：

把圆柱的侧面展开，正好是个长方形，长方形的长等于圆柱底面的周长，宽等于圆柱的高。圆柱的侧面积加上两个底面的面积，叫作圆柱的表面积。

从具体过程来看，四套教材大同小异，都是直接将圆柱展开，发现侧面是一个长方形，长方形的长是圆柱底面的周长，长方形的宽是圆柱的高。值得一提的是，上海版教材用一个问题的形式导入，让学生能带着问题研究数学，感知数学就是从生活中来，研究生活中的问题。

（4）结论是如何描述的？

各套教材都揭示了圆柱的侧面积和表面积的计算方法，具体编排如图4-1-2所示：

圆柱侧面展开的这个长方形的长就是圆柱体底的周长 C，宽是圆柱体的高 h。所以，圆柱的侧面积同样可以表示为

$$S_{侧}=Ch$$

它的表面积是

$$S_{表}=S_{侧}+2S_{底}$$

上海版

从这里可以看出：

圆柱的侧面积＝底面周长×高

圆柱的侧面积加上它两个底面的面积，叫做圆柱的表面积。想一想：圆柱的表面积怎样计算？

陕西版

圆柱侧面的大小叫侧面积。从上面可以看到

圆柱的侧面积＝底的周长×高

$$S_{圆柱侧面} = C h$$

圆柱的侧面积，加上两个底面面积的和，就是圆柱的表面积。

浙江版

从这里可以看出，圆柱的侧面积等于圆柱底面的周长同圆柱高的乘积。

圆柱的侧面积加上两个底面的面积，叫做圆柱的表面积。

圆柱的侧面积＝底的周长×高
圆柱的表面积＝侧面积＋底面积×2

福建版

图 4-1-2

思 考

四套教材分别是用什么方式揭示结论的？你比较喜欢哪种方式？

从编排来看，四套教材在揭示结论时，都采取了先文字叙述再得出公式的方式，除了上海版出现了完整的字母公式，浙江版教材的侧面积用了字母公式，其他版本都是以文字公式的方式呈现。其中上海版还在例题中拓展了圆柱表面积的另一种计算方法。

（5）应用部分安排了怎样的例题？

四套教材在得出结论后都安排了例题，引领学生利用公式来解决实际问题，主要呈现的例题如下：

上海版：

例1：红星农机厂大力支援农业，赶制300根抽水管支援农村的水利建设，抽水管尺寸如右图所示，制造这些抽水管需要铁皮多少平方米？

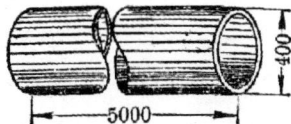

例2：运油车的油管，它的直径为2.4米，长为12米。制造时，边角料占油罐表面积的10%。制造这只油罐大约需要钢板多少平方米？（油罐作为近似圆柱体计算，上面凸起的口子可不计算，精确到1平方米）

陕西版：

例1：红星农机厂制造了一种圆柱形抽水管，直径是40厘米，长10米，制造这样一根抽水管需要铁皮多少平方米？

例2：商店里装油用的油桶是圆柱形，油桶底面直径是50厘米，高90厘米，做这个油桶需用多少平方米的铁皮？

浙江版：

例1：汽油桶底的直径是0.54米，高0.86米，侧面积和表面积各是多少平方米？（保留两位小数）

福建版：

例1：为民铁工厂加工一种圆柱形水管，测得一根水管底的周长是0.78米，长3.6米，求它的侧面积。（得数保留两位小数）

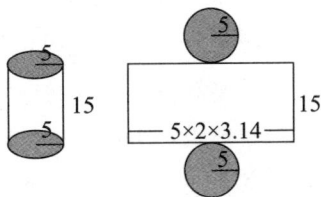

例2：计算右面圆柱的表面积。（单位：厘米）

> **思 考**
>
> 1. 四套教材的例题有什么相似之处?
>
> 2. 你在教学这一内容时,会安排怎样的习题?

从四套教材的例题来看,各套教材都安排了求圆柱的表面积和侧面积,只有福建版出现了已知圆柱底面周长和高,求圆柱表面积的习题,其余安排的都是已知直径和高求圆柱的侧面积和表面积。其中上海版教材的例题不是单纯对公式的运用,综合性强。各套教材的例题都是解决实际问题的例题。看来,在 20 世纪 70 年代,就已经非常重视数学知识在生活中的应用。

▷ **20 世纪 90 年代三套教材是怎样编排的?**

> **思 考**
>
> 你觉得 20 世纪 90 年代编写的教材,会发生一些怎样的变化?

这里选取了北京、天津、上海、浙江 1991 年出版的全日制六年制小学课本《数学》(简称四省市版)、1992 年科学出版社出版的《现代小学数学实验课本》(简称现数版)、1999 年浙江教育出版社出版的义务教育六年制小学课本(试用)《数学》(简称浙江版)进行比较。其中四省市版和浙江版教材把"圆柱的表面积"安排在第十二册,现数版安排在第十册。

(1)教材整体结构有变化吗?

与 20 世纪 70 年代相比,这三套教材的整体结构并没有发生较大的变化。

四省市版:①从生活中的物体引出圆柱,认识圆柱;②研究圆柱的侧面展开图;③得出侧面积和表面积的计算方法;④实际应用;⑤练习题。

现数版:①研究圆柱的侧面展开图;②得出侧面积和表面积的计算方法;③实际应用;④练习题。

浙教版:①从生活中的物体引出圆柱,认识圆柱;②研究圆柱的侧面展开图;③得出侧面积的计算方法;④实际应用;⑤得出圆柱表面积的计算方法；⑥实际应用。

从上可见，不管是 70 年代还是 90 年代，"圆柱的表面积"教材编排都引领学生经过"观察—得出结论—实际应用"这样的学习过程，结构类似。且在实际应用这一环节，也以求圆柱形的水桶（茶叶罐）的侧面积或表面积为例题。

（2）教材编写有怎样的变化？

虽整体结构类似，但在具体的编写上，与 70 年代相比，还是有一定的变化。

①展开图更形象（见图 4-1-3）。

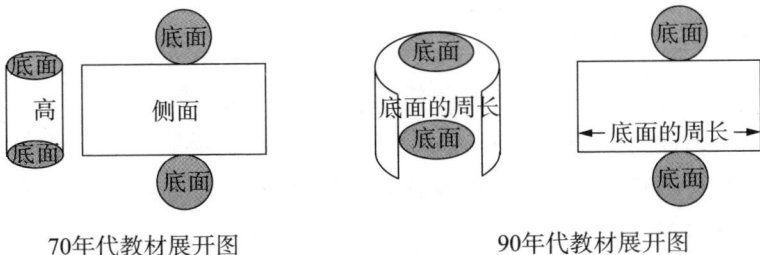

70年代教材展开图　　　　　　　90年代教材展开图

图 4-1-3

70 年代的教材都是以陈述性语言为主，对于圆柱表面展开图都是直接展示展开的结果，也就是直接出现一个长方形和两个圆。而 90 年代的教材展示了将侧面剪开的一个完整的过程，更有利于帮助学生理解展开的长方形与圆柱各部分之间的关系，也有利于培养学生的空间观念，发展他们的空间想象能力。

②动手操作探究新知。

随着时代的发展，编者在编写教材时，也开始关注学生的学习过程。浙江版的教材在学生认识圆柱后，安排了这样的活动："找一个圆柱形的罐头盒，沿商标纸的一条高剪开，再打开，看看商标纸是什么形状的。"这样的动手操作，帮助学生将曲面转化成平面，更好地理解两者之间的联系，同时这样的操作能更好地调动学生，更好地参与学习过程，提高学习的主动性。

③强调字母表达公式。

与 70 年代相比，90 年代的三套教材都注重用字母来表达圆柱侧面积的公式，由此可以看出随着时代的进步，"符号化"的表达也被编者所重视，用字母来表达公式，体现了数学的简洁美。

▷ **2001 年前教材的比较给我们怎样的启示？**

> **思 考**
>
> 你觉得 20 世纪 70 年代和 90 年代教材编写的一些特点可以给我们怎样的启示？

从 2001 年课改前教材的编写来看，主要体现了以下几点。

（1）重视联系学生的生活实际引入圆柱，呈现物品中有时代烙印

联系生活实际并不是课程改革以后的产物，课改前的教材中也都是从学生熟悉的物品开始，都出现了当时工农业生产中的许多圆柱的实物图，并且无一例外的以解决生活中抽水管或汽油桶的表面积（侧面积）为例题，引导学生用圆柱侧面积公式解决问题。看来教材的编写一直是在不变中有着变化，教材编写的与时俱进提醒你要选用贴近学生生活的素材。

（2）重视结论得出过程，沟通各部分之间的联系

各套教材在编写"圆柱的表面积"时，都重视要将圆柱侧面展开，将曲面转化成平面来进行研究。区别在于，70 年代教材以叙述为主，直接告知结论；而在 90 年代，开始引导学生思考这一转化的过程，理清各部分之间的联系，并动手让学生进行操作。展示了学生学习的过程，体现了以学生为主体。

（3）重视结论在练习中运用，巩固拓展

几套教材，都安排了已知圆柱形物体的底面半径（直径、周长）和高，求圆柱表面积的问题；也安排了已知圆柱侧面积，求圆柱的高这样的公式逆运用的问题；还安排了与生活紧密相连的给圆柱形表面刷油漆，求油漆质量这样综合运用的问题。看来，当时的教材编委都十分注重数学知识之间的联系，关注知识的综合应用。

4.1.2　2001 年后的四套教材比较

▷ **选取了哪些教材进行比较？**

实施新课程以后，截止到 2008 年年底，通过国家教育部教材审核的小

学数学教材共九套（包括上海版），我们查阅了其中的四套，分别为人教版、浙教版、苏教版与北师版（具体教材情况见附录），下文将向你分别介绍各版本教材这部分内容中呈现的相关内容。

各套教材编排有何异同？

（1）引入部分如何呈现？

> **思考**
>
> 各个版本的实验教材中“圆柱的表面积”引入及探究部分分别是怎样编排的？有什么异同？

从各套教材“圆柱的表面积”的引入部分编排来看，都试图引导学生想象圆柱的侧面展开图形状，探究侧面积计算方法，再研究表面积的计算方法，主要有以下几类。

①情境引入，引发猜想。

苏教版与北师版都创设了一个具体的情境，提出求圆柱表面积（或侧面积）的问题，引发学生的思考，如图 4－1－4 所示。

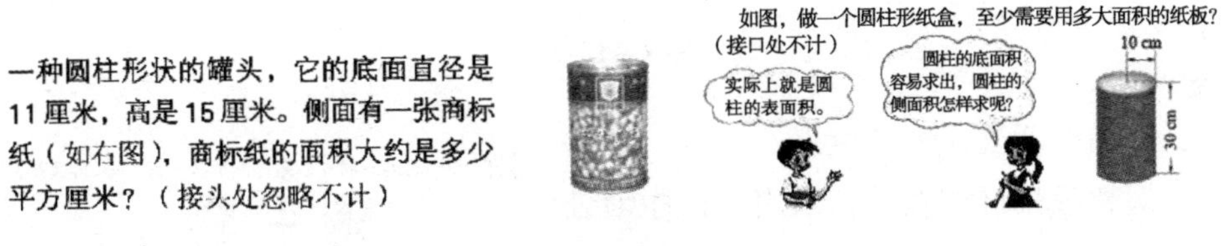
一种圆柱形状的罐头，它的底面直径是11厘米，高是15厘米。侧面有一张商标纸（如右图），商标纸的面积大约是多少平方厘米？（接头处忽略不计）
如图，做一个圆柱形纸盒，至少需要用多大面积的纸板？（接口处不计）
实际上就是圆柱的表面积。
圆柱的底面积容易求出，圆柱的侧面积怎样求呢？
10 cm
30 cm

图 4－1－4

苏教版直接问侧面积如何计算，在例 2 再研究表面积。而北师版则直接问表面积如何计算？分析一下解决这两个问题的关键，都是先研究圆柱的侧面积。在学生提出各种方法的基础上，与前期已学的立体图形的表面积计算建立联系，引发学生猜想“圆柱的侧面展开后是怎样的图形？”、“这个长方形的长和宽与圆柱有什么关系？”，进而思考“怎么求圆柱的侧面积？”。其中苏教版在探究圆柱侧面展开图时，采用了“沿着接缝把商标纸剪开”，而北师版在探究圆柱展开图时，让学生猜一猜、做一做“你能想办法说明吗？”。提出问题，给了学生一定的思考空间，采用多种解决方法，可以通过把侧面剪开（从曲面变成平面），也可以用一张长方形的纸卷成圆柱（从平面变成曲面）。

思 考

苏教版和北师版在学生探究圆柱侧面展开图的长和宽与这个圆柱的关系时，它们有不同的表达方式，你更喜欢哪种？为什么？（见图 4 – 1 – 5）

苏教版

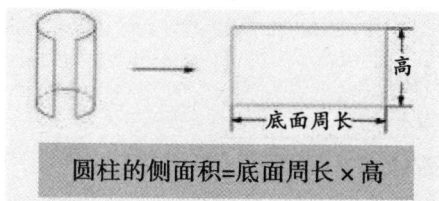

北师版

图 4 – 1 – 5

②循序渐进，突破重点。

人教版教材的编排，采用了循序渐进的方式，在认识圆柱后，单独用例 2 来研究圆柱的侧面展开图（见图 4 – 1 – 6），让学生在理解侧面展开图的长和宽与圆柱的关系的基础上，并让学生自己动手做一个圆柱，然后再通过例 3 来研究圆柱的侧

人教版

图 4 – 1 – 6

面积和表面积的计算方法。这样的教材编排将研究侧面展开图的过程放大，有利于学生理解侧面积，理清各部分之间的关系。

③直接研究，猜测关系。

浙教版的编排采取的是"开门见山"式，直接让学生把圆柱的侧面沿着高剪开，猜测侧面展开图的形状和面积的计算方法，进而得出表面积的

计算方法。（见图4-1-7）

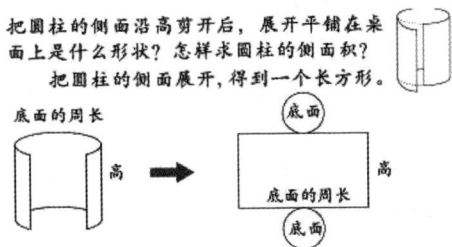

把圆柱的侧面沿高剪开后，展开平铺在桌面上是什么形状？怎样求圆柱的侧面积？

把圆柱的侧面展开，得到一个长方形。

底面的周长

底面

高

底面的周长

底面

高

这个长方形的长是圆柱底面的周长，它的宽是圆柱的高。所以：

圆柱的侧面积＝底面的周长×高
用字母表示：$S = Ch$

圆柱的两个底面积与侧面积的和叫做圆柱的表面积。

如果圆柱的底面半径为r，那么，圆柱的表面积用字母表示为：
$$S = 2\pi rh + 2\pi r^2 = 2\pi r(h + r)$$

图4-1-7

从以上分析可见，各套教材无论是创设情境还是直接探究，都抓住了圆柱表面积的计算关键是理解圆柱侧面积的计算。引导学生提出猜想：圆柱的侧面积的长和宽与圆柱有怎样的关系？激发后续学习的欲望。同时，教材在编写时都采用引导语揭示学生的认知过程，体现了数学知识的探索过程。这样的编排，既为学生提供了学习的线索，又为教师提供了组织教学的方法与策略。

（2）计算方法如何表达？

思考

看了各套教材的不同引入方式，它们对于圆柱表面积的计算方法的表达会一样吗？

四套教材都很重视对计算方法的探究，我们来看看它们对圆柱表面积的计算方法是怎样表示的（见表4-1-1）。

表4-1-1　圆柱表面积的计算方法比较

比较内容　　　　　　　　教材名称	侧面积计算方法		表面积计算方法	
	用文字表述	用字母表述	用文字表述	用字母表述
人教版	√		√	
浙教版	√	√	√	√
苏教版	√		√	
北师版	√	√		

　　各套教材对于侧面积的计算方法都用文字进行了表述，除北师版利用例题讲解了表面积的计算方法之外，另外三套教材都对圆柱表面积的计算方法进行了表述，对于结论各套教材都很重视。

> **思 考**
>
> 看了各套教材对于圆柱表面积计算公式的不同表达方式，其中浙教版呈现用字母表示公式的方法，你认为需要吗？为什么？

> **小贴士**
>
> 2011 版课标中强调了发展学生的符号意识，并指出：符号意识主要是指能够理解并且运用符号表示数。数量关系和变化规律；知道使用符号可以进行一般性的运算和推理。建立"符号意识"有助于学生理解符号的使用是数学表达和进行数学思考的重要形式。用字母来简化公式，让学生感觉数学知识与生活之间的距离很近，渗透了符号思想，为后继学习做准备。

　　（3）练习设计如何安排？

> **思 考**
>
> 下面将呈现教材中的一些练习，请你根据第 3 章教材比较中提到的顾泠沅老师提出的数学认知水平的 4 层次分析框架来辨别一下，它们分别属于哪种水平层次，为什么？
>
> 如图，压路机前轮转动 1 周，压路的面积是多少平方米？
>
>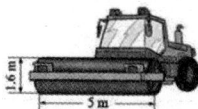
>
> 100 个油桶的表面要刷漆，每平方米需油漆 0.6 千克，每个油桶的底面直径是 40 厘米，高是 60 厘米，刷 100 个油桶需多少油漆？
>
>
>
> 求下面各圆柱的侧面积。
> （1）底面周长是 1.6 m，高 0.7 m。
> （2）底面半径是 3.2 dm，高 5 dm。
>
> 圆柱体侧面积为 12.56 平方米，高为 2 米，底面半径是多少？

　　根据顾老师的水平层次理论，并结合圆柱的表面积这一知识点，我们也试图将教材中所安排的练习进行整理和分类：

水平1：计算——操作性记忆水平。这里指直接根据圆柱侧面积或表面积计算公式求圆柱的表面积或侧面积的练习。

水平2：概念——概念性记忆水平。这里指考查学生对圆柱侧面积或表面积计算公式的记忆，包括能结合简单的情境，计算圆柱的侧面积或表面积。如图4－1－8的练习。

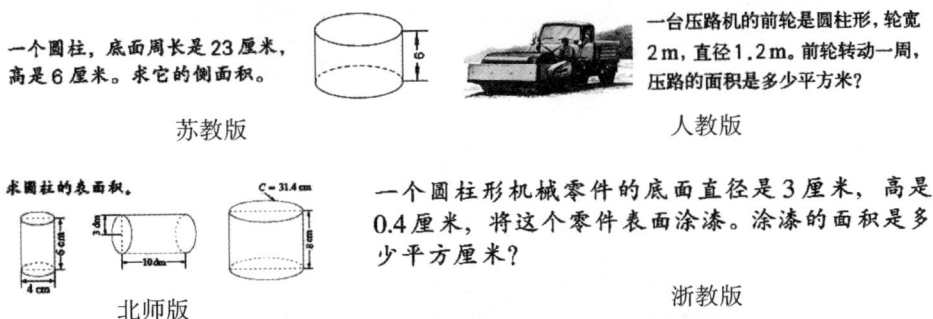

一个圆柱，底面周长是23厘米，高是6厘米。求它的侧面积。

苏教版

一台压路机的前轮是圆柱形，轮宽2m，直径1.2m。前轮转动一周，压路的面积是多少平方米？

人教版

求圆柱的表面积。

北师版

一个圆柱形机械零件的底面直径是3厘米，高是0.4厘米，将这个零件表面涂漆。涂漆的面积是多少平方厘米？

浙教版

图4－1－8

水平3：领会——说明性理解水平。这一水平层次的问题要求学生能较好地理解圆柱表面积计算公式的内涵，能进行公式的逆运用。如需要自主测量以求圆柱表面积的练习；比如已知圆柱的侧面积和半径（高或周长）求高（半径或周长）的题目。能结合实际计算无盖圆柱的表面积。（见图4－1－9）联系实际，涉及对一个公式的正向与逆向应用，或者多个公式的综合应用。

水平4：分析——探究性理解水平。这一水平的练习出现了推理性比较强的题目。能结合实际，灵活运用公式进行不同方向的思考，有些题目是多步的，多个公式综合应用，如计算油漆的质量等，见图4－1－9中人教版。

思考

看了练习水平层次分析，你认为各种水平的练习应该按怎样的比例安排比较合适？而各套教材又是怎样安排的呢？

将各套教材的新课、紧接新课的练习课中的习题及单元复习中的练习进行分析比较，发现各水平习题的安排上各有侧重（见表4－1－2）。

(1) 找一个圆柱形物体，量出它的高和底面直径，计算出它的表面积。　　北师版

一个圆柱的侧面积是471平方厘米，高是15厘米，求底面的圆半径。　　浙教版

一个圆柱形的灯笼（如右图），底面直径是24厘米，高是30厘米。在灯笼的下底和侧面糊上彩纸，至少要多少平方厘米的彩纸？　　苏教版

19.(1) 要将路灯座（如右图）漆上白色的油漆，要漆多少平方米？

(2) 街心花园有30个这样的灯座，如果油漆灯座每平方米人工费5元，一共需要人工费多少元？　　人教版

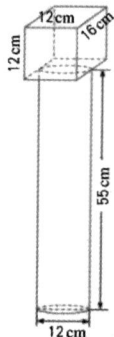

图 4-1-9

表 4-1-2　不同版本教材"圆柱的表面积"练习题认知水平比较

	水平1	水平2	水平3	水平4	合　计
人教版	18（52.9%）	7（20.6%）	8（23.6%）	1（2.9%）	34
北师版	3（23.1%）	5（38.4%）	4（30.8%）	1（7.7%）	13
浙教版	10（50%）	3（15%）	6（30%）	1（5%）	20
苏教版	10（52.6%）	2（10.5%）	6（31.6%）	1（5.3%）	19

（注：表中括号内数字为该题量占该教材全部习题量的百分比）

　　从上表中可以看出，各套教材中水平1和水平2的练习量都超过了50%，这在学习新知的起始阶段是十分必要的。人教版的教材十分注重基础知识的巩固练习，水平1和水平2的习题占到了总题量的73.5%。

　　对水平1的练习进一步分析（见表4-1-3）：

表 4 - 1 - 3 　水平 1 各类练习题数量比较

	已知底面半径、高，求圆柱侧面积	已知底面直径、高，求圆柱侧面积	已知底面周长、高，求圆柱侧面积	已知底面半径、高，求圆柱表面积	已知底面直径、高，求圆柱表面积	已知底面周长、高，求圆柱表面积
人教版	3	1	2	6	5	1
北师版	0	0	0	1	1	1
浙教版	1	1	2	1	4	1
苏教版	1	2	1	3	3	0

　　从表 4 - 1 - 3 可见，各套教材的编者都比较重视对圆柱侧面积和表面积计算公式的记忆，除北师版的教材以外，另外三套教材都安排了超过 50% 的习题量，既重视求圆柱的表面积，同样也重视求圆柱的侧面积，既安排了直接通过半径和高来求侧面积和表面积，也安排了通过直径（周长）和高来求表面积，巩固了新知，提高了计算方法的灵活性。

　　对水平 3 的进一步分析（见表 4 - 1 - 4）：

表 4 - 1 - 4 　水平 3 各类练习题数量比较

	自主测量求圆柱表面积	已知圆柱的侧面积和半径（高或周长）求高（半径或周长）	求无盖圆柱的表面积	与实际相联系的，求侧面积或其他
人教版	1	1	3	3
北师版	1	0	2	2
浙教版	0	3	2	1
苏教版	0	0	2	4

　　从上表可见，各套教材都安排了一定数量的求圆柱侧面积或表面积的练习，特别是结合实际，安排计算无盖的圆柱的表面积这样的练习，既巩固了圆柱表面积的计算方法，又将数学与实际生活进行联系，赋予圆柱更丰富的实际价值。

值得一提的是，人教版和浙教版的教材在水平 3 中还安排了已知圆柱的侧面积和半径（高或周长）求高（半径或高），如浙教版有这样的习题："一个圆柱的侧面积是 471 平方厘米，高是 15 厘米，求底面的圆半径?"这样的练习逆向运用公式，对学生掌握公式、提高思维能力也有一定帮助。

▷ **给我们怎样的启示?**

（1）要擅长"架桥"，建立新旧知识点的桥梁纽带

灵活多样的知识迁移对于学生主动构建知识起到了不可估量的作用。然而，如果想要学生在遇到新问题时能够轻松自由地实现旧知的回顾和迁移，并在此基础上有效寻求解决问题的答案，那么每个学生的每个学习环节必须是扎实且灵活的。不断完善自己的认知结构，打好坚实的知识基础，也是不可忽视的重要一环。数学学习的过程，是学生个人在已有的知识和经验的基础上主动进行知识建构的过程。学生能否实现有效建构并形成良好的认知结构取决于其原有的认知结构是否稳定。前一知识是后一知识的基础，后一知识又是前一知识的发展，环环相扣，自成体系。因此，教师在实际教学中必须十分关注新旧知识点的联结，尽量缩短新旧知识点的距离，通过知识的迁移，启发并培养学生利用旧知识获取新知识的能力，为学生积极主动的知识构建架桥铺路。例如在教学"圆柱的表面积"这一内容时，应十分重视圆柱的侧面展开图各部分与长方形之间的关联，引导学生发现两者之间的关系，从而推测出圆柱侧面积的计算公式，进而推导出圆柱表面积的计算公式。凸显数学是由一系列相关概念组成的系统特性，使学生理解和掌握数学概念间的彼此关联，认识数学概念的形成和发展过程。

（2）要懂得"摆渡"，重视师生之间的交流互动

由于经验背景和认知能力的差异，学生对于问题的理解常常各异，这样，对于学生的共同体而言便在不自然中形成了一种内容丰富的"差异性资源"。此时增进学生之间以及师生之间的交流与合作，在倾听、探讨、争辩和互助等思想碰撞的过程中实现彼此见解的质疑与互补，从而使个体的思维和智慧得以发挥并为群体共享，进而极为有力地促进学生建构学习的进程。对于小学数学的教学设计而言，小组学习是值得提倡的一种方式。教师在组织学生分组学习的实践中要注意对整个过程的引导和监管：①以提高学生的参与度为关注点，结合教学内容设计出有利于学生参与的教学

环节；②以提升学生独立思考能力为核心点，赋予学生更大程度上的自主选择权，注重学生的发散性思维的培养和训练；③积极营造富有鼓励表达、善于倾听、积极思辨、团结协作等精神的学习氛围，为合作学习的实行提供更为有利的环境，使学生在彼此的交流中获得共同成功的体验。

（3）要学会"铺路"，激发学习的主动意识和创造意识

在课堂教学中，如果教师对新知识的引入直截了当，不做任何铺垫。这对于学生来说觉得很突然，甚至有点措手不及。如果在学习新知识之前能够利用所学知识做层层铺垫，一步一步导入新的内容中，大胆放手，留给学生想象的空间，并启发学生去发现问题、解决问题，这样不仅会使学生觉得轻松、自然，而且能锻炼他们发散性思维的能力，并满足他们的求知欲和成就感。著名数学家、教育家波利亚指出："学习任何知识的最佳途径是自己去发现。"因为这种发现理解最深，也最容易掌握其中的内在规律、性质和联系。学生独立思考、相互讨论、辩论澄清的过程，就是自己发现或创造的过程。而教师在其中承担的角色，就是"铺路者"、"领路人"。在课堂上，教师要耐心地铺路搭桥，尽可能引导学生找出答案，以使学生获得成功的体验。教学中的"铺路"，首先应从学生的生活实际出发，调动学生的生活积累，帮助他们架设并构建新的平台，让学生发现数学问题，并激励学生在实践中探索解决问题的方法，从而提高学生整体素质，学生个性得以发展。教学中的"铺路"，还应给予学生充分的时间，让他们对问题进行独立探索、尝试、讨论、交流，最后得出结果。这不仅达到了学以致用的目的，而且培养了学生实践思考的能力，体现了新课程标准的要求。（张天孝，2011）

4.2 学情研究

思考

你认为教学前需要了解学生的情况吗？了解学生情况的重要方法之一是进行前测，你知道如何编制前测的试题吗？

4.2.1 调查研究，分析学情

▷ 学习起点是怎样的？

（1）测试的问题、对象是什么？测试过程如何进行？

①测试问题

测试从学生原始状态下与圆柱表面积相关的经验及圆柱的表面积计算两方面进行，了解学生头脑中朴素状态下的"圆柱的表面积"，以期为你了解学生已有的知识经验和学习基础，更好地进行教学设计提供参考。

②测试对象

测试选取了杭州市某实验学校75名五年级学生，主要为城市学生，使用浙教版教材。

③测试和访谈过程

测试在2011年6月中旬进行，在学生不知情的情况下由任课教师协助完成。解题提示写在卷面最上方，测试时不读题，直接让学生独立解答。学生在做测试过程中，没有任何讨论与交流，整个测试过程基本反映了学生的真实情况。在上课前对学生进行测查即前测。（前测试卷见附录6）

（2）测试结果如何？

①有多少学生了解圆柱表面积的计算公式？

根据调查，参加测查的75名学生中，只有15人能写出正确的圆柱表面积的计算公式，占总人数的20%。其中用字母表示计算公式的有7人，用文字表述的有8人。而真正能利用公式来解答最后一题即求圆柱表面积，只有8人。根据调查还得知（见表4-2-1），知道圆柱表面积计算公式的学生中，基本都是通过各种途径提前学的，其中有一部分学生能通过自己看书自学获得圆柱表面积的计算公式。

表4-2-1 学生获得圆柱表面积计算公式的途径情况

内　容	自己观察	网　络	和同学交流	自己推导（自学）	看奥赛教程书	课外班
人数	1	1	1	5	6	1
所占比例（%）	6.7	6.7	6.7	33.3	39.9	6.7

②学生的主要错误是什么?

思考

根据你的经验,学生在学习之前对圆柱的表面积有哪些了解?有多少学生知道圆柱的侧面展开图是什么?他们会算圆柱的表面积吗?

从前期调查来看,参加测试的 75 名学生中,有 73 人(占 97.3%)认为圆柱侧面展开图是长方形。有 46 人(占 61.3%)认为圆柱侧面展开图的面积为底面周长乘高,方法正确。但也有不少学生对圆柱侧面积的计算还不是很清楚,或者与原有的一些知识混淆,下面是学生错误的情况分类(错误学生共计 29 人)(见表 4-2-2)。

表 4-2-2　学生错误情况分类

内　容	人　数	百分比(%)
(上底+下底)×侧面	2	6.9
长×宽×高	2	6.9
长×宽	7	24.2
长×高	6	20.7
底面积×高	3	10.3
表面积	2	6.9
空白	3	10.3
其他	4	13.8

通过调查发现,在所有错误的答案中,除了认为圆柱侧面积计算为长×宽占 24.2%,认为长×高占 20.7%,所占比例比较高,另外的回答都比较分散。从以上分析可见,虽然大部分学生都能想到圆柱的侧面展开图是长方形,但还不能很好地将圆柱的各个部分与侧面展开的长方形各部分联系起来,因此造成错误。

> **思 考**
>
> 根据前面的调查，超过 90% 的学生知道圆柱侧面展开是长方形，你能推测一下，有多少学生知道圆柱的表面积的组成部分，并且会计算圆柱的表面积？

　　从前期调查来看，有 74.6% 的学生认为圆柱的表面积包括了上底面 + 下底面 + 侧面。这可能与学生已学习了长方体与立方体的表面积，明确表面积的概念有关。在所有错误的学生中，有 3 人认为圆柱表面积只包括下底面和侧面，有 6 人认为只包括上底面和侧面，还有 10 人认为只包括上底面和下底面。对个别学生进行访谈，他则说是漏看了一个面，有的学生认为侧面是透明的，不需要计算。分析原因可能是学生还是第一次接触圆柱的立体图示，对于这样的图还有一些看不懂的地方。

▷ **学生学习后的掌握情况如何？**

（1）测试的问题、对象是什么？测试过程如何进行？

①测试问题

　　本测试在学生学习过圆柱表面积，并上过练习课后进行，和前测相呼应，从学生对圆柱表面积的认识和计算圆柱表面积两方面进行测试。分析学生的学习情况，以期对你了解学生已有的知识经验和学习基础，更好地进行教学设计提供参考。

②测试对象

　　测试选取了杭州市某实验学校，参加测试的为六年级学生 79 人，主要为城市学生，使用浙教版教材。

（2）测试结果如何？

　　对学生学习状况的研究，除了研究他们的认知起点外，还要研究学生学习了圆柱表面积以后，对所学知识的掌握情况。这实质上，也是对学生学习情况的评价。通过对学生学习情况的评价，我们可以进一步评价教师教学的情况。

　　要了解学生对所学圆柱表面积知识的掌握情况，最方便的方法就是我们可以在上课以后，对学生进行测查即后测，后测试卷见附录 6。整份后测试卷全部做对的学生有 42 人，占 53.2%。

根据你的经验，学生在学习之后对圆柱的表面积有哪些了解？有多少学生知道圆柱的侧面展开图是什么？它的面积又该怎样计算？

从后测来看，参加测试的 79 名学生中，100% 认为圆柱侧面展开图是长方形。除 1 人认为圆柱侧面展开图的面积为 Sh，也就是底面积乘高，方法错误，另外的学生全对，访谈后得知，这位学生是记错了底面周长的字母是 C，而不是 S。表面积计算公式有 2 人错误，也是把侧面积计算公式写成 Sh。

各题通过率如下：

①选择：表面积、侧面面积、侧面面积和一个底面积。

a. 做一个圆柱形的汽油桶至少用多少铁皮，就是求_____。

b. 做一个无盖水桶至少用多少铁皮，就是求_____。

c. 做一节烟筒至少用多少铁皮，就是求_____。

第一小题通过率为 98.7%，第二小题通过率为 94.9%，第三小题通过率为 96.2%。分析原因：主要是二、三两小题对换了答案，个别学生对烟筒不理解，缺乏生活体验。

②求图 4-2-1 圆柱的侧面积和表面积。（单位：厘米）

求侧面积通过率为 96.2%。出错的学生有 3 人，1 人漏做，1 人公式错误，1 人计算错误。

求表面积通过率为 91.1%。错误的 8 人中，其中计算错 1 人；7 人错在把 20 当作半径直接计算，把直径和半径混淆在一起，这和学生的审题习惯有关，也和学生对于公式不熟悉有关。

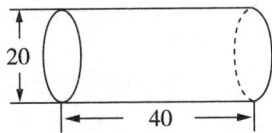

图 4-2-1

③根据已知条件填空。

a. $d = 2\text{dm}$，$h = 3\text{dm}$，$S_{侧} = ($ $)$，$S_{表} = ($ $)$

b. $S_{侧} = 20\pi$ 平方厘米，$h = 10$ 厘米，$r = ($ $)$

c. $C = 4\pi$ 厘米，$h = 5$ 厘米，$S_{表} = ($ $)$

第一题通过率为 92.5%，主要集中在计算表面积错有 4 人；第二题通过率为 83.6%，已知侧面积求半径，是对公式的逆运用，通过率不高。看来对于这样的题型，有不少学生还存在困难，分析原因，题目处于认知水平 3，而学生对公式的理解还不够到位，这样的练习平时比较少，可以通过加强变式练习，提高学生对公式的理解，提高解题正确率；第三题通过率为 89.9%，对于这种类型的题，需要先通过周长求半径，再利用半径求底面面积，有的学生是直接求了表面积，有的学生则没有求出半径。同样需加强学生对于表面积计算公式的变式练习。

④一个圆柱的侧面展开是个边长为 9.42 厘米的正方形，这个圆柱的表面积是多少平方厘米？（得数保留两位小数）

本题通过率为 75.9%，这一题与前一题第 3 小题类型是完全一样的，只是将已知条件隐含在"侧面展开图是边长 9.42 厘米的正方形"，做法完全一样，通过周长求半径，再求底面积和表面积，有 11 人错在计算，有 8 人不知道做法。

4.2.2　学情调查给我们的启示

> **思考**
>
> 阅读了学生的学情分析，你觉得我们在教学圆柱的表面积时，应该注意哪些方面？

▷ **如何利用类比教学法帮助学生推导公式？**

在教学圆柱表面积的计算时，可以运用类比教学，揭示圆柱表面积的计算与其他立体图形表面积计算方法的潜在关系。如可以从学生已有经验出发，先出示长方体、立方体，回顾表面积的概念，进而推测圆柱的表面积。重点理解圆柱的侧面积，圆柱的侧面是个曲面，怎样计算它的面积呢？能否将这个曲面转化为我们学过的平面图形，从而引发思考。猜测侧面积的各部分与圆柱各部分之间有什么联系，进一步发现圆柱的侧面积该怎样计算？

从前测看，参与调查的学生中只有 20% 的学生知道圆柱表面积的计算公式，且只有 5 个人能自己推导公式，理解圆柱表面积公式的来源。知道公式的学生中，又仅有一半同学能运用公式来计算圆柱的表面积。因此，在教学"圆柱表面积"的过程中，不仅要重视公式的记忆与应用，也要重视公式的推导，让学生亲历公式的探究过程，鼓励学生大胆猜想和实验，如可以把圆柱形纸筒剪开，学生根据纸筒的特点和剪法分别将曲面转化成了长方形、正方形、平行四边形等平面图形。通过观察和思考，最终探讨出侧面积的计算方法。进而深入理解侧面积（长方形）的长就是圆柱底面的周长，理解圆柱各部分的组成，让学生知其然并知其所以然，真正理解公式的原理。只有明确了圆柱表面积计算公式的来源，才能更好地加以应用，解决与圆柱表面积相关的问题，使提高学生的灵活解题能力成为可能。

因此，展开公式推导相对于直接告诉学生计算方法，更有利于学生对公式的理解和记忆。在公式展开的过程中，培养学生转化的思想、极限的思想等。例如要学习圆面积的计算公式，可以展开探究过程，将圆的面积转化成学过的平面图形。在转化的过程中如果遇到问题不能自主解决时，可以寻求伙伴的帮助，在交流合作中探索，最后推导出圆的面积计算公式。这样不仅培养学生的自主学习能力和小组合作能力，同时也让学生养成了开发智力、爱动手、爱动脑的好习惯。

▷ **如何利用类比教学法帮助学生归纳知识点？**

数学学习必须通过解决问题去巩固和理解知识，因此，得出公式后的巩固和应用十分重要。如在前测中发现，有一些学生知道圆柱的表面积＝底面积×2＋底面周长×高，但在解决最后一题时还是在计算底面积的过程中出现了错误。

学生在解题时，往往只注意到知识点和题目的一些外在形式，而忽略了一些本质特征（如其中蕴含的数学思想方法），忽视了知识点、相关题目之间的联系，这容易使学生经常出现解题盲点，无法将所学知识顺利地应用到独立解题中。而类比迁移，可以将学生所学的知识、技能进行分析，找到它们之间的联系与区别，探明其形式和本质的统一，从而使问题得到圆满的解决。

给定一个问题，可以在两个维度上对问题进行变化，一是从表面特征方面进行变化，使问题从表面近相似过渡到表面远相似。如，同样是计算圆柱的表面积，可以是计算圆柱形油桶的铁皮大小，也可以是茶叶罐侧面包装纸的大小。二是从结构特征方面进行变化，使问题由结构近相似过渡到结构远相似。如，同样是计算圆柱表面积，可以直接告知底面半径和高直接计算，也可以告知底面周长和高，还可以像后测卷最后一题这样，将条件隐含其中。让学生在众多条件中挑选自己需要的，在变式中思考，锻炼思维，提高对公式的运用能力。（马忠林 等，1996）

解题本身不是学习的目的，在数学解题教学中，教给学生解题后反思的方法，培养归纳和概括的能力，不仅能有效地使学生深化对知识、技能的理解，而且对训练思维、促进知识能力相互转化具有特殊功效。同一类型的问题解题方法往往有其规律性，因此当一个问题解决后，要不失时机地引导学生反思解题方法，认真总结解题规律，尽量从解决问题中归纳概括出新的普遍适用的东西，以现在的解决问题的经验帮助今后的问题解决，提高解题能力。所以解题后，必须对解题过程进行回顾和评价，对结论的正确性和合理性进行验证。（郭根福，2006）

4.3　教学设计研究

教学设计主要由教学目标与教学过程两部分组成。不同的教师上"圆柱的表面积"一课，常常有着不同的教学设计，本节试图对已经发表的部分教学设计进行综述，并进一步研究"圆柱的表面积"新课的教学设计。

4.3.1　教学设计综述

"圆柱的表面积"这节课已经研究过的人不是很多，本文主要对《小学数学教师》《小学教学》《小学教学设计》等杂志上发表的与"圆柱的表面积"相关的文章以及收录在中国知网内关于"圆柱的表面积"的教学，以及部分网上的文章进行综述。我们通读了多篇教学设计后，发现大同小异的教学设计很多，有个性的教学设计并不多，现选择了部分阐述教学设计或文章作为代表进行综述。

▷ 教学目标可以如何阐述？

要对"圆柱的表面积"进行教学设计，首先要明确其教学目标，目标是课堂教学的灵魂。从理论上说，每一节课都有自己独一无二的教学目标。

你认为"圆柱的表面积"教学的课堂教学目标是什么？不同的历史阶段对"圆柱的表面积"教学目标制定是否会有变化呢？

带着这样的问题，我们选择了 20 世纪 90 年代与 2001 年以后这两部分教学设计进行综述。

（1）教学目标是如何发展变化的？

我们先来看一看两个 90 年代初"圆柱表面积"的教学目标，然后再来分析它们的特点。

【教学目标1】（王德军，1994）

①使学生理解和掌握圆柱表面积的计算方法，并能具体应用。

②培养学生的空间观念。

③渗透"变"与"不变"的辩证唯物主义思想。

【教学目标2】（瞿国良，1998）

让学生通过观察、思考、做做和画画认识圆柱的特征，了解圆柱侧面积、表面积的计算方法，从而发展学生的形象思维能力。

从上面两个教学目标的阐述中，我们可以看到，王德军老师写的这个教学目标十分明确地告诉我们"圆柱的表面积"这节课要从三个方面予以考虑，即要达成知识技能、能力与思想教育这三个方面的目标。瞿国良老师虽然没有明确地写出三个方面，但我们也可以看出知识与能力这两个方面的目标。两组教学目标在技能上都要求掌握和理解圆柱表面积的计算方法，并在过程中发展学生的空间观念。可见，20 世纪 90 年代初，数学教学十分重视"加强双基，培养能力"。

2001 年新一轮课程改革实施以来，"圆柱的表面积"的教学目标会不会发生变化，如果变化可能是怎样阐述的？

2001 年新的一轮课程改革实施以后，强调了三个维度的教学目标：知识与技能，过程与方法，情感、态度与价值观。在这样的指导思想下，"圆柱的表面积"的教学目标教师是如何制定的？不同的教师制定的目标是否有差异？我们也来看两位老师的"圆柱的表面积"的教学目标。

【教学目标1】（吴正宪，1993）[83]

①使学生认识圆柱，掌握圆柱的特征。使学生掌握和理解圆柱侧面积和表面积的计算方法。

②培养学生观察、操作、概括的能力。

③向学生渗透"实践第一"的辩证唯物主义的基本观点，培养学生具体情况具体分析的思考方法和学生的空间观念。

【教学目标2】（张红娜，2002）

①使学生理解和掌握圆柱侧面积和表面积的计算方法，能正确运用公式计算圆柱的侧面积和表面积。

②培养学生观察、操作、概括的能力和利用所学知识灵活地分析、解决实际问题的能力。

③培养学生的合作意识和主动探求知识的学习品质；培养学生的创新精神和实践能力。

从以上"圆柱的表面积"的教学目标中我们不难发现，两位老师都非常注重知识与技能、过程与方法目标的制定。知识与技能方面都提到了"理解和掌握圆柱的侧面积和表面积的计算方法，能运用公式解决实际问题"，重视了知识在实际生活中的运用。同时两位老师制定的教学目标更关注过程性目标，注重让学生经历知识的发生过程，都重视了圆柱表面积公式的推导过程，尤其是推导过程中涉及的数学思想方法及学生观察、操作的能力也作为教学目标提出，十分难能可贵。在情感、态度与价值观方面的目标两位老师都有提及，但目标比较空泛，有所欠缺一些。

思考

阅读了上面的几种"圆柱的表面积"教学目标的不同表达，你能不能想一想，根据课标，可以用哪些术语来表述教学目标？

（2）依据2011版课标，教学目标可以如何阐述？

从前面第二章我们已经了解到，对于任何一节数学课，它的教学目标从内容方面看就是：知识技能、数学思考、问题解决、情感态度这四个方面。从具体表达的行为动词来看，就是用两类行为动词去刻画，一类是刻画过程性目标的行为动词；另一类是刻画结果性目标的行为动词。

根据课标的要求，你能再分析一下"圆柱的表面积"的教学目标吗?

根据课标的要求，努力挖掘"圆柱的表面积"这一内容中可能蕴含的与以上四个方面内容有关的教育价值，逐步分析与写出"圆柱的表面积"这节课的教学目标。

【知识技能目标】

①经历观察、操作、推理、探究圆柱侧面积计算公式的过程，掌握圆柱侧面积计算公式，能正确计算圆柱侧面积。

②经历操作、比较、想象的过程探索并掌握圆柱表面积的计算公式，能正确计算圆柱表面积。

【数学思考目标】

①能根据圆柱想象出它的侧面展开图和表面积展开图，建立初步的空间观念。

②在探索圆柱侧面积和表面积计算方法的过程中，积累"转化"的活动经验，发展合情推理能力和演绎推理能力。

③在用字母表示圆柱侧面积和表面积计算公式的过程中，发展符号意识。

【问题解决目标】

①能运用圆柱表面积的计算公式解决一些简单的实际问题，增强圆柱表面积相关知识的应用意识，提高实践能力。

②学会与他人合作交流，形成初步的评价与反思意识。

【情感态度目标】

①能积极主动地参与圆柱表面积计算方法的探究过程，对数学有好奇心和求知欲。

②在解决圆柱表面积相关问题的过程中，体验获得成功的乐趣，锻炼克服困难的意志，建立自信心。

③在应用圆柱表面积的知识解决问题的过程中，体会数学的特点，了解数学的价值。

以上我们从课标的要求出发，从四个方面比较全面地写出了"圆柱的表面积"这一内容的教学目标。我们可以看到，有些目标是这节课要达到的，有些目标只是这节课对它的贡献，是每一节课都需要关注的。对于教师而言，在设计"圆柱的表面积"教学过程时，可以参考以上教学目标。当然，在阐述"圆柱的表面积"的教学目标时，可以结合自己的设计理念，选择这节课最主要的、独有的教学目标进行阐述。

▷ **已有的教学设计如何安排各个教学环节？**

教学过程是"圆柱的表面积"的教学设计中的重要内容，根据《小学教学》《小学数学教育》《小学数学教师》《数学教学设计大全》等杂志、教案中的教学设计、实录的分析，笔者选取了一些主要知识点的发生过程进行比较与分析。

（1）可以采用哪些不同的导入方式？

> **思考**
>
> 1. 日常的教学中，你会关注导入环节设计吗？
> 2. 如果将数学课的导入按照数学内部导入、联系生活导入、课堂活动导入等分类，你能举例说明每种导入方式的特点吗？

"好的开始是成功的一半。"导入对提高学生整节课的学习兴趣，吸引学生的注意力，起着重要的作用。所以导入在数学课堂教学中，很受教师的重视。从所收集的教学设计来看，因为教材编排的不同，有的教材将圆柱的表面积作为一课时学习，有的教材则将圆柱的侧面积与表面积放在一起作为一课时学习。这节课的导入有多种多样不同的具体方式。将这些方式归纳起来，大致可以分为从数学内部导入和从学生生活经验导入两类。

①已知到未知，复习中导入

【教学片段1】复习圆柱的特征

师：前面我们已经认识了圆柱，谁来说一下你对它有哪些了解？

生1：圆柱有两个底面、一个侧面和无数条高，两个底面都是一个圆形。

生2：两个底面大小完全相等。

生3：圆柱两底面之间的距离是圆柱的高。

师：同学们对前面所学知识掌握得非常不错，今天我们继续来研究圆柱。请看屏幕，从图中你了解到哪些数学信息？

生1：圆柱的上底面是8厘米，侧面是10厘米，高是10厘米。

生2：两个底面都是8厘米，直径是8厘米。

师：这个8厘米是圆柱底面的直径，它的底面直径是8厘米。

师：现在老师想把它包装一下。（课件演示）根据这些信息，你能提出什么数学问题呢？

生：圆柱的表面积是多少？

师：这节课我们就来研究圆柱的表面积。（板书课题）

【教学片段2】复习公式，做好铺垫

（1）口答练习。

①一个圆的半径是2厘米，周长是多少厘米？

②一个直径是100毫米的圆，它的周长是多少？

③一个长为3米，宽为2米的长方形，它的面积是多少？

（学生口答，师板书所用公式：

$C = \pi d$ $C = 2\pi r$ 长方形面积 = 长 × 宽）

（2）我们已经学过哪些立体图形？它们的表面积怎么计算？

生：长方体、正方体。

生：长方体表面积 = 2 × ($a \times b + b \times c + a \times c$)；立方体表面积 = 6 × $a \times a$。

（3）引出新课。

今天我们来学习圆柱的表面积怎么计算？（唐光枚，2000）

数学知识的教学，要注重知识的"生长点"与"延伸点"。第一个教学片段中先复习圆柱的特征，帮助学生理清圆柱表面积的组成部分，包括两个底面（相等的圆形）和侧面，要求圆柱的表面积，就是求底面面积和侧面积的和。第二个教学片段中先复习圆周长公式和圆面积的计算公式，再复习长方体和正方体的表面积，为学生理解圆柱表面积的组成、也为学习圆柱侧面积和表面积的计算公式作一个铺垫。这都是在帮助学生建立知识间的联系，为学生探索新知做思维的引导。同时，对整体建构小学阶段立体图形表面积的计算方法有一定的作用。"圆柱的表面积"就是"柱体表面积"的延伸点。

②从生活到数学，情境中导入

【教学片段】

（1）生活中，哪些物体的形状是圆柱，谁能和大家说一说。圆柱在生活中应用得非常广泛，今天我们就来尝试动手做一个圆柱。

（2）出示图，做一个圆柱形纸盒，至少需要用多大面积的纸板呢？（底面半径 $=10cm$ ，高 $=30cm$，接口处不计）

要制作这个圆柱，你想到了哪些数学问题？需要多大面积的纸板？是个关于什么数学知识的问题？

（3）这节课我们一起来研究"圆柱的表面积"这个问题。

本片段从生活中的实物入手，学生在思考中提出问题。帮助学生理解圆柱的表面积包括了侧面和两个底面，为计算表面积做好准备。同时也让学生体会到生活中有许多物体的形状是圆柱的，有利于学生体验数学的实际应用价值，对于学生建立"数学来源于生活"这样的数学观有着积极的意义。

思考

1. 不同的导入对学生的学习会产生不同的影响吗？如果会，你认为以上两类导入分别会产生怎样的影响？

2. 你更喜欢哪种导入方式，如果你去设计这节课，你会采用怎样的导入方式？

"圆柱的表面积"的导入方式各有自己的特点，如何确定课的导入不但与教学目标相关，而且还与后续的教学过程如何安排紧密相关。我们应该根据自己课的特点，确定课的导入。

（2）"圆柱的侧面积"公式推导过程展开分析。

思考

"数学是科学，数学是过程。"对于计算公式的习得，有很多的方式，你认为怎样的设计，能有效展开推导过程？

圆柱的侧面积是圆柱的表面积的重要组成部分，因此，侧面积的公式推导过程是本课的重要环节。从收集的教学设计来看，此环节主要有以下两种展开过程。

①观察操作，探讨公式

【教学片段1】（瞿国良，1998）

师：下面我们来进一步研究圆柱侧面的特征。

师：（出示饮料罐）现在我们每人动手用硬纸片做一个饮料罐模型，接口处用透明胶粘贴。请同学们先开动脑筋，想想怎样裁剪纸片，才会做得既快又好。

学生兴致很高，纷纷动起手来：有的学生用依葫芦画瓢的方法，把纸片套在饮料罐上裁剪底面、侧面；有的学生先量出饮料罐的底面直径和高，依照直径裁剪底面，再裁剪一个等宽于圆柱高的长方形做侧面；部分学生还能根据圆柱底面直径推算出长方形该裁多长等。

教师总结后提出下列问题：

①把圆柱的侧面沿着它的高剪一刀，展开成平面后得到一个什么图形？

②这个长方形的长和宽分别等于圆柱的哪些部分的长度？

③怎样计算圆柱的侧面积？

师板书：圆柱的侧面积展开图和侧面积计算公式。

【教学片段2】（吴正宪，1993）[89]

师：圆柱的表面积指哪部分？

生：两个底面积与一个侧面积之和。

师：底面积怎样求？

生：底面积公式是 $S = \pi r^2$。求出一个底面积，乘以2，就可以求出两个底面积了。

师：侧面积怎么求？

（学生操作学具）

生1：圆柱的侧面积展开，如果是长方形，用长方形的长乘以宽就可以了，如果展开后是正方形，就用正方形的边长乘边长就可以求出侧面积了。

生2：长方形的长就是圆柱底面积的周长，长方形的宽就是圆柱的高，用底面周长乘以高就是所求。

生3：圆柱的侧面展开如果是正方形，那么正方形的边长就相当于圆柱的底面周长和高，同样用底面周长乘以高就是所求。

师板书：长方形的面积 ＝ 　　长　　　×　宽

　　　　圆柱侧面积　＝　　底面周长　　　×　高

　　　　　　　　　　＝　（直径×π）　　×　高

　　　　　　　　　　＝　（半径×2×π）　×　高

思考：如果只给了底面的半径、直径，怎样求圆柱的侧面积呢？（学生讨论）

师：（再次设疑）圆柱的侧面展开能得到长方形或正方形，还可能得到什么图形？

师生：可能得到平行四边形。

师：（追问）你是怎么想的？

生：切时斜切。

（演示右图）

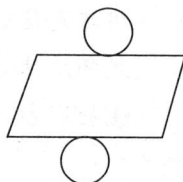

师：这个侧面积怎么求？

推理：平行四边形面积 ＝　底　×　高

　　　　　　　　　　　　↓　　↓

　　　圆柱侧面积＝底面的周长×　高

结论：与上面探讨的计算方法相同。

【教学片段3】（王德军，1994）

教师：一个圆柱，底面是两个相等的圆，那么圆柱的侧面是什么形状？它的面积又怎样计算呢？（板书：侧面积计算）

请同学拿出你自己准备的圆柱，刚才取下了两个底面，再动动脑筋将圆柱的侧面展开，会出现你以前学过的图形，反复折合几次，这时圆柱的侧面积计算方法自然显出，请大家动手试试看。（教师巡回指导）

提问：你是怎样剪的？侧面展开后得到了什么图形？展开后的图形与圆柱有什么关系？（边问边板书：估计会出现三种情况）

①沿高竖剪　　侧面积＝长方形 ｛ 长——底面周长 / 宽——高

②沿高竖剪　　侧面积＝正方形 ｛ 边长——底面周长 / 边长——高

③斜剪　　　　侧面积＝平行四边形 ｛ 底——底面周长 / 高——高

根据它们之间的关系，怎样求圆柱的侧面积呢？为什么？

（板书：圆柱的侧面积＝底面周长×高，用字母 S 表示圆柱的侧面积，C 表示圆柱的底面周长，h 表示高，即 $S=Ch$）

要求圆柱的侧面积，必须具备什么条件？

思 考

上面三位教师的不同教学设计各有什么异同？你更喜欢哪种，为什么？如果你来设计，你会怎么安排？

以上三个片段，学生动手操作，自然实现知识的迁移，轻松理解掌握圆柱侧面积的计算方法，突破了难点。学生经历用眼观察、动脑思考、动口说的过程，通过活动得出结论，但在过程的组织上还存在着一些差别。片段1提供的是一个饮料罐，让学生来制作外包装，在活动后进行总结，教师提出问题，根据问题得出侧面积的计算公式。片段2和片段3是让学生把圆柱形模型剪开，分成沿着高剪开和斜切，经过讨论得出结论，值得一提的是，片段2和片段3中还强调了圆柱的侧面展开图和圆柱之间的关系，帮助学生理清思路。学生一边操作，一边思考，充分发挥学生的主体作用，调动学生的多种感官进行活动，从感性认识上升到理性认识，将感知和思维结合起来。既重视了知识的产生过程，又重视了结论的总结，培养了学生的发散思维能力，同时也帮助学生发展了空间观念。

②小组合作探究

【教学片段1】（唐光枚，2000）

（1）课件演示，把罐头盒的商标纸沿着一条高剪开，再打开，展示商标纸的形状。

（2）学生拿出自制的圆柱，沿着已画好的一条高及底面与侧面交线剪开，展开侧面和两个底面，观察，然后又合成圆柱，四人小组讨论。

（3）回答问题。

①圆柱的侧面展开图是一个什么图形？

②这个长方形的长是圆柱的什么？

③这个长方形的宽是圆柱的什么？

（学生边回答，师边板书）

圆柱的侧面积＝底面的周长×圆柱的高

长方形的面积＝　　　　长　　×　　宽

（4）提问。

①求圆柱的侧面积必须知道什么条件？

生：圆柱底面周长和高

②底面周长可以怎么求？

生：已知底面半径 r：$C=2\pi r$

已知底面直径 d：$C=\pi d$

【教学片段2】（张红娜，2002）

（1）设疑：圆柱的侧面是个曲面，怎样计算它的面积？

想一想，能否将这个曲面转化成我们学过的平面图形，从中思考发现它的侧面该怎样计算呢？

（2）小组合作探究（剪圆柱形纸筒）。

（3）汇报交流研究结果，多媒体课件展示。

（4）小结。

同学们会动脑筋、会思考，巧妙地运用了把曲面转化为平面的方法，探讨发现了圆柱的侧面积正好等于它的底面周长与高的乘积。

引导学生在独立思考、自主探索的基础上，大胆地与同学进行合作与交流。经历观察、合作、发现、思辨的过程，鼓励解决问题的多样化，对不同的操作结果进行反思，这样的过程有助于培养学生的参与意识，通过与他人的交流，学会用不同的方式探索和思考问题，不断提高自己的能力和思维水平，同时也使操作活动更为有效。

③"圆柱的表面积"公式推导过程展开分析

我们再来看看几个教学片段。

【教学片段1】(瞿国良,1998)

师:在生产、生活实际中很多物体是圆柱的,生产这些物体都要先进行设计。例如,工人师傅生产油桶时,要先画出油桶的底面和侧面展开的示意图,标明实际数据,再按图纸切割铁皮,进行制作。现在假如我们班要制作一个开水桶,大家都来做小设计师,设计一张做开水桶的图纸,好吗?

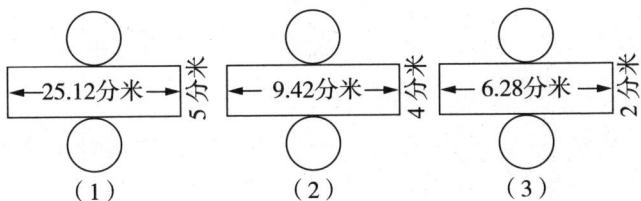

←25.12分米→ 5分米	←9.42分米→ 4分米	←6.28分米→ 2分米
(1)	(2)	(3)

学生想想画画,教师巡查。在学生中选择了三种设计的示意图展开在黑板上。

大家讲评,认为:按图(1)设计制作的开水桶太大,装满开水够几个班学生饮用;按图(3)设计的开水桶太小,只有一两个小组饮用;图(2)设计较合理。

师:现在请几个同学把教室外的开水桶搬进来量一量。

指明学生测量,教师板书:

底面积:$3.14 \times (4 \div 2)^2 = 12.56$(平方分米)

侧面积:$3.14 \times 4 \times 4 = 50.24$(平方分米)

表面积:$50.24 \times 12.56 \times 2 = 75.16$(平方分米)

量得水桶的底面直径和高都是4分米。试求它的表面积。

师:谁能总结出圆柱表面积的计算方法?

生答师板书:

圆柱的表面积 = 侧面积 + 底面积 × 2

【教学片段 2】

(1) 出示教具(圆柱模型),引导观察,圆柱的表面积是哪些部分的面积? 怎样求圆柱的表面积? (侧面图展开,贴在黑板上)

圆柱的表面积就是指侧面积与两个底面积的和。

(板书:侧面积加上两个底面积)

(2) 出示学具(圆柱模型),动手操作,把纸圆柱模型展开,把两个底面剪拼成近似长方形。

试拼:一个底面拼成的长方形,长相当于底面周长的一半,宽相当于半径;两个底面拼成的长方形,长相当于底面周长。

思考:在这个长方形中,长是什么? 宽是什么? 圆柱的表面积还可以怎么求?

学生可以得出圆柱的表面积等于底面周长乘以高与半径的和。

板书:底面周长乘以高与半径的和。

学生通过观察获得了圆柱表面积的求法,但教师没有急于让学生练习,而是在此基础上引导学生通过动手拼摆,动脑思考。由于学生受圆面积公式得出过程的启发,把圆柱展开的三部分拼成了一个近似的长方形,得出了圆柱表面积的另一种求法。由于教师引导起到好处,学生智慧的火花被点燃,在操作中,不但掌握了两种计算方法,学生的空间观念也得到了培养,在操作中体会了“变”(形变)与“不变”(面积不变)。

【教学片段 3】

组织动手实践,探究圆柱表面积。

(1) 我们把做好的圆柱加上两个底面后,这时候圆柱的表面积由哪些部分组成呢? (侧面积和两个底面面积)

(2) 你们觉得这两个圆柱谁的表面积大? 为什么?

生:因为两个圆柱的侧面积一样大,只要看他们的底面积谁大,那么这个圆柱的表面积就大。

(3) 刚才我们是从直观的比较知道了谁的表面积大,如果要知道大多少,那怎么办呢?

生:计算的方法。

师:怎么计算圆柱的表面积呢?

（板书：圆柱的表面积＝侧面积＋两个底面的面积）

（4）那现在你们就算算这两个圆柱的表面积是多少？

生：（不知所措）没有数字怎么算啊？

师：哦！那你们想知道哪些数字呢？知道了这些数字后你打算怎么计算？

生1：我想知道圆柱的底面半径和高。

生2：我想知道圆柱的底面直径和高。

生3：我想知道圆柱的底面周长和高。

师：老师现在告诉你的数字是这张纸的长是31.4厘米，宽是18.84厘米。那你们会算吗？怎样算，如果独立思考有困难的话，可以小组讨论来共同完成。

（5）汇报展示。

情况一：

半径：31.4÷3.14÷2＝5（厘米）

底面积：3.14×5×5＝78.5（平方厘米）

侧面积：31.4×18.84＝591.576（平方厘米）

表面积：591.576＋78.5×2＝748.576（平方厘米）

情况二：

半径：18.84÷3.14÷2＝3（厘米）

底面积：3.14×3×3＝28.26（平方厘米）

侧面积：31.4×18.84＝591.576（平方厘米）

表面积：591.576＋28.26×2＝648.096（平方厘米）

师：通过我们计算验证了我们刚才的判断是正确的。

接下来我们打开书翻到33页自学例2，从这个例题中你学到什么？

生：分三步来算，先算侧面积，再算底面积，最后把侧面积和两个底面积加起来。

生2：这样做挺麻烦的，有没有更简单一点的方法呢？

（6）师：好！我们一起来找一找有没有更简单的方法。（补充第二种方法）

教具的演示：把圆柱的侧面展开得到一个长方形，然后把圆柱的两个底面通过剪拼成一个近似的长方形。

问：这个近似的长方形的长和宽分别是圆柱的哪一部分？（底面周长，

也就是圆柱的侧面展开得到的长方形的长。宽是圆柱底面半径)

所以圆柱表面积 = 长方形面积 = 底面周长 × (高 + 半径)

用字母表示：$S = C \times (h + r)$

我们用这个方法来验证一下我们的例 2 看是不是比原来简单。

汇报：大部分学生都认为比原来的方法简单。(说一说认为简单的原因)

求圆柱的表面积关键在于厘清圆柱的特征，知道圆柱的表面积由侧面积和两个底面积组成，侧面积的计算是难点，刚才已经介绍了多种侧面积计算的教学过程，这里不再展开。对于表面积的计算，可以有多种方法。教师提出一个实际问题，学生通过讨论、操作，自己推导出圆柱表面积的计算公式，解决问题，发挥学生的主动性。以小组合作的形式探究出：不同条件下用不同方法可以解决相同的问题，逐渐培养学生用多种途径解决实际问题的能力。同时，在解决问题的过程中加深圆柱的特征的认识。

④公式后练习安排

> **思 考**
>
> 新课后，每位教师都会安排相应的练习，请你想一想，"圆柱的表面积"练习部分的设计会有几种形式?

◆ 基本练习

在基本练习环节，一般都是直接应用公式求圆柱的侧面积或表面积，有用图示的方式呈现信息，如计算下面各圆柱的表面积。

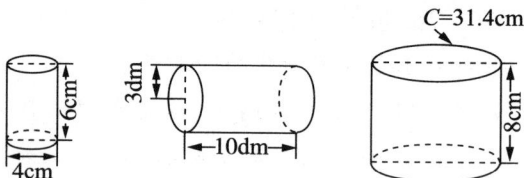

也有用文字的方式呈现信息，如根据下面的已知条件求圆柱的侧面积或表面积。

①底面半径 3 厘米，高 7 厘米。

②底面直径 8 分米，高 8 分米。

③底面周长 12.56 米，高 3 米。

不管是哪种方式，在习题的编排时，都注意到了循序渐进，从直接已知半径和高，到给出直径、底面周长这些间接条件，求圆柱的表面积。在基本练习阶段，应以公式的直接应用为主，已知周长对学生来说还是会产生一定的学习困难，建议置后。

◆ 实际应用

"能运用圆柱表面积的计算公式解决一些简单的实际问题"是圆柱表面积的教学目标之一。因此，不同的教学设计在练习部分都安排了应用公式解决实际问题的练习，如"一个无盖的圆柱形的铁皮水桶，高6.28分米，将它的侧面展开是一个正方形，做这只水桶至少要铁皮多少平方分米?"，又如"一个圆柱形零件，底面直径3厘米，高0.4厘米，将这个零件表面涂漆，涂漆的面积有多少平方厘米?"……这样的练习都把圆柱表面积与实际问题相结合，提高了学生应用公式解决问题的能力，也增强了学生关于圆柱表面积相关知识的应用意识。

◆ 拓展提高

在很多教学设计中，在"圆柱表面积"一课的最后部分，还会安排一个发展性练习，如"找一个圆柱，自己测量它的底面直径和高，并计算它的表面积"，"自己来制作一个底面直径和高都是10厘米的圆柱"这样的问题开放性大、灵活性强，对提高学生对知识的灵活应用能力有一定的帮助。

> **思考**
>
> 上面提到了练习的三种形式，你认为各种练习安排在课的哪一个环节更合适?

4.3.2　同课异构研究

所谓"同课异构"是指对同一个课题、同一个教学内容，采用不同的教学结构来教学，也就是每一个教学设计的内容都是"圆柱的表面积"，但可能因为不同的教学目标，采用不同的教学环节；或者针对相同的教学目标，采用不同的课堂教学环节。

不同的教学设计常常在侧重点上会有所不同，有可能是手段不同，也有可能是目标不同。显然，当一节课侧重某一个方面时，我们不该要求这节课去追求另一方面的目标。以下是"圆柱的表面积"的几种不同的教学设计，每一种设计的侧重点都有所不同。

▷ 如何从"动手操作，合作探究"角度进行设计？

学生的学习水平有差异，在学习中可能有的学生不知道怎么求圆柱侧面积，不会把曲面转化成学过的平面图形；或是有的同学已经知道怎么求圆柱的侧面积，但不能结合实验操作清晰地表述圆柱侧面积计算方法的推导过程。学生对动手操作比较感兴趣，通过探索操作活动以及小组合作与自主探究相结合的学习方式，有助于提高学生的观察能力、自主探究能力、合作学习的能力，也有助于发展学生的空间观念。

教学目标

1. 通过想象、操作等活动，使学生知道圆柱侧面展开后是一个长方形，加深对圆柱特征的认识，发展空间观念；结合具体情境和动手操作，探索圆柱侧面积的计算方法，掌握圆柱侧面积和表面积的计算方法，能正确计算圆柱的侧面积和表面积。

2. 结合具体情境，在想象和操作活动中，发展学生的空间观念，培养学生发现问题、提出问题、分析问题、解决问题的能力，提高学生动手操作的能力、合作学习的能力、总统概括的能力。

3. 创设民主和谐的学习氛围，渗透科学研究方法，使学生在合作探究中体验成功的乐趣，在关注培养学生主动的探索意识、灵活的思维品质的过程中形成积极的学习情感，体会数学与生活的联系。培养学生的探索精神和合作能力，养成良好的数学学习习惯。

教学重点

第一环节：情境引入，任务驱动。举例说生活中的圆柱形物体，问：我们如果做一个这样的圆柱，至少需要准备多大面积的纸板？与什么有关？揭示课题。

第二环节：猜测验证，合作探究。圆柱的侧面是一个曲面，我们如何计算侧面积呢？

教师出示学习要求：

（1）提出自己的猜想：圆柱的侧面展开后是一个怎么样的图形呢？得到的图形与圆柱有什么关系？

（2）同桌两人合作，选取材料盒中的物品剪一剪、量一量、算一算。

（教师在材料盒中提供白纸若干、圆柱形的茶叶罐、双面胶、剪刀等。）

（3）四人小组交流：我们是怎么研究的？得出了什么结论？

教师进行巡视、引导和点拨。学生可以用长方形纸卷成一个圆柱的侧面，也可以在圆柱形茶叶罐的外面贴上纸再剪开。在操作活动中把圆柱的侧面展开成平面图形，感受化曲为直的思想，获得直观的感受。

（4）讨论交流，准备汇报。

谁愿意来汇报自己小组的研究成果。

不同的方法会得到不同的结果，也就是圆柱的侧面展开可以形成不同的图形，可能是长方形，也可能是平行四边形甚至正方形，但不管展开成什么图形，圆柱的侧面积大小是不会变的。在理解圆柱侧面展开图的基础上，再讨论交流："你发现展开后的图形各部分与圆柱的各部分有什么关系了吗？"然后再次引导学生进行汇报，发现无论展开图是什么图形，但展开图的底边长度相当于圆柱的底面周长，也就是圆的周长，展开图的高相当于圆柱的高。沟通各种方法之间的联系，同时感受前后知识的联系，同时渗透了转化的数学思想。

（5）沟通优化，得出结论。在师生讨论的基础上，得出圆柱侧面积和表面积的计算公式。

第三环节：巩固练习。结合书上练习进行解答分析，巩固圆柱表面积计算公式，并用之解决实际问题。

第四环节：课堂小结与布置作业。

▷ **如何从自学的角度进行设计？**

自学的重要性不言而喻。"圆柱的表面积"的教学也可以从自学的角度进行设计。自学所涉及的因素有许多，从时间上看，可以分成课内与课外两种。课内自学是指学生自学的时间是在课内，即占据课堂的时间。课外自学是指把自学作为前一天的课外作业。从自学提纲上看，有些教师在学生自学时提供自学的提纲或自学要能够解决的问题；有的教师不给出自学提纲，而是让学生读课本后，整理自己的收获与问题。正因为如此，从自学的角度来设计"圆柱的表面积"教学也可以有多种不同的形式。我们从强调自学，强调学生自己提出问题的角度来设计"圆柱的表面积"的教学。

教学环节一：学生自学并提出问题。上课开始，教师要求学生自学课本，并注意提出问题。问题分成两类，一类是自己知道答案，想要考考同学的问题，比如"圆柱的表面积包括哪些部分"的问题，学生读了课本以后，是知道答案的，但想考查一下同学。另一类问题是学生自己也不知道答案，要请教同学或老师，或者进行讨论的问题，这是自学后产生的疑问。如，学生在自学时，知道圆柱的侧面展开是长方形，并且知道这个长方形与圆柱的关系，但不知道为什么会这样，想要请教别人，就可以提出："为什么长方形的长就是底面的周长，长方形的宽就是圆柱的高？"学生按照教师的要求开始自学课本。

教学环节二：小组交流。在学生自学后，教师让学生先和同桌进行交流，相互回答问题，并把同桌两人的问题进行汇总；再以四人小组为单位进行交流，相互回答问题，并把两类问题进行汇总。

教学环节三：小组间对抗提问与回答问题。教师要求每两个四人小组组成一个八人大组，分成甲、乙两方，每一个四人小组为一方，各组成一个团队，提出问题，让另一个四人小组团队回答问题。双方轮流提问、回答。

教学环节四：归纳与整理。在学生对抗回答后，教师要求每一个学生安静下来，想一想、写一写，这节学到了哪些知识，有哪些收获，还有哪些问题。

教学环节五：课堂总结与布置作业。

这样的教学是学生的自学与相互交流取长补短的一种学习方式。教师的主要工作是组织者。如果学生能够比较好地提出问题与回答问题，那么这样的课同样是高质量的数学课。如果教师担心学生提出的问题质量不高，从而影响学生对于知识的掌握和应用，那么，教师可以提出一个问题清单，供学生们参考。

教师提出的问题清单（说明，下面的问题前标有☆的说明这个问题是考查性质的问题；问题前标有★的说明这个问题是真心实意要请教同学或老师的问题，也就是请教性质的问题）：

☆什么是圆柱的表面积？

☆圆柱的表面积与什么有关？

☆圆柱的侧面是一个曲面，面积怎样计算？

☆圆柱的侧面展开沿高剪开是什么形状？

★侧面展开图除了沿高剪开，还能怎么剪开？会出现什么形状？

★圆柱侧面展开图的图形各部分和圆柱有什么关系？

☆怎样求圆柱的侧面积？用字母怎么表示？

☆圆柱的表面积包括哪些部分？

☆圆柱的表面积怎么求？用字母怎么表示？

★怎么理解字母公式 $S_表 = 2\pi r (h + r)$？

这些问题也可以作为学生自学课本时要思考的问题，学生如果边自学边思考这些问题，可以大大提高自学的质量。

▷ **如何从"基于差异，能力分层"角度进行设计？**

在班级授课制的背景下，要比较好地照顾到学生的差异，根据学生不同的数学水平实施数学教学是一件很有意义但比较困难的事。教师可以根据学生不同的层次水平设计教学过程，以达到分层教学的目的。

第一环节：谈话引入。出示圆柱，问：我想做一个这样的圆柱，你们觉得我至少需要准备多大面积的纸板？与什么有关？揭示课题。

第二环节：探索方法。给圆柱标上底面半径与高，现在你有办法算出它的表面积吗？

先向学生说明：每一个同学都有一个信封，信封内有四张纸条，分别叫作 A、B、C、D 卡。每一张卡上都有对探索圆柱表面积的一些问题，也是一些怎样探索的提示。你可以先看 A 卡，如果觉得解决 A 卡上的问题有困难，就可以再看 B 卡，如果还有困难，就可以再看 C 卡，最后可以看 D 卡。

这四张卡的内容可以分别设计如下。

A 卡：请你解决下面的问题：

①你认为圆柱的表面积指的是什么？把想到的结论简单地写下来，也可以画一画。

②你觉得要做这个圆柱，至少需要多少纸？请列式计算。

③你有办法证明你的想法是正确的吗？可以画一画，也可以用身边的圆柱来加以解释。

④现在你觉得圆柱的表面积可以怎样计算？请写出计算公式。

B卡：请你做一做，想一想。

①请拿起你身边的圆柱看一看，它的表面积包含哪些部分？你能试着画出它的表面展开图吗？

②根据表面展开图，想一想它的表面积可以怎样计算？请列出算式，并说说每一步得到的是什么。

③想一想：圆柱的表面积可以怎样计算？你能试着写写计算公式吗？

C卡：请你剪一剪，做一做。

①请你把身边的圆柱沿高剪开，你能画出它的表面展开图吗？试一试。

②要求做这个圆柱至少需要多少纸，其实就是求这个圆柱的（　　　）。

③根据表面展开图，圆柱的表面积包含（　　　）个侧面和（　　　）个底面，可以这样计算：＿＿＿＿＿＿＿＿＿＿＿＿＿＿＿＿＿＿＿＿＿

D卡：请你剪一剪，做一做。

①请你把身边的圆柱沿高剪开，我们就可以得到这个圆柱的表面展开图。

②要求做这个圆柱至少需要多少纸，其实就是求这个圆柱的（　　　）。

③根据表面展开图，圆柱的表面积包含（　　　）个侧面和（　　　）个底面。

侧面面积是：＿＿＿＿＿＿＿＿＿＿＿＿＿＿＿＿＿＿＿＿＿＿＿

两个底面面积是：＿＿＿＿＿＿＿＿＿＿＿＿＿＿＿＿＿＿＿＿＿

所以这个圆柱的表面积是：＿＿＿＿＿＿＿＿＿＿＿＿＿＿＿＿

做这个圆柱至少需要纸板（　　　）。

在学生独立探索的基础上，进行全班汇报，可以根据提示卡上的问题进行汇报。师生共同归纳出圆柱表面积的计算公式。

第三环节：实际应用。结合书上练习进行解答分析，巩固圆柱表面积计算公式，并用之解决实际问题。

第四环节：课堂小结与布置作业。

从理论上说，除了以上几种，还可以有多种角度对"圆柱的表面积"进行教学设计。探索"圆柱的表面积"这一内容不同的教学价值，这也是小学数学教学创新的一条重要渠道。我们只有鼓励不断创新，在创新中不断反思、不断比较，才能使"圆柱的表面积"的教学不断向前发展。

4.3.3　还需进一步思考的问题

思考

圆柱侧面展开图可能是长方形，也可能是平行四边形，那么圆柱侧面展开可能是正方形吗？

我们的教学过程中，会遇到这样的习题"有一个圆柱，它的侧面展开图刚好是一个正方形，底面周长是 6.28 厘米，求它的表面积"，经常会有孩子质疑圆柱的侧面展开图可能是正方形吗？有的教师认为："因为圆周率 π 是一个无限不循环小数，所以圆柱的底面周长应该是一个无限不循环小数，而圆柱的高却不会是一个无限不循环小数，所以圆柱的侧面展开不可能是正方形。"有的教师认为："生活中量圆柱的高时，得到的并不一定是精确的数，也可以是近似数，当圆柱的高与底面周长的近似数相等时，我们就可以认为圆柱的侧面展开是一个正方形。"也有教师说："当两个小数无限多，又非常接近时，我们就认为两个数是相等的，这是数的极限知识，以后会学到的。"果真如此吗？这样的解释学生会满意吗？

我们认为"圆柱侧面展开可能是正方形"是毋庸置疑的。我们一般都试图通过计算说明圆柱的高和底面周长是相等的。在根据公式"圆柱的底面周长 = π × 直径"计算时，会面临圆周率 π 是一个无限不循环小数，计算时结果取近似数的问题。我们通常会取圆周率 π 的一个近似数，但如果取圆周率 π 的小数部分足够多时会怎样呢？如果用 17 世纪德国数学家鲁道夫的 35 位小数的 π 值计算一个能把太阳系包围起来的圆的周长，误差还不到质子直径的百万分之一。用美国天文学家西蒙·纽克姆的话来说明这个问题："十位小数就足以促使地球周界准确到一英寸以内，三十位小数便能使整个可见宇宙的四周准确到连最强大的显微镜都不能分辨的一个量。"可见，圆周率取三十位小数，计算出的周长就可以认为是一个准确值了。但从理论上讲即使相差一个很小很小的量，也不能说是相等。

问题的焦点在于：圆柱的高和圆柱的底面周长是否相等？如果相等，

即圆柱侧面展开是正方形；如果不相等，即圆柱侧面展开就不是正方形。证明圆柱的高与圆柱的底面周长相等很简单，反过来想即可：用一张正方形的纸可以围成一个圆柱，再把圆柱打开当然是一个正方形。即如果正方形的边长是 a，则这个圆柱的高为 a，底面圆的半径 $r = \dfrac{a}{2\pi}$，这里的数 a 可以是正整数、正有理数，当然也可以是正实数。（郭保生，2007）

5

圆柱体积的教学研究

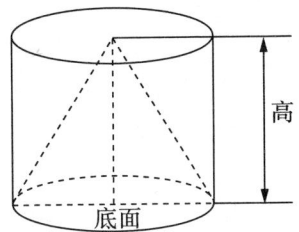

你还记得你在小学是怎样学习"圆柱的体积"的吗？你现在会用怎样的方法来推导圆柱的体积计算公式？如果你来教学这一内容，又会采用怎样的方法来引导学生探究圆柱的体积计算公式？希望通过对本章的阅读，你对"圆柱的体积"这节课会有更深刻的理解。

5.1 教材比较研究

为了进一步了解教材如何编写"圆柱的体积"这一内容，我们选择了 2000 年以后，实验稿课标下的六套教材（见表 5 - 1 - 1）进行特点分析和比较研究，旨在多方面地了解教材，丰富教学思路。

表 5 - 1 - 1 六套 2000 年后的教材情况统计表

序号	出版社	主 编	年 代	简 称
1	人民教育出版社	课程教材研究所 小学数学课程教材研究开发中心（卢江 杨刚主编）	2001 年	人教版
2	北京师范大学出版社	义务教育数学课程标准研制组 北京师范大学国家基础教育课程标准实验教材总编委会（刘兼 孔启平主编）	2001 年	北师版
3	江苏教育出版社	江苏中小学教材编写服务中心（孙丽谷 王林主编）	2001 年	苏教版
4	浙江教育出版社	张天孝主编	2005 年	浙教版
5	西南师范大学出版社	西南大学义务教育课程标准（小学）数学实验教科书编写组（宋乃庆主编）	2001 年	西师版
6	青岛出版社	山东省教学研究室（展涛主编）	2003 年	青岛版

5.1.1 教材编写情况分析

▷ 引入情境有什么不同？

思考

新课引入一般会有哪几种方式？如果你执教"圆柱的体积"一课，你会如何安排引入环节？

六套教材采用了不同的引入方法，主要有以下四类。

（1）以解决现实问题为情境引入教学

北师版及青岛版教材（见图 5-1-1）都是以现实中的问题为出发点，从而引出对圆柱体积如何计算的讨论。北师版一共有两个问题，一是圆柱形柱子的体积如何计算？二是一个杯子能装多少水？应该说这样的两个问题在现实生活中还是非常具有典型性的，一个涉及圆柱的体积，另一个涉及圆柱的容积，考虑得比较周全。青岛版由于整个单元都是以两个圆柱体形状和圆锥体形状的冰激凌为情境，所以就以"圆柱体形状冰激凌的体积是多少？"这样一个问题引出对圆柱体积如何计算的讨论。

怎样计算圆柱的体积？

北师版

这种规格的包装盒的体积是多少？

青岛版

图 5-1-1

（2）以知识性的问题为情境直接引入

人教版和苏教版教材（见图 5-1-2）都是把学过体积计算方法的长方体、正方体与圆柱一同呈现，然后聚焦到圆柱的体积这个问题。不同的是人教版将圆锥也呈现出来，然后问题聚焦到圆柱，而且很明确地提示要将圆柱转化成一种学过的图形然后计算出体积。苏教版也采用了这种方式引入，但更关注这些图形的底面积和高，由等底等高的长方体、正方体体积相等，引出讨论等底等高的圆柱和长方体、正方体的体积是否相等？

（3）以知识铺垫为情境引入

浙教版教材（见图 5-1-3）是以两个问题作为这节课的引入，第一个问题：我们是怎样得出圆面积计算公式的？第二个问题：用圆和长方形的纸板分别叠放在一起，会叠成怎样的立体图形？很显然这两个问题都涉及什么叫物体的体积? 你会计算下面哪些图形的体积?

能将圆柱转化成一种学过的图形,计算出它的体积吗?

人教版

例4 下面长方体、正方体和圆柱的底面积都相等,高也相等。

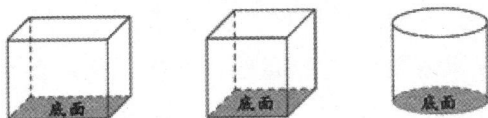

底面　　　　底面　　　　底面

(1) 长方体和正方体的体积相等吗? 为什么?
(2) 猜一猜,圆柱的体积与长方体、正方体的体积相等吗?
　　用什么办法验证呢?

苏教版

图 5-1-2

了这节课学生需要的知识储备,而且给出了两种探究圆柱体积的方式,一种是从等积变形考虑,一种是由平面叠加成立体图形这方面考虑。应该说这两个问题所蕴含的数学思想对于这节课都是非常重要的。

1. 我们是怎样得出圆面积计算公式的?

2. 用上图中许多张相同的圆形和近似长方形的纸板
　　分别叠放在一起,会叠出怎样的立体图形?

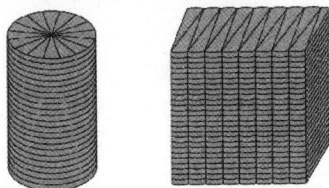

图 5-1-3

（4）开门见山直接引入

西师版教材直接用一个问题引入课题："怎样计算圆柱的体积?"这样的引入直接聚焦到本节课所要探究的内容，直截了当。

从以上分析可见，各套教材无论采用何种方式进行引入，都是让学生关注到圆柱的体积如何计算这个问题。有的教材是以生活中的情境聚焦到圆柱的体积这个问题，让学生感受到数学问题来源于生活，数学知识应用于生活。有的教材利用引入为后续学习进行了铺垫，帮助学生回顾本节课需要用到的知识储备：比如圆面积的推导方法、长方体体积的计算方法，等底等高的长、正方体和圆柱的体积会有什么关系等。有的是没有任何情境，直接聚焦本节课需要解决的问题，开门见山。各种不同方式的引入，各有所长，有的目的在于激发学生的学习兴趣、有的目的在于建立新旧知识间的联系、有的目的在于注重课堂效率。

▷ **探究部分编写有什么不同？**

无论是哪个版本的教材，都安排了圆柱体积如何计算的探究环节，引导学生通过操作与观察发现圆柱可以转化成长方体，然后体会其中的变与不变，最终得出圆柱体积的计算方法。从各个版本教材的编排、探究环节的过程和结论的描述来看，有相似之处，但也存在着一定的差异。

（1）探究活动前的知识铺垫有何不同？

圆柱体积计算公式的推导方法是建立在原有的对圆面积推导方法及长方体体积计算方法的基础上的，有的教材在探究活动前回顾了这两项知识，有的则回顾了一项（见表5－1－2）。

表5－1－2　各套教材回顾"圆面积推导方法"及"长方体体积计算方法"的情况统计表

教　材	圆面积推导方法	长方体体积计算
人教版	无	有
浙教版	有（出示推导图）	有
苏教版	有	有
北师版	无	有

教　材	圆面积推导方法	长方体体积计算
西师版	有	有
青岛版	有（出示推导图）	有

从上表中可以看出，各套教材都提及了长方体的体积计算，说明长方体的体积计算方法对于学生理解圆柱的体积计算非常重要。人教版和北师版在探究前没有提及圆面积的推导，而其他教材都有提及，浙教版和青岛版教材（见图 5–1–4）更是回顾了推导图，可见这里的编写是有差异的，回顾了这一知识点的教材认为学生对于这个知识可能会有所遗忘，所以提出来以便于学生开展后续的探究。

我知道圆的面积公式是把圆转化成近似的长方形推导出来的。

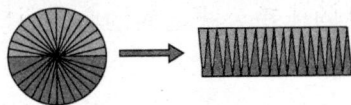

图 5–1–4

（2）给出的探究路径有何不同？

> **思 考**
>
> 圆柱体积的计算公式推导方法可能有哪些？学生比较容易接受的是哪种方法？

圆柱的体积如何计算有两种探究思路。第一种是将圆柱通过切分，然后拼合成一个长方体，通过长方体体积公式得到圆柱体积公式。第二种是通过平面图形叠加的方式，让学生体会到圆叠加之后就成了圆柱，由长方体的体积公式类比推理到圆柱的体积公式，都可以用底面积乘高进行计算。各套教材中给出的是何种探究路径，如表 5–1–3 所示。

表 5 – 1 – 3　各套教材探究圆柱体积公式的方式情况统计表

教　材	转化成长方体	底面叠加
人教版	√	
浙教版	√	√
苏教版	√	
北师版	√	√
西师版	√	
青岛版	√	

由上表可知，圆柱通过切分转化成长方体是一种最主要的推导圆柱体积公式的方式。因为这样的推导过程相当严谨，而且跟圆面积推导方式有着本质上的联系。所以各套教材都采用了这种探究方式。而浙教版和北师版都增加了一种以底面叠加来探究圆柱体积的方式，可以说这样的推导过程并不严密，是一种合情推理，但是这样的方式对学生理解圆柱的体积公式、强化长正方体及圆柱的体积公式之间的联系，甚至理解直柱体的体积计算方法都是很有价值的。

（3）圆柱切分后转化为长方体的呈现方式有何不同？

思　考

在推导过程中，你认为将圆柱平均切分成几份，然后拼合成长方体比较合适？怎样处理更有利于学生对推导过程的理解？

西师版教材（见图 5 – 1 – 5）呈现的是将圆柱底面等分成 16 份后拼成长方体的情况，并且中间有拼的过程，然后进入了推导公式的环节。

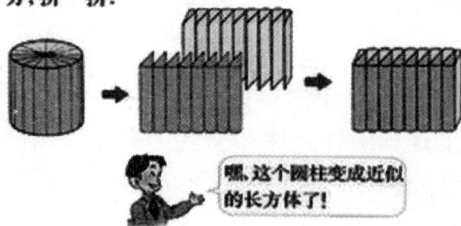

分一分，拼一拼：

嘿，这个圆柱变成近似的长方体了！

图 5 – 1 – 5

北师版教材（见图 5－1－6）呈现的是将圆柱底面等分成 32 份后拼成长方体的情况。

图 5－1－6

人教版教材（见图 5－1－7）、浙教版教材（见图 5－1－8）及苏教版教材（见图 5－1－9）三套教材呈现的都是将圆柱底面平均等分成 16 份后拼成长方体的情况，三者都有文字提示：分的份数越多，拼成的图形越接近长方体。

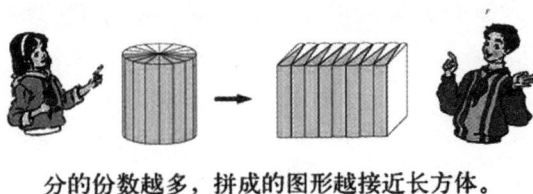

分的份数越多，拼成的图形越接近长方体。

图 5－1－7

把圆柱的底面分成许多个相等的扇形(如分成 16 个)，然后把圆柱切开，照下图拼起来，就得到一个近似的长方体。分成的扇形越多，拼起来越接近于长方体。

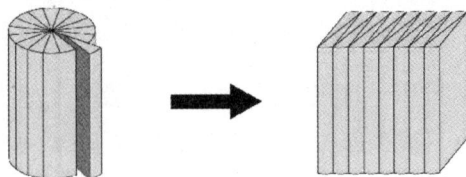

图 5－1－8

把圆柱的底面平均分成 16 份，切开后照下图拼一拼。

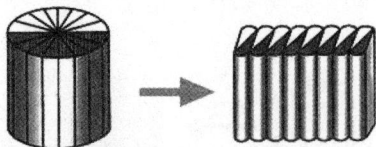

拼成了一个近似的长方体。

如果把圆柱的底面平均分成 32 份、64 份…… 切开后拼成的物体会有什么变化？

拼成的物体越来越接近长方体。

图 5 - 1 - 9

青岛版教材（见图 5 - 1 - 10）同时呈现了将圆柱底面平均等分成 16 份和 32 份后拼成长方体的情况，并且有文字提示：等分的份数越多，拼成的图形越接近长方体。

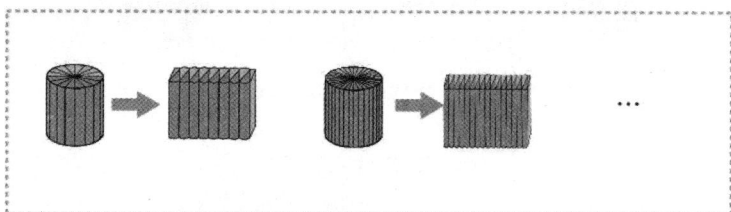

等分的份数越多，拼成的立体图形就越接近长方体。

图 5 - 1 - 10

从这个环节的编排可以看出，人教版、浙教版、苏教版及青岛版这四套教材编写得很细致、很严谨，考虑到了学生的实际，因为圆柱等分 16 份或 32 份后拼合只能近似于一个长方体，所以必须要加以提示（当等分的份数越多的时候，就越接近长方体），这样既培养了学生的想象能力，也渗透了极限的思想。

根据前面几章提到的顾泠沅先生的数学认知水平的 4 个层次分析框架，圆柱的体积练习主要有以下四个水平。

水平 1：计算——操作性记忆水平。这里指直接根据圆柱体积计算公式（底面积乘高）求圆柱体积的练习。如青岛版和浙教版教材（见图 5-1-11）上的练习。

3. 填表。

底面半径r（cm）	底面直径d（cm）	高h（cm）	圆柱的体积V（cm³）
15		4	
	8	3	
8		5	

青岛版

1. 计算下面圆柱的的积。

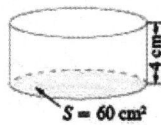

$S = 60 \text{ cm}^2$

浙教版

图 5-1-11

水平 2：概念——概念性记忆水平。这里指考查学生对圆柱体积计算公式的记忆以及对公式的理解，比如能在实际情境中找出相应的条件并运用公式计算体积，能反向运用公式求底面积或高等。如浙教版和人教版教材（见图 5-1-12）上的练习。

1. 如图所示，这个物体的体积是多少立方分米？

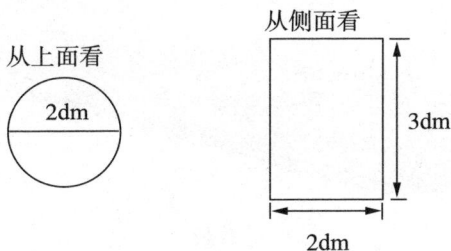

从上面看

2dm

从侧面看

3dm

2dm

浙教版

5. 一个圆柱的体积是80cm³，底面积是16cm²。它的高是多少厘米？

人教版

图 5-1-12

水平 3：领会——说明性理解水平。这一水平层次的问题要求学生能较好地理解圆柱体积计算公式的内涵，能运用公式进行不同方向的思考，如：能根据已知底面周长和高求圆柱的体积，需要多次运用圆柱体积公式解决问题，利用圆柱体积公式解决类圆柱体（中空圆柱、半圆柱）的体积等。如人教版、西师版和苏教版教材（见图 5－1－13）上的练习。

10.两个底面积相等的圆柱，一个高为4.5 dm，体积为81 dm³。
另一个高为 3 dm，它的体积是多少？

人教版

8.一根圆柱形钢管长4m，每立方厘米钢重7.8 g，这根钢管重
多少千克？

西师版

9. 一个用塑料薄膜覆盖的蔬菜大棚，长15米，横截面是一个半
径2米的半圆。
（1）覆盖在这个大棚上的塑料薄膜约有多少平方米？
（2）大棚内的空间大约有多大？

苏教版

图 5－1－13

水平 4：分析——探究性理解水平。这一水平的练习出现了推理性比较强的题目，如两个有关联（等底或等高）的圆柱之间的体积关系、有关联的长方体或正方体与圆柱的体积关系。如西师版和浙教版（见图 5－1－14）教材上的练习。

7. 削去部分的体积是多少?

这个正方体木材的棱长是9厘米,要把它削成一个最大的圆柱体.

西师版

8. 下图两个圆柱的底面半径之比是3∶2,它们的体积之比是多少?

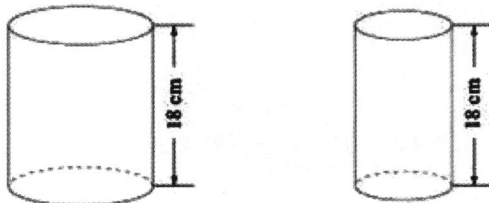

浙教版

图 5 - 1 - 14

水平4的练习中还包含综合性比较强并具有一定开放性的练习。如青岛版(见图5 - 1 - 15)教材上的练习。

*13. 一张铁皮长62.8厘米,宽47.1厘米。张师傅想用这张铁皮做
侧面(接头处忽略不计),加工成一个无盖的圆柱形小桶,
可以配制多大面积的底面?哪种方法加工成的小桶容积大?
(可用计算器计算)

图 5 - 1 - 15

以上四个水平中,水平1、水平2为记忆水平,处于较低认知水平;水平3、水平4为理解水平,处于较高认知水平。

思考

根据你的经验,你会如何安排各水平的练习?分别占多少百分比?

将各套教材新课以及紧接新课的练习课中的习题进行分析比较,发现

各水平习题的安排各有侧重，见表5－1－4。

表5－1－4 不同版本教材"圆柱的体积"练习题认知水平情况统计表

	水平1	水平2	水平3	水平4	合 计
人教版	9（56.25%）	5（31.25%）	3（12.5%）	0	17
浙教版	9（60%）	3（20%）	2（13.33%）	1（6.67%）	15
苏教版	7（46.67%）	5（33.33%）	1（6.67%）	2（13.33%）	15
北师版	8（47.06%）	4（23.53%）	4（23.53%）	1（5.88%）	17
西师版	3（27.27%）	4（36.36%）	2（18.18%）	2（18.18%）	11
青岛版	8（61.54%）	2（15.38%）	1（7.69%）	2（15.38%）	13

注：表中括号内数字为该题量占该教材全部习题量的百分比。

从上表中可以看出，各套教材中水平1、水平2的习题量都超过了60%，这在学习新知的起始阶段是十分必要的，相较而言西师版水平1、水平2的习题量较少。

对水平1的练习题进一步分析，见表5－1－5。

表5－1－5 水平1各类练习题数量比较情况统计表

	已知底面半径、高，求圆柱体积	已知底面直径、高，求圆柱体积	已知底面面积、高，求圆柱体积
人教版	1	5	3
浙教版	1	7	1
苏教版	1	4	2
北师版	2	5	1
西师版	2	1	0
青岛版	3	5	0

从上表可见，各套教材的编者都倾向于学生对圆柱体积计算公式的灵活运用，既安排了直接根据底面面积和高求圆柱体积的练习题，又设计了给出圆柱底面的直径或半径和高求圆柱体积的练习题，将圆柱的体积计算公式进行拓展，以提高学生运用公式的灵活性。在巩固新知的同时，也进一步巩固了圆面积的计算方法。

在水平 3 及水平 4 的题目中，一般依据这样几条路径进行拓展。①将圆柱进行切或拼，关注表面积的增加或减少，从而得到底面积，再得出圆柱的体积。②将不规则物体放入圆柱形的水桶内，关注水面上升的高度，从而将不规则物体的体积转化为圆柱的体积。③多个圆柱等底或等高，然后感悟当底面积一定时，圆柱的体积和高呈正比，当高一定时，圆柱的体积与底面积呈正比。④求空心圆柱的体积。⑤等底等高的圆柱和长方体之间的关系等。这样的练习对提高学生的思维能力很有帮助，有较大的思考价值。

5.1.2　各版本教材比较给我们的启示

> **思考**
>
> 前文中介绍了不同版本教材的编排，你怎样理解这些编排上的异同？对你教学"圆柱的体积"一课有什么帮助？

▷ **如何突出知识的系统性与联系性？**

数学知识呈现一个螺旋上升的过程，知识与知识之间都存在着联系，数学思想方法也存在着共性。几套教材在编排"圆柱的体积"这一内容时，都非常重视数学知识之间的联系性和系统性。将圆的面积公式推导过程与圆柱的体积公式推导过程联系在了一起，将圆柱转化为体积相等的长方体，体现了数学知识之间的联系与转化，体现了数学的内在结构性。因此，当教学"圆柱的体积"时，应十分重视激活学生已有的经验，让学生自然而然地想到圆面积公式推导过程的思路可以用于圆柱体积公式的推导过程，由面及体，使学生理解和掌握数学概念间的彼此关联，认识数学概念的形成和发展过程。

▷ **如何突出活动经验的积累？**

2011 版课标中明确指出："数学活动经验的积累是提高学生数学素养的重要标志。帮助学生积累数学活动经验是数学教学的重要目标，是学生不断经历、体验各种数学活动过程。数学活动经验需要在'做'的过程和

'思考'的过程中积淀，是在数学学习活动过程中逐步积累的。"只有充分经历数学活动，才可能积累丰富的数学活动经验。从各套教材的编排来看，都创设了数学活动的环节，通过思考、操作、交流，引导学生发现圆柱与等体积的长方体之间的关系。因此，在教学时，不能限制学生的思考能力，允许有多种探究路径出现，让每个学生都经历探究验证的过程，自主探索圆柱体积的计算公式，切忌教师演示（或学生演示），让学生实实在在地进行观察、实验、猜测、验证、推理与交流等数学活动。这样的活动有助于学生理解所学的知识，能够提高学生从事数学活动的能力，有助于数学活动经验的积累。

▷ **如何培养学生的应用意识？**

2011 版课标中指出："应用意识有两个方面的含义，一方面有意识利用数学的概念、原理和方法解释现实生活中的现象，解决现实生活中的问题；另一方面，认识到现实生活中蕴含着大量与数量和图形有关的问题，这些问题可以抽象成数学问题，用数学的方法予以解决。在整个数学教育的过程中都应该培养学生的应用意识，综合实践活动是培养应用意识很好的载体。"从几套教材对"圆柱的体积"的编排来看，都非常关注对学生数学应用意识的培养，关注数学与现实的联系，引入生活化、情境化的现实素材，让学生体验"圆柱的体积计算公式"在实际生活中的应用价值。在教学时，无论是引入环节还是练习环节，都要有意识地安排与现实有联系的问题情境，让学生感受到数学来源于生活、应用于生活。

5.2 学情研究

"圆柱的体积"中的学情研究，主要包含以下几个方面的内容：一是弄清学生学习"圆柱的体积"的起点；二是要弄清学生在"圆柱的体积"学习过程中可能会遇到的困难；三是要研究学生在学习"圆柱的体积"后对知识与能力的掌握情况。这些方面的清晰化，对教师教学"圆柱的体积"可能会有一定的启迪。

5.2.1　学生学习起点分析

学生在学习"圆柱的体积"之前，对圆柱的体积有哪些了解？有多少学生觉得圆柱的体积会与底面积和高有关系？又会觉得有怎样的关系？对这些问题，作为教师并不是十分清楚。为此，我们设计了"圆柱的体积"前测试卷（见附录7），对76名六年级的学生进行了测试，希望通过对测试结果的分析，能给教师了解学生已有的知识经验与学习需求，更好地进行教学设计提供一些参考。

▷ **测试的问题是怎样的？**

①测试的问题

本测试从圆面积计算公式推导过程、与圆柱体积相关的因素、圆柱体积的计算公式以及对公式的理解、应用等方面进行调查，了解学生对圆柱体积已有的学习基础。

②测试的对象

按照现行的小学数学教材，六年级的学生已经学习了圆面积计算公式、长方体和立方体的体积，对立体图形的体积已经有了一定的了解，但还没有学习到圆柱的体积这一内容。因此，选取了使用浙教版教材的76名六年级学生进行测试，76人均为城市学生。

▷ **测试结果如何？**

> **思 考**
>
> 你觉得有多少六年级的学生能正确回忆圆面积计算公式的推导过程？会超过50%吗？

（1）学生对于圆面积计算公式推导过程理解如何？

在前测中有这样一个问题，圆面积计算公式为：$S = \pi r^2$。请你回忆一下我们是怎样推导圆面积计算公式的？学生回答的情况见表5-2-1。

表 5 - 2 - 1　六年级学生回忆圆面积公式推导过程情况统计表

转化成的图形	能正确回忆推导过程				不能回忆推导过程或推导过程错误
	平行四边形	长方形	梯形	三角形	
人数	15	13	10	7	31
所占比例(%)	19.7	17.1	13.2	9.2	40.8

　　从上面的统计数据可以看出，有 59.2% 的同学能够准确地进行再现推导的过程，说明他们已经理解了圆面积计算公式的推导过程，对转化的思想掌握得较好。同时，他们转化的路径也没有受到限制，出现了多种方式，说明这些学生对转化思想的运用是比较灵活的，而且从学生的表述可以看出，大部分的学生已经将转化的知识进行了内化。

　　19.7% 的学生将圆转化为平行四边形（见图 5 - 2 - 1）。

　　1. 圆面积公式为：$S=\pi r^2$。请你回忆一下我们是怎么推导出圆面积公式的？

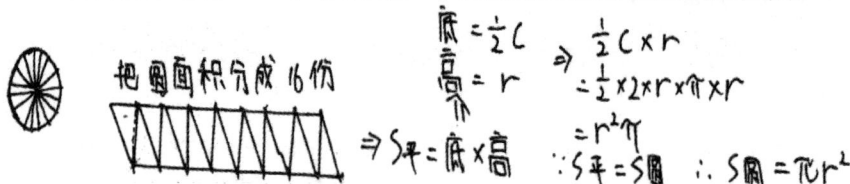

图 5 - 2 - 1

　　17.1% 的学生将圆转化为长方形（见图 5 - 2 - 2）。

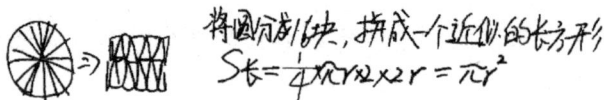

图 5 - 2 - 2

　　13.2% 的学生将圆转化为梯形（见图 5 - 2 - 3）。

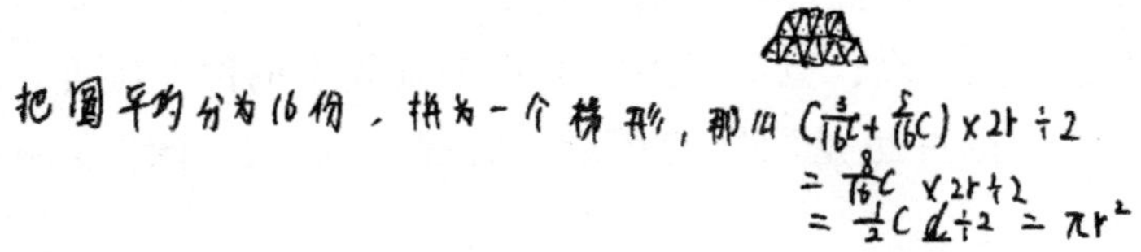

把圆平均分为16份，拼为一个梯形，那么 $(\frac{1}{16}C + \frac{1}{16}C) \times 2r \div 2$
$= \frac{2}{16}C \times 2r \div 2$
$= \frac{1}{2}Cd \div 2 = \pi r^2$

图 5 - 2 - 3

9.2% 的学生将圆转化为三角形（见图 5 - 2 - 4）。

1. 圆面积公式为：$S=\pi r^2$。请你回忆一下我们是怎么推导出圆面积公式的?

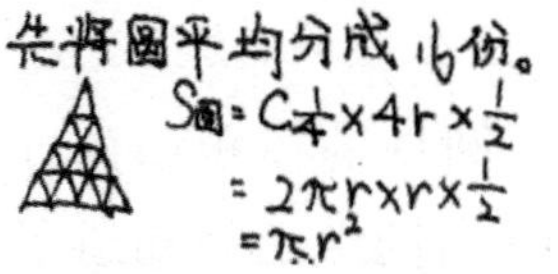

先将圆平均分成16份。
$S_{圆} = \frac{C}{4} \times 4r \times \frac{1}{2}$
$= 2\pi r \times r \times \frac{1}{2}$
$= \pi r^2$

图 5 - 2 - 4

但还有 40.8% 的学生不能再现推导过程，可能是有的学生在学习圆面积的时候就没有理解，或者是隔了一段时间后遗忘了。由此可以看出，在学习圆柱的体积之前学生的知识储备存在着很大的差异，教师需要关注这些差异，为每个学生提供合适的学习机会。

（2）学生觉得圆柱体积的大小跟什么有关系?

从前期调查来看，参加测试的 76 名学生对这个问题的回答，可以分成 4 类情况，一类是跟底面积和高有关，一类是跟半径或直径及高有关，一类是只跟高有关，最后一类是不知道跟什么有关。具体的人数见表 5 - 2 - 2：

表 5 - 2 - 2　六年级学生判断跟圆柱体积相关因素情况统计表

相关因素	底面积、高	半径（直径）、高	高	不知道
人数	50	13	6	7
所占比例（%）	65.8	17.1	7.9	9.2

由上面的数据可以发现，大部分学生已经知道了决定圆柱体积大小的因素是底面积和高，而写半径（直径）和高的同学也同样理解了这个问题，因为底面积的大小是由半径（直径）决定的。说明之前学习的长方体和立方体的体积知识，对于学习圆柱体积是有帮助的。在学习长方体和立方体

的体积计算时，学生已经能够感悟到一个立体图形的大小，是由三个维度刻画的，即长、宽、高，也可以用底面积刻画其中的两个维度，用高来刻画另一个维度。圆柱也是同样的道理，底面积及高三个维度决定了它的体积。

（3）学生对圆柱体积的计算公式了解如何？

> **思考**
>
> 你觉得有多少六年级的学生在学习新课之前就已经知道了圆柱的体积计算公式？又有多少人能阐述这样计算的理由？

前测卷中有这样一个问题："你是否知道圆柱的体积如何计算？如果知道请写出计算公式。"经统计发现，有 46 名同学已经知道了计算公式并且能正确写出，占测试人数的 60.5%，学生写的计算公式有两类：$V = \pi r^2 \times h$ 或 $V = Sh$。说明大部分学生在学习圆柱体积计算之前已经通过各种途径知道了计算公式。

但这些学生是否都理解圆柱的体积为什么可以这样计算呢？前测卷上又有这样一个问题："请用自己的语言来解释一下圆柱的体积为什么可以这样计算？"

经过整理发现，有 32 人能按照自己的想法说出合理的理由，占测试人数的 42.1%，理由又可以分成以下三种：

①通过长方体的体积公式来类比推理。

有 7 人是通过这样的形式来写的，占参加测试人数的 9.2%，具体表述如图 5 - 2 - 5 所示。

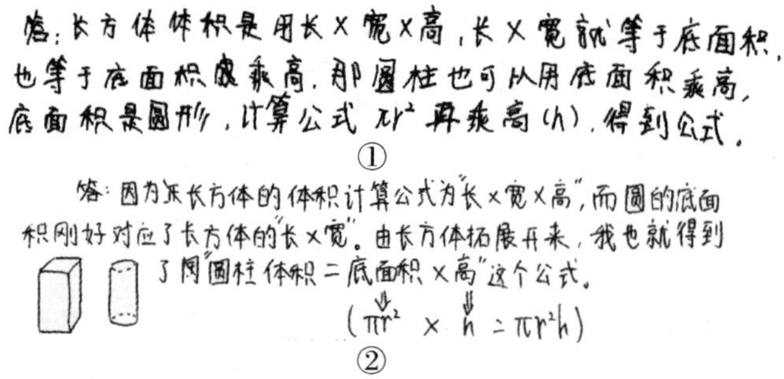

图 5 - 2 - 5

②通过直柱体的特点来进行合情推理。

有23人从这样的角度来写，占测试人数的30.5%，具体表述如图5 -
2 - 6 所示：

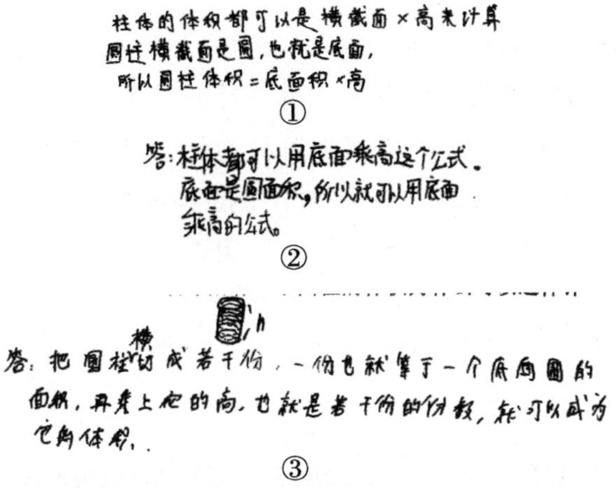

图 5 - 2 - 6

③通过切割拼合成长方体来进行推导。

有2人通过这样的方式来推导，占测试人数的2.6%，具体表述如图
5 - 2 - 7所示：

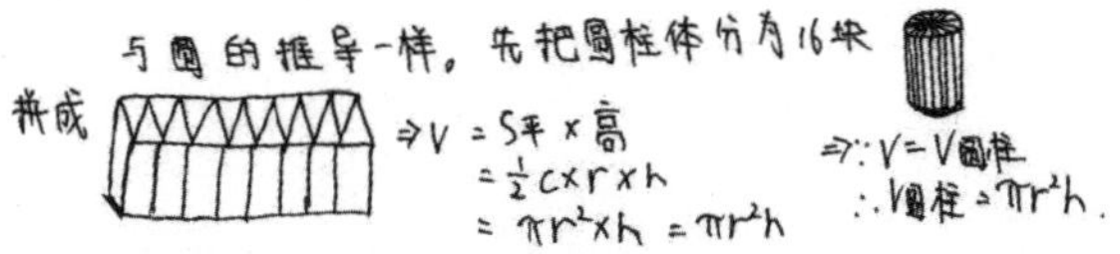

图 5 - 2 - 7

根据上面的统计情况可以发现，关于圆柱体积计算公式是怎样想到的，
学生最容易从直柱体的特点以及之前学习的长方体体积公式得到，这是在
多次计算长方体和正方体这些直柱体体积后得到的经验，而且学生对每个
截面都相等这样的柱体已经有了一定的感性认识，所以就自然而然地想到
了底面积乘高这样的计算方法。而教材上指导的方法（将圆柱切割成多个
截面为扇形的小块，然后根据圆面积计算公式的推导方法，通过拼合成长
方体，再根据长方体的体积公式进行推导）是学生很难想到的。很显然前
面两种方法是合情推理，而最后一种方法是演绎推理，从统计数据可以看

出学生更加能够接受合情推理，因为思考比较直接和简单，只要类比就可以了。而演绎推理虽然非常严密，但学生却很难想到。

5.2.2 学生学习后的掌握情况分析

从前期的调查来看，大部分学生在学习"圆柱的体积"之前，已经大致知道了圆柱的体积跟什么有关，有一部分学生已经知道了圆柱的体积计算公式，而且能够用自己的语言来解释为什么可以这样计算。那么，在学习了"圆柱的体积"之后，有多少学生能够理解圆柱体积的计算方法？对于一个圆柱，能正确求出它的体积吗？能否灵活应用公式解决有关圆柱体积的问题？为了更好地了解学生的掌握情况，我们对六年级 76 名学生在学习完"圆柱的体积"一课后进行了后测（见附录 7），具体情况见表 5 - 2 - 3。

表 5 - 2 - 3 "圆柱的体积"后测情况分析表

题　　目	测查内容	正确人数	正确率（%）	主要错误
请写出圆柱体积计算公式?	对圆柱体积计算公式的记忆	76	100	
用自己的语言来写一写圆柱的体积为什么可以这样计算?	对圆柱体积公式的理解	37（分割拼合成长方体推导）	48.7	不知道怎么说明
		31（用直柱体的特征解释）	40.8	
计算下面这个圆柱的体积。（单位：厘米）	圆柱体积公式的直接应用	74	97.4	2 人计算错

题　目	测查内容	正确人数	正确率（%）	主要错误
已知一个圆柱的底面周长为31.4厘米，高12厘米，这个圆柱的体积是多少立方厘米？	体积公式中其中一条件未直接告知	63	82.9	8人直接用周长×高，5人计算错误
如图所示，这个物体的体积是多少立方分米？ 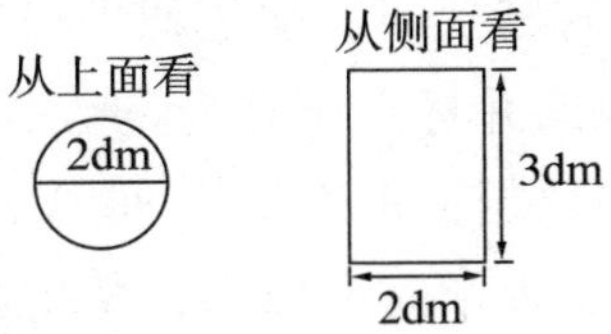 从上面看　从侧面看 2dm　3dm　2dm	灵活判断圆柱各部分的数据来计算体积	61	80.3	11人不能正确找到底面直径和高，4人计算错误
两个底面积相等的圆柱，一个高为4.5分米，体积81立方分米；另一个圆柱高为3分米，体积是多少立方分米？	两个关联圆柱之间的关系	58［其中算出底面积再算体积的有41人，直接用高的比（倍数关系）求体积的有17人］	76.3	16人没有找到解决方法，2人计算错误
如图：一个塑料薄膜覆盖的蔬菜大棚，长15米，横截面是一个半径2米的半圆，大棚内的空间约有多少立方米？ 	变式圆柱的体积计算	49	64.5	不知道如何解答

> **哪些知识学生掌握得较好？**

　　从后测情况来看，学生对圆柱的体积计算公式掌握得较好，100%的学生都能再现圆柱的体积公式，且有89.5%的学生能用合理的方法解释圆柱的体积公式。大部分学生对简单的求圆柱的体积没有困难，能正确计算圆柱的体积，对于一般的问题正确率都能达到 80% 以上。看来，当明确圆柱体积公式后，求圆柱的体积不再是一件难事。

▷ **学生的主要错误是什么？**

虽然理解圆柱的体积计算公式对学生来说并不是一件难事，但从后测中还是发现了一些问题。

（1）不能灵活判断相应的数据

从后测来看，当给出一个立体图形并标上所需条件的数据后，学生计算圆柱体积的正确率是非常高的。但当呈现的形式转变时，学生就出现了困难。比如后测中给出的是圆柱的侧视图和俯视图并标上了相应的数据，这时候就有一部分学生不能灵活找到所需条件的数据，正确率为 80.3%，说明学生对于平面与立体之间的转化能力还不强。教学时可以多让学生熟悉圆柱的三视图及展开图，培养空间观念。

（2）无法对已知信息进行加工处理

从后测中发现，当有的条件不是直接给出，而是需要将已知信息进行加工时，有一部分学生不知该如何解答，甚至出现了直接用所给的底面周长乘高的方法。在后期访谈中，有一部分学生确实是没有仔细读题而发生错误，还有一部分学生则是不会将底面周长转化为底面半径，说明他们对圆柱的体积计算公式的理解还处于形式模仿阶段，无法从间接条件中获取所需的信息。

（3）小数乘除法不够熟练

后测中呈现的另一主要错误就是计算错误。从后期访谈中发现，出现计算错误的学生，有的学生是因为不熟悉 3.14 乘一个数的结果而导致错误，有的学生是没有打草稿而出现错误，也有一部分学生一开始就用 3.14 来代替圆周率参与运算，导致计算变复杂而出错。教学时可以让学生先用 π 参与运算，在最后一步再用 3.14 参与运算。

▷ **存在的最大困难是什么？**

从后测情况来看，学生学完"圆柱的体积"后，最大的困难是对关联的圆柱体积之间关系的把握以及解决一些变式柱体的体积计算。如后测中的第 6 题，只有一小部分学生考虑到了等底的圆柱之间，高的倍数关系就是圆柱体积的倍数关系，没有整体地去思考两个圆柱之间的联系。再如后测中的第 7 题，是求半个圆柱的体积，有 35.5% 的学生没有找到解决的方法，说明思考问题还不够灵活，还没有完全理解"底面积乘高"可以统领所有直柱体的体积计算。可见，对一部分学生而言，尽管刚学完圆柱的体积，但思维的深度与广度还不够，还不能灵活收集信息解决问题，需要通过后续的练习加以提高。

5.2.3　学情研究给我们的启示

▷ **如何把握好学生原有的认知起点？**

　　学生在学习一个新的数学知识前都不是一张白纸，前期的数学知识和经验对学习会产生很大的影响。从前测中我们不难发现，圆面积公式的推导方法，以及长方体、立方体等一些直柱体体积的计算方法对学生研究圆柱的体积有一定的帮助。而且学生往往是通过以往的计算长方体或正方体体积以及截面相同的一些直柱体的体积的经验来合情推理出圆柱的体积可以用"底面积乘高"计算，而利用圆面积的推导方法进行类似的推导学生是很难想到的。因此，在教学圆柱体积时，可以让学生体会先猜测再验证的研究方法，让学生充分经历知识产生的过程，进行真实探究。可以先出示一个圆柱，让学生猜测体积可能与什么有关，然后给出相应的数据，让学生进行计算。再让学生说一说根据什么方法计算体积？为什么这样计算？然后让学生自己进行解释，可以从直柱体的特征来进行类比推理，揭示圆柱体积与其他立体图形体积计算方法的潜在关系；也可以用将圆柱分割拼合成长方体，然后根据长方体的体积计算公式进行推导。

▷ **如何把握探究公式与公式结果之间的关系？**

　　思 考

　　圆柱的体积计算公式是一个结果，推导公式是一个过程，你觉得过程与结果之间孰轻孰重？它们之间的关系又如何？

　　2011 版课标提出："课程内容的组织要重视过程，处理好过程与结果的关系。"其实，在数学教育领域，很早就有这样的观点，斯托利亚尔在《数学教育学》中指出："数学教学与其说是数学活动结果的教学，不如说是数学活动的教学。"这里的活动就是指最终得到数学结论的数学活动过程。通过这样一个过程，学生不仅能获得知识与技能，而且能体会感悟到这些知识技能背后更为本质的东西——知识的产生与发展，以及数学的思想、方法，积累起一定的数学活动经验。同时，通过这一过程也可以使学生掌握一定的学习方法，养成良好的学习习惯，从整体上促进自己数学素养的提高。过程本身就成为数学课程的目标，而不是达到知识技能目标的辅助性手段。当然在强调过程的同时，也不应形成忽视结果的倾向。在课程内容的组织上，要注意过程与结果的有机关联，还要根据素材的具体情况、学生的实际状况以及对课时的有效利用，处理好过程的历时性、节奏性、阶段性与结果的关系。

圆柱的体积计算公式是小学阶段非常重要的一个公式。从前测来看，被调查的学生中，有 60.5% 的学生已经知道了圆柱的体积公式，有 42.1% 的学生能够比较合理地解释公式的由来。可见，在教学"圆柱的体积"过程中，不仅要重视公式的记忆与应用，更要重视公式推导的过程，要保护好学生原有的学习经验，让这些学习经验在探索圆柱的体积公式时发挥作用。让学生的一些猜测和想法推动课堂的进程，使学生主动地、积极地参与到探究过程中。探究的方法：可以运用圆柱分割拼合后变成长方体来推导，也可以用直柱体的特征进行推理，两种方法可以并存，让学生从不同的角度理解圆柱的体积公式，从而为后续学习打下更为扎实的基础。

▷ **公式应用该如何展开？**

数学学习必须通过解决问题去巩固和理解知识，当学生已经通过探究活动得出公式之后，如何运用公式进而巩固和提升所学知识，就显得十分重要。在后测中发现，当所给信息稍为复杂时，学生往往不会发现信息的内在联系。因此，巩固应用时可以考虑问题的层次性与灵活性。

在设计题目时，要体现层次变化，从易到难，形成梯度，照顾不同层次的学生，让不同层次的学生都有体会成功的机会，同时要在变与不变中体会知识的真谛。比如，求一个圆柱的体积，可以从已知底面积、高，逐步变化成已知底面半径和高，已知底面直径和高，已知底面周长和高，在变中突出不变，巩固圆柱的体积计算公式。也可以从求圆柱的体积，拓展到求半圆柱形的体积，求空心圆柱体积等，在拓展中让学生更好地理解体积计算公式，增强数学的概括和理解能力。可以设计一题多解的练习，如针对后测中第 6 题的不同解题方法，可以引导学生进行比较，更喜欢哪种方法？为什么？从这题的解题过程中能得到怎样的启示？通过这样的反思，找到解决问题的最佳路径，提升对知识的灵活应用能力。

5.3 教学设计研究

已经研究过"圆柱的体积"这节课的人比较多，在各种小学数学教学的杂志上都可以见到有关"圆柱的体积"教学设计的文章。我们通读了 30 多篇教学设计后，发现大同小异的教学设计很多，有个性的"圆柱的体积"教学设计并不多，这里选择了部分教学设计或文章作为代表进行综述。

5.3.1 教学目标综述

> **思 考**
>
> 1. 你认为，不同历史阶段"圆柱的体积"教学目标会有不同吗？哪些目标应该是一成不变的？哪些会具有时代特征？
> 2. 如果你来设计本节课，你将如何阐述你的教学目标？

▷ **教学目标一致吗？**

要对"圆柱的体积"进行教学设计，首先要明确这节课的教学目标，目标是课堂教学的灵魂。从理论上说，每一节课都有着自己独一无二的教学目标。"圆柱的体积"的教学目标是什么？不同的历史阶段对"圆柱的体积"确定的教学目标是否会有变化呢？我们把教学设计根据时间分成两部分，把这一轮课程改革开始实施的时间 2001 年作为节点，也就是一部分是 2001 年以前的教学设计，另一部分是以后的。

（1）2001 年以前的教学目标一般如何阐述？

请你先来看一看 20 世纪 80 年代、90 年代初和 90 年代末的三个教学目标，然后再来分析它们的特点与变化。

20 世纪 80 年代有人（胡桂武，1987）这样叙述他的教学目标：

【教学目标 1】

使学生理解和掌握圆柱体积的计算公式，并能运用公式去计算圆柱的体积。

20 世纪 90 年代初有人（董建英，1992）又是这样叙述的：

【教学目标 2】

①记住并理解圆柱体积计算公式。

②会计算圆柱体积。

③在推导圆柱体积公式过程中，培养学生初步的逻辑思维能力和空间观念。

④培养学生认真分析、细心计算的良好习惯。

20 世纪 90 年代末则有这样的阐述（蔚永生，1998）：

【教学目标 3】

①使学生学会推导圆柱的体积公式。

②能记住公式并会应用公式进行计算。

③在公式的推导过程中，发展学生的观察能力和分析、综合、归纳推理能力。

④培养学生的转化思想，渗透辩证法及极限的思想。

思 考

阅读了以上三位教师制定的教学目标，你发现了什么异同？

从上面三个教学目标的阐述中，我们可以看到，三位教师都非常重视让学生理解并掌握圆柱体积的计算公式，也强调要记住公式并会应用公式进行计算。但胡桂武（1987）老师制定的教学目标比较单一，只是单纯地停留在知识技能层面。董建英（1992）老师关注推导圆柱体积公式的过程，并通过这个过程培养学生相应的数学能力，并且强调培养学生的学习习惯。蔚永生（1998）老师则更关注数学能力的培养以及数学思想方面的渗透。通过比较发现，这三个教学目标跨度 10 多年，但都非常重视"加强双基，培养能力"。在 20 世纪 90 年代末新课改前的教学目标很明显试图在思想方法上有所渗透、

有所突破，但辩证法及极限的思想在这节课中学生是比较难体会的。

（2）课改后教学目标如何阐述？

我们再来看这一轮课程改革以来，即自实验稿课标以来，对"圆柱的体积"的教学目标是怎样表达的？

在21世纪初期，有人（石顺宽，2005）这样阐述本课的教学目标：

【教学目标1】

①向学生渗透联系和转化的思想，并养成认真仔细的审题习惯。

②使学生理解和掌握圆柱体积公式的推导过程，掌握求圆柱体积的计算公式，并能运用公式计算圆柱的体积，解决有关实际问题。

③进一步培养学生的空间观念。

两年后，来自佳木斯的研究团队（董妍妍 等，2007）这样阐述：

【教学目标2】

①结合实际，让学生探索并掌握圆柱体积的计算方法，并能运用计算公式解决简单的实际问题。

②让学生经历观察、猜想、验证等数学活动过程，培养学生探究推理能力，体验数学研究的方法。

③通过圆柱体积计算公式的推导、运用的过程，体验数学问题的探索性和挑战性，感受数学思考过程的条理性和数学结论的确定性，获得成功的喜悦。

近年，又有人（赵龙标，2011）这样阐述：

【教学目标3】

①学生经历观察、猜想、操作、验证、交流和归纳等数学活动的过程，探索并掌握圆柱的体积计算公式。

②学生在自主探索活动中，初步学会应用公式计算圆柱的体积，并解决相关的简单实际问题。

③学生通过本课学习，发展空间观念和初步的推理能力。

我们观察这三个教学目标的阐述，发现跟课改前发生了明显的变化。主要体现在注重基础知识、基本技能的同时，也有意识地关注了基本活动经验和基本思想方法，提出了"让学生经历观察、猜想、验证等数学活动过程，培养学生探究推理能力，体验数学研究的方法"以及"学生经历观察、猜想、操作、验证、交流和归纳等数学活动的过程"等教学目标。从这些表述中我们可以发现，教师在关注学生掌握圆柱体积公式这一知识点的同时，更加强调了学习过程中数学活动的价值，这些观点被教师广泛认同，为教师确定本课的教学目标提供了范例。

5.3.2　教学过程综述

教学过程是"圆柱的体积"教学设计中的重要内容，这里将根据"圆柱的体积"的教学流程与主要知识点的发生过程加以综述。

▷ **如何教学引入环节？**

> **思　考**
>
> 1. 日常的教学中，你会关注引入环节设计吗？
> 2. 引入一般可以分为哪几种方式？每种方式都各自有什么特点？

"圆柱的体积"这节课有多种不同的引入方式，归纳起来主要有以下几种。

（1）复习引入

这种引入比较普遍，一般会复习这几个方面的内容：①什么是体积？②长方体和立方体的体积计算方法。③复习圆面积公式的推导方法。④圆柱的侧面积计算方法。不同的教师会选择不同的复习内容，但长方体和正方体的体积公式是一定会复习到的内容。例如吴雷霞（2011）老师执教这节课时就采用了这种引入方法。

【教学片段】

唤醒经验，铺垫引入。

回顾：体积的概念及长（正）方体体积的计算方法。

师：什么是物体的体积？你们学过哪些物体的体积，怎么计算？

板书：长（正）方体的体积＝长（棱长）×宽（棱长）×高（棱长）

$$＝底面积×高$$

认知心理学研究表明：一切新的学习都是在原有学习的根基上产生的，新的知识总是通过与学生原有认知结构中的相关知识相互联系、互相作用后获得意义。课的一开始复习一些跟新知有关的旧知，目的是激活学生原有认知结构中的相关旧知，为后续圆柱体积的学习做好准备。至于需要复习哪些旧知，可以根据学生的不同情况而选择不同的内容。

（2）猜测引入

这种引入方式一般是教师先提出一个问题，如："你认为圆柱的体积可能跟什么有关？"以及进一步问："圆柱的体积可能怎样计算？"学生通过猜测，表述自己的想法，在表述想法的过程中激起探究正知的欲望，为后续的探究圆柱的体积公式提供内在驱动。这种引入方式非常简洁，而且直接切入正题，课堂上就会有更多的时间投入探究圆柱体积的过程。但因为这样的方式比较直接，而且时间比较短，所以可能参与讨论的面太窄，从而导致有一部分学生没有兴趣进一步探究圆柱的体积计算公式。

（3）情境引入

这种引入方式较为普遍，就是以生活中的一个现象为载体，引发学生思考，然后引出跟圆柱体积有关的问题，从而切入到如何求圆柱体积的问题。不同教师采用的情境有所差异。

有老师（尹丽燕，2012）是以水倒入烧杯为情境引入的。

【教学片段】

①创设情境，让学生感知圆柱体积的概念

教师拿出一个装了半杯水的烧杯，再拿出一个圆柱形的物体，准备投入烧杯中。

师：同学们想一想会发生什么情况？（教师将圆柱形的物体投入烧杯中）请仔细观察后，说一说你有什么发现？（上升的水的体积和圆柱的体积是相等的）

②揭示课题

有老师（王彩凤，2011）以购买冰激凌为情境引入。

【教学片段】

创设情境，导入新课

师：今天的数学课，老师给你们讲一个童话故事，想听吗？

生：想听。

师：（课件展示）夏日的一天，小熊欢欢路过冰激凌店，看到了诱人的冰激凌，想买一根解解渴，它走进店里一看，冰激凌有的是圆柱形的，1.2元钱一根，有的是长方体的，1元钱一根，买哪种的划算呢？欢欢为难了。同学们，你们能帮助欢欢出主意吗？

生：买圆柱形的划算，因为圆柱形的大。

生：买长方体的划算，因为长方体的便宜。

师：究竟买哪种的划算呢？今天学习了圆柱的体积就能得到正确的答案。

也有老师（陈杰平，2011）用实际生活中的热水器为原型引入。

【教学片段】

创设情境，引入课题。

师：生活中有哪些物体的形状是圆柱形的？

生：（争相回答）茶叶盒！杯子！……

师：请看屏幕。（出示太阳能）这是什么？

生：（众）太阳能。

师：谁能向大家简单介绍一下这款太阳能的构造？

生：（边指边说）管子（师补充：真空集热管）、贮水桶、支架。

师：在这些构造中，能找到圆柱吗？

生：真空集热管和贮水桶都是圆柱。

师：谁能根据这款太阳能提出一个数学问题呢？

生：它能装多少水？

师：好，就让我们一起来探讨这个问题。（屏幕出示：这款太阳能最多能装多少升水？）这个问题实际上就是求圆柱形太阳能贮水桶的什么？

生：（众）容积。

师：什么是容积？

生：容器所能容纳物体的体积，叫作它的容积。

师：如果贮水桶的壁厚忽略不计，它的容积可以看成是这个贮水桶的什么？

生：（众）体积。

师：今天这节课我们就一起来探讨。

（板书：圆柱的体积）

以实际情境引出圆柱的体积，一方面考虑到了数学是来源于生活又应用于生活的，另一方面也容易激发学生的学习兴趣。但是在利用实际情境的时候，也要考虑到情境是否被学生熟知、学生是否会感兴趣等问题。

以上引入方式各有各的特点，如何确定课的引入不但与教学目标相关，而且还与后续的教学过程如何安排紧密相关，我们应该根据自己课的特点，确定课的引入。

▷ **如何展开探究环节?**

在"圆柱的体积"中，探究圆柱体积公式是一个非常重要的环节，只有学生正确理解了圆柱的体积公式，才能更好地运用圆柱体积公式解决问题。如何让学生真实地探究圆柱体积公式呢？主要有以下几种方式。

（1）自学探究过程再操作验证

有教师会在这一环节安排自学课本，然后根据课本上的提示和表述，再让学生进行思考、操作、推导。如吴正宪（1999）老师就采用了这种处理方式：

【教学过程】

迁移类推，推导公式。

1. 建立圆柱体积概念

出示两个大小不同的圆柱并提问：

（1）什么叫圆柱体积？

（2）这两个圆柱哪个体积比较大？（一目了然）

（3）大圆柱体积比小圆柱体积大多少？（学生茫然）

要想比较两个圆柱体积的大小，必须分别求出它们的体积，怎样计算圆柱的体积？今天我们一起来研究。（板书课题）

2. 看书自学，初步感知

（1）圆柱怎样变成长方体？在形体转化中什么变了？什么始终没变？

（2）你能根据圆柱与长方体之间的联系，推导出计算圆柱的体积公式吗？

学生观察、思考、讨论。（略）

3. 学生实践，加深认识

学生亲自操作教具（学具），将圆柱转化为长方体，推导出圆柱的体积公式。

这种自学的方式，可以培养学生的自学能力，对于数学学习能力较强的学生是非常适合的。但如果学生不具备这种自学能力，可能看书之后只记住了一个公式而没有理解公式的由来，所以在这之后再安排操作和讨论是非常有必要的，这样可以让全体学生都能理解、掌握计算公式。这样的方式唯一的缺陷是：书上的探究过程比较单一，先看书自学往往会限制了学生的思路。

（2）借助多媒体课件探究公式

有的教师在探索活动中借助多媒体帮助学生理解推导的过程，然后再让学生进行操作，最后总结归纳出计算公式。如石顺宽（2005）老师就采用了这样的处理方式：

【教学过程】

探索新知

圆柱的底面是两个完全相同的圆，能不能像学习圆的面积那样把圆柱转化为我们曾经学过的某一种立体图形呢？说一说怎样切分圆柱？（学生思考）

①等分圆柱

课件演示通过圆柱的底面直径（半径）把圆柱底面平均分成若干份（16 等份），把圆柱的底面分成了 16 个相等的扇形，再沿着圆柱的高把圆柱切开，把圆柱等分成底面是扇形的 16 块。

②实验操作

现在以 4 人一小组为单位，用手中的圆柱（已等分为 16 份）动手拼一拼，看能拼成什么图形？（学生动手操作）

师：拼成了什么图形？生：拼成了一个近似的长方体。

③推导公式

利用多媒体演示推导过程可以帮助学生理解，更加形象、更加直观，但是如果单纯利用多媒体演示推导也有不足，学生的体验与想象可能会受到多媒体课件的限制，所以最好是让多媒体课件起辅助作用，帮助学生想象、巩固推导过程。

（3）利用学具探究公式

很多教师在教学中都会给学生提供圆柱体积推导的学具，引导学生利用学具进行拼合并思考圆柱的体积公式。喻菊（2011）老师就是采用了这种方式进行教学：

【教学过程】

圆柱体积公式的推导

1. 猜想圆柱体积的大小与圆柱底面积和高有关，假设圆柱体积计算方法。

2. 是不是也能把圆柱转化成我们已学的立体图形来计算体积？

3. 学生利用学具分小组实践操作，推导圆柱体积计算公式。

（1）对圆柱底面进行分割重组

步骤1：把圆柱的底面分成16份相等的扇形，并沿着圆柱底面的扇形和圆柱的高把圆柱切开。

步骤2：想一想，应该怎样把它拼成长方体？

（2）指导学生观察模具并思考

问题1：圆柱的底面被拼成了什么图形？（近似长方形）

问题2：整个圆柱被拼成了什么形状？（近似长方体）

（3）组织讨论，归纳圆柱的体积计算公式

把圆柱拼成近似的长方体后，什么变了？什么没变？（形状变了，体积没变）

长方体的底面积等于圆柱的哪一部分？高等于圆柱的哪一部分？（长方体的底面积等于圆柱的底面积，长方体的高就是圆柱的高）

结论：圆柱的体积＝底面积×高。

利用学具探究圆柱的体积计算公式，可以拓展学生的操作参与面，让每个孩子都经历了分割拼合的过程，对于学生积累活动经验、更好地理解公式都是有帮助的。但利用学具操作探究还是有一定的局限性，因为学具是已经分割好的，所以学生一看到学具，思路就会受到限制，对于学生的想象力、思考力和推理能力的培养会有一定的影响。所以出示学具的时机是非常重要的，一定要经过充分的讨论、思考后再下发学具是比较好的做法。

5.3.3 同课异构研究

你还记得吗？所谓"同课异构"就是指同一个课题、同一个教学内容，采用不同的课堂教学结构来教学。也就是每一个教学设计的内容都是"圆柱的体积"，但可能因不同的教学目标，采用不同的教学环节；或者相同的教学目标，采用不同的课堂教学环节。

"圆柱的体积"是一节计算公式新授课，一线教师在对"圆柱的体积"

一课进行教学设计时，都会将"经历探索圆柱体积计算公式的过程，理解并掌握计算公式"作为教学的重难点，那么对于如何突破这个重难点，不同的理解会有不同的设计。以下是几种"圆柱的体积"的不同教学设计，每一种设计都会有所侧重，强调或突出某一方面的教学目标。这些教学设计的个性比较明显。

▷ **如何从自学的角度进行设计？**

> **思考**
>
> 自学，有多种含义，可以是指的人吸收接纳事物的能力，也可以指一种状态，即在没有接受指导和教育的情况下掌握某种技能。阅读了这段话，你觉得从自学的角度可以如何设计"圆柱的体积"教学过程？

有的教师在进行教学时，以学生自学书本为主要学习方式，在阅读书本的基础上进行思考、讨论、交流，然后推导整理出圆柱的体积计算公式。2000 年以前的教学设计多采用这样的方式，以下为教学片段。①

（一）基本训练

1. 口算，求下列各圆的面积

$r = 3$ 米，$d = 8$ 分米，$C = 12.56$ 厘米

2. 什么叫作体积？

3. 求长方体的体积

（1）$a = 6$ 厘米，$b = 3$ 厘米，$h = 2$ 厘米。

（2）$S_底 = 28$ 平方厘米，$h = 4$ 厘米。

（二）导入新课

谈话引入：之前学习过计算长方体和正方体的体积，这节课要学会计算圆柱的体积。（板书：圆柱的体积）

（三）出示自学题

自学课本第 19 页有关部分，想一想：

①圆面积计算公式我们是用什么方法推导的？（割拼成近似长方形）

②圆柱体积计算公式可以用什么方法推导？（割拼成近似长方体）

---

① 整理摘录自：董建英. "圆柱体积"教学设计［J］. 云南教育，1992（3）。

③割拼后的长方体底面积与原来圆柱的哪一部分有关系？（底面积相等）割拼后的长方体的高与原来圆柱的哪一部分有关系？（高相等）

④怎样从长方体体积推导出圆柱体积？

（四）引导讨论

①抽两名同学上讲台演示：把圆柱割拼为长方体并说一说割补变形后的关系。

（能说出并演示：把圆柱体割补成长方体，这个长方体的底面就是原来圆柱的底面，它们大小相等；长方体的高就是原来圆柱的高）。

②讨论自学题3、4，进行概括，抽象出圆柱体积公式：

长方体体积 ＝ 长方体底面积 × 长方体高

圆柱体积 ＝ 圆柱体底面积 × 圆柱体高

用字母表示：$V_柱 = S_底 \times h$

③出示例1：一根圆柱形钢材，底面积是50平方厘米，高是2.1米。它的体积是多少？抽一名同学上台按下面顺序讲授，其余同学听后质疑。

已知 $S_底 = （\quad）$ 平方厘米，$h = （\quad）$ 米 $= （\quad）$ 厘米

求：$V_柱 = （\quad）$ 立方厘米

解：$V_柱 = Sh = $ _____

④质疑问难。

师生一起解决还存在的疑难问题：如"2.1米为什么化成210厘米？如果2.1米不变，50平方厘米应怎样变化？"（通过讨论，强调使用公式时，要统一计量单位）

（五）变式练习（略）

这样的教学设计带有明显"技能训练"的痕迹，自学一方面可以培养学生的自学能力，另一方面也为课堂教学节省了很多思考探究、展开讨论的时间，为后续运用公式、利用公式解决问题保证了时间。这样的设计对技能的训练是很有帮助的，学生能够在课堂上多次运用公式，加深对公式的记忆。但是这样自学加训练的方式，对学生的思维有所限制，学生独立思考的机会和时间太少，对公式的理解也可能只是流于形式，而且没有经历探究公式的过程，数学活动的经验积累不够，对学生学习能力的发展有制约。

▷ **如何从现代信息技术的角度进行设计？**

有教师在执教圆柱的体积这节课时，充分利用现代信息技术的优势，将公式推导过程通过信息技术充分展现出来，帮助学生思考和理解。以下为此类教学设计。[①]

一、复习旧知，搭桥引路

（一）实物展台显示

1. 填空

（1）物体所占空间的大小叫作物体的_____。

（2）容器所能容纳物体的体积叫作这个容器的_____或_____。

（3）长方体的容积是指_____。

2. 口述算式和结果

一个长方体的水箱，从里面量长是 8 分米，宽 6 分米，高 4 分米，它的容积是多少升？

（二）计算机动画显示

求下图长方体的体积（单位：厘米）

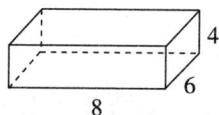

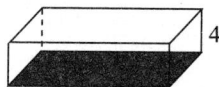

S = 48平方厘米

二、实际操作，探求新知

（一）设疑激思，导入新课

1. 提问讨论

（1）圆的面积公式是怎样推导的？谁能说一说它的推导过程？（根据学生回答，计算机动画演示圆面积计算公式的推导过程）

（2）能不能将圆柱转化成我们学过的立体图形，进而推导出圆柱体积的计算公式呢？

2. 板书课题：圆柱的体积

---

① 整理摘录自：胡国岚.“圆柱的体积”教学设计［J］.小学教学设计，2004（1）：44-45。

（二）引导观察，推导公式

1. 课件演示圆柱分—切—拼成近似长方体的动画过程，引导学生细心观察。

2. 学生操作：让学生动手将自己制作的橡皮泥圆柱，按分—切—拼程序拼成长方体。

3. 粘贴挂图：学生动手切割拼成近似长方体后，粘贴教学挂图提问：（PPT 显示）

（1）切割后拼成了一个近似于什么的形体？

（2）圆柱的体积与拼成后的长方体的体积有什么关系？

（3）这个长方体的底面积等于圆柱的什么？

（4）长方体的高与圆柱的高有什么关系？

启发学生思考后，边回答边在计算机上动画配音显示它们之间的关系，再点击鼠标依次动画演示推导过程。

4. 指导学生阅读教材第 36 页，并思考回答：要求圆柱的体积，必须知道哪些条件？

三、新知内化，形成技能

1. 教学第 36 页例 4：（屏幕显示）一个圆柱形的钢材，底面积是 50 平方厘米，高是 2.1 米，它的体积是多少？

（1）引导学生分析题意，找出解题思路。

（2）让全体学生试做，抽两名学生板演，教师巡视，个别辅导。

（3）提醒学生计算时要注意计量单位的统一，若遇到单位不统一的必须先统一计量单位，再列式计算。

（4）电脑显示计算过程和答案，让学生校对并用实物展台展出学生的作品。

2. 练一练：（屏幕显示）（略）

四、新课小结，加以强化（电脑动画显示）

1. 圆柱体积公式：$V = Sh$。

2. 求圆柱的体积关键要知道圆柱的底面积和高，如果底面积没有直接告诉，必须想办法先找出或求出圆柱底面的半径。

3. 求容器的容积就是求这个容器内部的体积。

五、反馈练习，巩固提高（略）

附：教学流程示意图

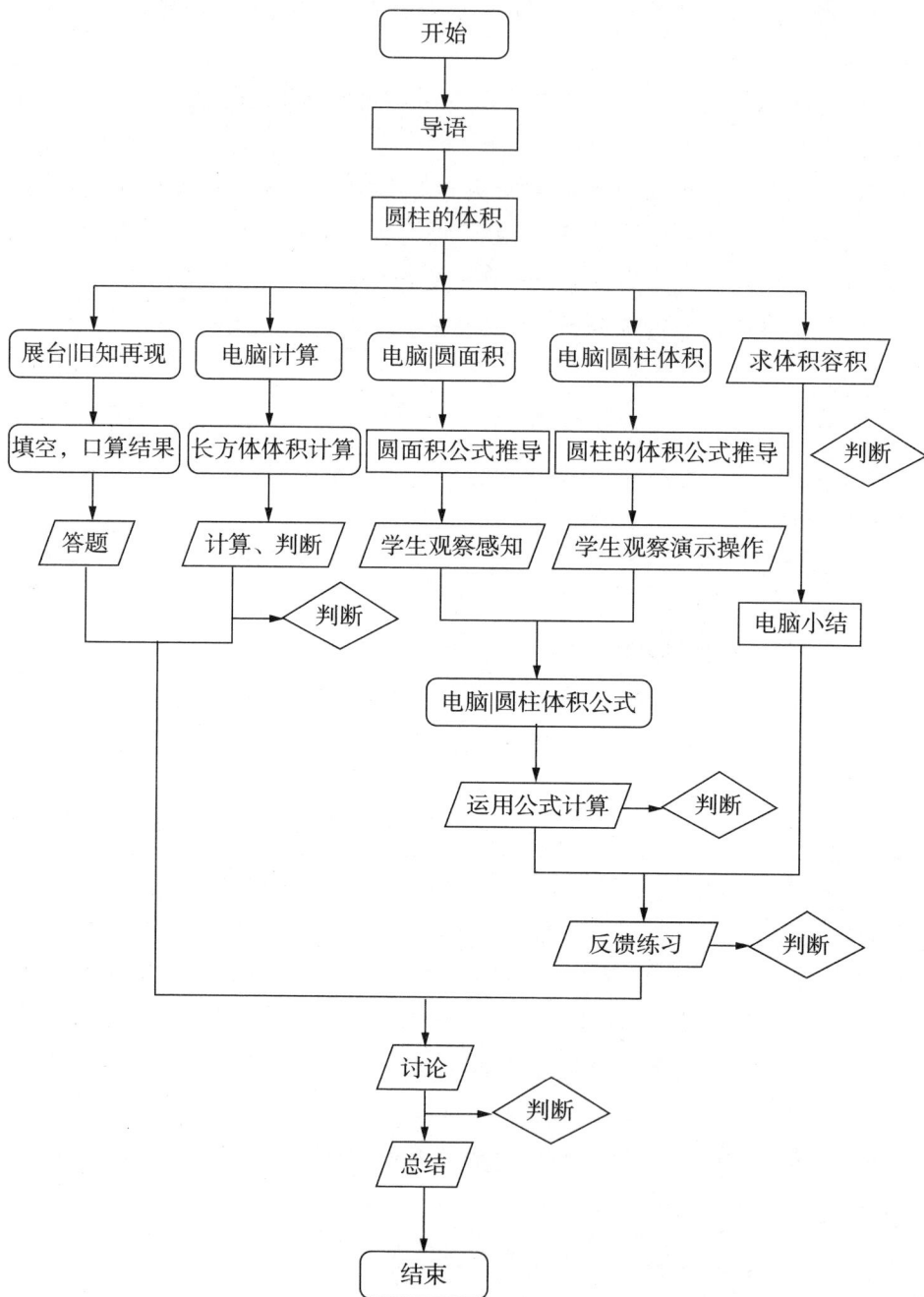

```
                          ┌─────────┐
                          │  开始   │
                          └────┬────┘
                               ↓
                          ┌─────────┐
                          │  导语   │
                          └────┬────┘
                               ↓
                          ┌──────────┐
                          │ 圆柱的体积 │
                          └────┬─────┘
```

开始 → 导语 → 圆柱的体积

展台|旧知再现 → 填空，口算结果 → 答题

电脑|计算 → 长方体体积计算 → 计算、判断 → 判断

电脑|圆面积 → 圆面积公式推导 → 学生观察感知 → 电脑|圆柱体积公式 → 运用公式计算 → 判断

电脑|圆柱体积 → 圆柱的体积公式推导 → 学生观察演示操作

求体积容积 → 判断 → 电脑小结

反馈练习 → 判断

讨论 → 判断

总结

结束

利用多媒体辅助教学优势相当明显，可以让学生清晰地看到每一步推导的过程，而且可以在过程中暂停并进行讲解，针对性非常强，往往达到的教学效果也非常好。利用多媒体可以有条理地展示教师的预设，同时也可以通过展台展示出学生的生成，令课堂进行有效互动，而且多媒体课件一般画面比较生动，容易吸引学生的注意力，提升学生的学习兴趣。但利用多媒体进行教学必须要明确，多媒体只是用来辅助教学的，而不是主导教学，如果多媒体主导教学的话，就会使课堂失去探究和思考的机会，变成看电影似的单纯接受，这样的话就会限制学生数学能力的发展，所以必须要注意何时使用多媒体、使用到什么程度比较适宜。

▷ **如何从学生自主探究的角度进行设计？**

有的教师在执教这节课时，将探究公式的过程充分展开，给予学生猜测公式、验证公式的时间，充分发挥学生学习的自主性，让学生充分体会合情推理及演绎推理两种不同的推理方式，对学生的学习起点进行有效探究。新课改后这样的教学方式普遍被教师采纳，以下为此类教学过程（吴雷霞，2011）。

（一）唤醒经验，铺垫引路

1. 回顾

体积的概念及长方体、正方体体积的计算方法。

2. 初探

决定圆柱体积大小的因素。

学生讨论，圆柱体积可能跟高有关；跟底面半径有关；跟底面积有关……引导学生想象圆柱随着这些因素的变化而引起体积的变化。

（二）激发需要，猜想验证

1. 大胆猜想，激活思维

长方体、正方体都有体积计算方法，圆柱体积会怎样计算？会不会也有方法？

学生大部分猜测：底面积×高。

教师提问：可能是底面积×高，有没有什么办法或者道理说明圆柱的体积计算就是底面积×高。

学生安静独立思考后，四人小组讨论。

交流汇报：

生1：长方体、正方体的体积都是底面积×高，所以圆柱的体积也可以是底面积×高。

生2：把这个圆柱想成很多很多个圆叠起来，圆的个数就是它的高，所以是圆面积×高。

生3：把这个圆柱看成很多很多条高装在圆柱里，下面的面积就是高的条数，所以是底面积×高。

2. 交流探讨，推理验证

师引导：是不是每一种办法都可行呢？先把圆柱看成有很多很多条高（闭上眼睛想象一下），有多少条高？

生：无数条。

生：底面积条高。

师：一条高的长度，再加上一条高的长度，最后无数条高的长度合起来就是圆柱的体积？（边讲边停顿，让学生有所思考）

学生质疑：高的长度×条数怎么就变成体积了呢？好像还是长度？

师概括：看来这样的想法是可行的，但要解释这个公式似乎还有点说不清楚。

师再引导：再来看这种想法，说可以把圆柱想象成有很多很多个圆，是这样的吗？（教师呈现实物）

师：这是一个圆吗？

生：不，还是圆柱。

师：那怎么办？

生：再切，切得很薄很薄。

师：很薄很薄就是圆了？

生：还是圆柱。

师：那怎么办？

生：可以把它像圆一样分成很多份，再拼成一个长方体。

师：你们想象一下，如果把这个很薄很薄的圆柱像圆那样分成很多很多份，再拼起来会是一个什么样的图形？（停顿）

生：很薄很薄的长方体。

师：如果这个圆柱切得稍微厚一点，拼起来的长方体呢？

生：也会变厚。

师：如果继续变高？

生：长方体也会变高。

师：如果圆柱就长得和这个圆柱一样高呢？

生：长方体也应该和这个圆柱一样高。

师：这样看来最终可以把这个圆柱变成长方体。这位同学刚才的猜想是有一定道理的。

3. 动手操作，实验求证

师：我们可以想象圆柱可以变成长方体，那么实际上行不行呢？试试看！

学生操作学具验证。

4. 对比观察，归纳公式

师：现在请你观察，圆柱和拼成后的长方体之间有什么关系？

学生交流后发现：圆柱的底面就是长方体的底面；圆柱的高就是长方体的高；长方体的宽就是圆柱底面的半径；长方体的长应该是圆周长的一半……

师：现在如果要求这个圆柱的体积，怎么办？

生：就是拼成后长方体的体积。

师：你会算这个长方体的体积吗？试着写写。

得到圆柱体积的计算公式：底面积×高，字母表示 $V = Sh = \pi r^2 h$

5. 练习

已知圆柱底面的半径为5厘米，高为10厘米，计算这个圆柱的体积。

(三) 沟通推理，延伸拓展

1. 提问：长（正）方体，圆柱的体积都可以用底面积乘高来计算，那么是不是所有的图形都能用底面积乘高来计算体积呢？怎样的图形才能用底面积乘高来计算体积？（预计学生：底面为平行四边形、三角形、五边形、五角星等）选择其中一种随机验证。

2. 呈现圆锥，你们认为它可以用底面积乘高来计算吗？说说你们的想法。

由此得到：只有上下一样粗细的立体图形才能用底面积乘高来算体积。

这样的教学是非常尊重学生原有认知基础的，把学生的真实想法通过猜测讨论的过程充分暴露，把一个一个底面叠加的想法以及一条一条高拼合的想法都进行展示，并且肯定了这些想法的合理性，但通过深入讨论又发现这样的想法按照现在所学的知识又不太能证明清楚，在这个过程中其实是让学生体会到了合情推理的优越性及局限性。进而再思考可以通过分割拼合成长方体的方法进一步证明公式是成立的，而且最后统一了所有截面相同的直柱体都可以用底面积乘高来计算，虽然最后的统一也是一种合情推理，但对于学生的后续学习是非常有帮助的。在这样的课堂上学生是自主的、学生是主动参与思考的、学生的数学活动经验是比较丰富的，这样的教学方式值得我们借鉴。

> **思 考**
>
> 上面这三种教学设计你比较喜欢哪一种？为什么？

6

圆锥体积的教学研究

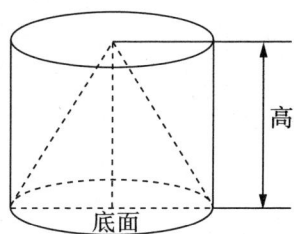

通过前几章的阅读，你认为"圆锥的体积"这节课可以从哪些角度进行研究?

正如你所想的那样，我们还可以从教材比较、学情分析以及教学设计三方面研究"圆锥的体积"。希望我们的所思所想能给你一点启迪。

6.1 教材比较研究

在日常教学中，准备上一节课之前你会做哪些事？哪件事是你最先做的？

或许，你的答案和多数教师一样：先看看教参，再研读教材。教材是教师进行教学的主要依据之一，是常规教学中教师最重要的"教学指南"。

思考

你是否想过，不同版本的教材在编写过程中，教学目标、编写形式、呈现特点等或多或少都会有所不同？

你在备课的时候，会查阅、翻看不同版本的教材吗？会思考自己所教版本教材在编写上有什么特色，其他版本教材在编写上有什么值得借鉴的地方吗？

本章将与你一起就"圆锥的体积"这部分内容的教材编排进行比较研究，试图寻求课改前后各套教材之间的共性与个性，为我们理解教材、展开有效的教学提供参考。

6.1.1 2001 年前教材比较研究

▷ 20 世纪 70 年代四套教材如何编排？

思考

20 世纪 70 年代，也许正是你上小学的时期，也许你刚牙牙学语，也许你还没有出生……请你试着想一想，那时候的教材会有怎样的时代特征？

如果要比较同一时期的几套教材，你会选择哪些角度进行比较呢？

（1）选取哪些教材进行比较？

本文选取的教材分别是 1970 年陕西省人民出版社出版的陕西省小学试用课本、1973 年上海人民出版社出版的上海市小学课本、1978 年浙江人民出版社出版的浙江省小学试用课本以及 1979 年福建人民出版社出版的福建省小学试用课本进行比较。除了上海教材把"圆锥的体积"安排在第十二册，其余教材都在第十册教学这一内容。

（2）教材的结构是怎样的？

四套教材中，有两套教材是把圆锥的认识与圆锥的体积编排在同一节课，具体每套教材的编排结构如下：

陕西版： ①从工农业生产中的实物引出圆锥，认识圆锥；②实验；③得出结论；④实际应用；⑤练习题。

上海版： ①从工农业生产中计算圆锥实物的体积与重量引入；②实验；③得出结论；④实际应用；⑤练习题。

浙江版： ①从工农业生产中的实物引出圆锥，认识圆锥；②实验；③得出结论；④实际应用；⑤练习题。

福建版： ①实验；②得出结论；③实际应用；④练习题。

整体来看，四套教材的结构区别并不大。

（3）教材用到的实物图有哪些？

四套教材中，有三套教材用工农业生产中的实物引入。选择怎样的实物，将体现教材编者对数学知识产生的观念。图 6-1-1 是三套教材使用的实物图：

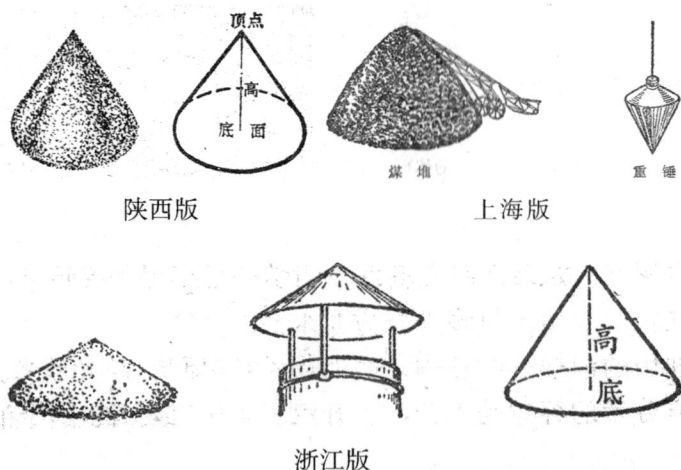

陕西版　　　　　　　　上海版

浙江版

图 6-1-1

这三套教材都考虑到了学生生活中常见的圆锥实物，注重与学生实际生活的联系。可见，20世纪70年代的小学数学教学，已经较为重视数学知识与日常生活的紧密联系，呈现的素材贴近学生的生活现实。相比而言，重锤是一个组合体，不能很好地体现圆锥的特征，在初学圆锥体积时就出现，可能会对一部分能力弱的孩子造成理解上的困惑；工厂里的烟筒帽更适合探究圆锥的侧面积，也不是研究圆锥体积的最好选择。

（4）教材是如何引导学生进行实验的?

在陕西版教材中，有这样一段话：毛主席教导我们："一切真知都是从直接经验发源的。"我们可用实验的方法，求出圆锥的体积。

上海版教材明确指出：我们遵循毛主席关于"一切真知都是从直接经验发源的"的教导，先做如下实验。

这两段话非常有时代特征。可见，20世纪70年代，编委在编写教材时，是以毛主席的教导为指引，引导学生通过实践得出结论。

各套教材具体的实验过程如下：

陕西版：

用硬纸做一个圆柱体，再做一个和它等底等高的圆锥体，在空的圆锥里装满细沙，然后倒进圆柱里，三次正好倒满。

上海版：

取底面半径相等、高也相等的圆柱形容器和圆锥形容器各一个，先在圆锥形容器里注满水，然后倒入圆柱形容器里，这样连续三次，刚好把圆柱形容器倒满。

浙江版：

取底面半径相等、高也相等的圆柱形容器和圆锥形容器各一个，先在圆锥形容器里注满水，然后倒入圆柱形容器里，连续倒三次，刚好把圆柱形容器装满。

福建版：

做一个圆锥，再做一个和它等底等高的圆柱，在空的圆锥里装满沙土，然后倒入空圆柱里，倒三次正好装满。

从具体实验过程来看，四套教材大同小异，选取的材料都相同，突出了等底等高，都是圆锥装满后倒入圆柱。

（5）结论是如何描述的？

在实验过后，各套教材都揭示了圆锥体积的计算公式，具体编排如图 6-1-2所示：

从实验可以知道，圆锥体的体积等于同它等底、等高的圆柱的体积的三分之一。

圆锥的体积 = $\dfrac{底面积 \times 高}{3}$

陕西版

告诉我们，圆柱容器的容积是等底、等高的圆锥容器容积的三倍，即圆锥的体积等于等底、等高的圆柱体积的三分之一。

用同样方法也可以求得棱锥的体积等于等底、等高的棱柱体积的三分之一．

如果用 V、S、h 分别表示锥体的体积、底面积和高，那么锥体的体积公式是

$$V = \frac{1}{3} Sh.$$

上海版

容器装满。从这里可以看出，圆锥的体积，等于和它等底等高的圆柱体积的三分之一。

所以，

圆锥体积 = $\dfrac{1}{3}$ × 底面积 × 高

$V_{锥} = \dfrac{1}{3} \quad S \quad h$

浙江版

从实验中可以看出，圆锥的体积等于和它等底等高的圆柱体积的三分之一。所以

圆锥的体积 = $\dfrac{底面积 \times 高}{3}$

福建版

图 6-1-2

思考

四套教材在揭示结论时有什么异同？

从编排来看，四套教材在揭示结论时，都采取了先文字叙述再得出公式的方式，除了上海版出现了完整的字母公式，其他版本都是以文字公式

的方式呈现。其中上海版还从圆锥的体积拓展到锥体的体积，引出了锥体的体积公式。从单一拓展到"类"是一种很好的思想，但在初学圆锥的体积时就进行提升，对学习能力弱的孩子来说有一定的困难，值得商榷。

(6) 应用部分安排了怎样的例题？

四套教材在通过实验得出结论后都安排了例题，引领学生利用公式来解决实际问题，主要呈现的例题如下。

陕西版：

例1：庆华生产队把准备交给国家的公购粮（小麦）晒干扬净后，堆成一个圆锥形的麦堆，量得麦堆的底面圆的周长是18.84米，高是2米。这堆公粮约有多少斤？（麦子的比重是0.75）

例2：

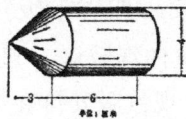

大家讨论下图机器零件的体积怎样计算，并按图上标注的尺寸计算出它的体积来。

上海版：

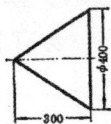

【例】 东风造船厂根据加工大型轴类零件的需要，自己制造大型车床钢件顶针，图4·15是顶针头的坯件视图，试计算它的重量（精确到0.1公斤）。

浙江版：

工厂里常常把煤堆成圆锥形，测得一个圆锥形煤堆底面周长是21.98米，高是2.8米，求这堆煤的体积。（保留一位小数）

福建版：

例1：一个圆锥体的底面积是25平方厘米，高9厘米。这个圆锥体的体积是多少？

例2：红城大队把晒干的麦子堆成圆锥形，测得底面周长是15.7米，高1.5米，如果每立方米的小麦重1500斤，这堆小麦约重多少斤？（得数保留到整百斤）

> **思 考**
>
> 1. 四套教材的例题有什么相似之处？
>
> 2. 你觉得需要安排最基本的练习吗？如果需要，你会安排怎样的习题？

从四套教材的例题来看，只有福建版教材出现了已知圆锥的底面积和高，求圆锥体积的习题，其余安排的都是解决实际问题的例题，并要求求出圆锥实物（如麦堆）的质量，综合性较强。看来，虽然是 20 世纪 70 年代，也已非常重视数学知识的实际应用。

▷ **20 世纪 90 年代两套教材如何编排？**

（1）选取哪些教材进行比较？

本文选取的教材分别是北京、天津、上海、浙江 1991 年出版的全日制六年制小学课本《数学》（简称四省市版）和 1993 年科学出版社出版的《现代小学数学实验课本》（简称现数版）进行比较。其中四省市版把"圆锥的体积"安排在第十二册，现数版安排在第十册。

> **思 考**
>
> 上面选取的这两套教材，也许你也用过，可能是作为学生使用，也可能是作为教师使用。根据你的经验，你觉得与 20 世纪 70 年代相比，教材的编写会有变化吗？如果有，会有怎样的变化？

（2）与 20 世纪 70 年代相比，教材结构有变化吗？

与 70 年代相比，这两套教材的整体结构并没有发生较大的变化。四省市版的主要结构为：①实物引入，认识圆锥；②实验；③得出结论；④实际应用。现数版的主要结构为：①实验；②得出结论；③应用。

不管是 70 年代还是 90 年代，"圆锥的体积"教材编排都引领学生经过实验—得出结论—实际应用这样的学习过程，结构类似。且在实际应用这一环节，仍然以求圆锥形物体（沙堆）的质量为例题，综合性强。

（3）与 20 世纪 70 年代相比，教材编写有怎样的变化？

虽整体结构类似，但在具体的编写上，与 70 年代相比，还是有一定变化的。

①问题启发学生思考

70 年代的教材都是以陈述性语言为主，叙述了实验的操作流程。90 年代的教材，开始出现启发学生思考的问题。如："大家试一试，要倒几次，才能注满圆柱形容器。想一想，这两个容器的大小有什么关系？"（现数版）又如："想一想：一个圆柱和一个圆锥等底等高，圆柱的体积是圆锥体积的多少倍？"（四省市版）看来，随着时代的发展，编者在编写教材时，也开始关注学生的学习过程，用启发式的问题引发学生的思考，让他们更好地参与学习过程，提高学习的主动性。

②互逆叙述体积关系

70 年代的各套教材在得出结论时，都只提到"圆锥的体积等于和它等底等高的圆柱体积的三分之一"，而 90 年代的这两套教材，除此之外，都还提到了圆柱体积是等底等高圆锥体积的 3 倍，如"圆柱形容器的容积是等底、等高圆锥形容器的 3 倍"（现数版）；"想一想：一个圆柱和一个圆锥等底等高，圆柱的体积是圆锥体积的多少倍？"（四省市版）看来，结论的多样表达也日益被编者所关注，在多向的表达关系的过程中，进一步理解圆锥的体积公式。

③字母表达体积公式

与 20 世纪 70 年代相比，90 年代的两套教材更注重用字母来表达圆锥的体积公式。看来，随着时代的进步，"符号化"的表达也被编者所重视，用字母来表达圆锥的体积公式，体现了数学的简洁美。

▷ **2001 年前教材的比较给我们怎样的启示？**

思考

> 通过上面的阅读，我们已经了解了 20 世纪 70 年代和 90 年代教材编写"圆锥的体积"一课时的一些特点。你觉得这些教材的编写可以给我们一些怎样的启示？

从课改前教材的编写来看，主要体现了以下几点。

（1）密切联系生活实际

不管是 20 世纪 70 年代还是 90 年代的教材，都出现了当时工农业生产中的许多圆锥的实物图，并且无一例外以解决生活中沙堆或煤堆的质量为例题，引导学生用圆锥体积公式解决问题。可见，新课改前的数学教学，也十分重视数学知识与实际生活的联系，解决实际问题是教学的一个重要目标。

（2）重视实验发现关系

各套教材在编写"圆锥的体积"时，都安排了实验环节，采用装沙或装水的方式来研究等底等高圆柱与圆锥之间的关系。有所区别的是，20 世纪 70 年代教材以叙述为主，直接告知实验结果；而在 90 年代，开始引导学生思考实验过程中可能产生的现象，这是一大进步。但不管是哪套教材，都重视实验操作，展示了知识的发生过程，利于学生理解与掌握圆锥的体积公式。

（3）练习突出综合应用

细看这几套教材，都安排了已知圆锥体物体（沙堆、麦堆或煤堆）的底面周长与高，求物体的总质量的问题。已知底面周长与高求体积已是圆锥体积与圆周长的综合应用，再求物体的总质量又包含了用体积公式解决实际问题。看来，当时的教材编委都十分注重数学知识之间的联系，关注知识的综合应用。

6.1.2 实验稿课程标准下四套教材的比较研究

思 考

在本书的第二篇，我们已经了解到实验稿课标颁布后，圆柱与圆锥的学习要求有了很大的变化。请你试着想一想，实验稿课标的教材在编写"圆锥的体积"这一内容时，会有怎样的变化？

2001 年，我们国家颁布了新的课程标准，启动了新一轮的基础教育课程改革。实验稿课标颁布以后，国家鼓励各种机构编写教材，实现了一个课标、多种版本的新局面。比较与研究根据实验稿课标编写的这些小学数学教材是一件十分有意义的事。

▷ **四套教材的整体编排有何异同?**

(1) 选取哪些教材进行比较?

本文选取了四套《数学》教材,它们都是依据 2001 年颁布的实验稿课标编写的教材。分别是《数学》(人民教育出版社,以下简称人教版)、《数学》(江苏教育出版社,以下简称苏教版)、《数学》(浙江教育出版社,以下简称浙教版)、《数学》(北京师范大学出版社,以下简称北师版)。实验教材都把"圆锥的体积"安排在第十二册学习。

(2) 教材的结构是怎样的?

四套教材的编排大同小异,主要结构如下:

人教版:①出示铅锤,提出问题:你有办法知道这个铅锤的体积吗?②结合已学知识提出猜想。③实验操作,探究关系。④得出结论。⑤解决问题。

苏教版:①出示等底等高圆锥,提出猜想。②实验操作,探究关系。③得出结论。④解决问题。⑤练习。

浙教版:①出示一个圆柱与一些圆锥,把圆锥进行分类。②猜想等底等高圆柱与圆锥之间的体积关系。③实验操作,探究关系。④得出结论。⑤练习与应用。

北师版:①出示圆锥体的麦堆,提出问题:这堆小麦的体积是多少?②提出猜想。③实验操作,探究关系。④得出结论。⑤练习。

> **思考**
>
> 你觉得新课改以后的教材与课改前在整体结构上有怎样的变化?

从四套教材的整体结构来看,都力图体现观察—猜想—实验—得出结论—练习应用的学习过程。这也与实验稿课标中所要求的"结合具体情境,探索与掌握圆锥体积的计算方法"一致。可见,实验稿课标颁布后,教材的编委在编写教材时,更多地关注了学生的自主学习,关注了学生提问能力的培养,关注了数学思想方法的渗透。

▷ **四套教材的各部分编排有何异同?**

各个版本的教材在内容的安排与处理上都各有特色。下面就这四套教材的编排特点作简要的介绍与分析。

（1）引入部分分别是怎样编排的？

从各套教材"圆锥的体积"的引入部分编排来看，都试图引导学生从圆锥体积与圆柱体积之间的关系来探究圆锥体积的计算方法，主要有以下几类：

①提出问题，引发猜想（见图 6 - 1 - 3）。

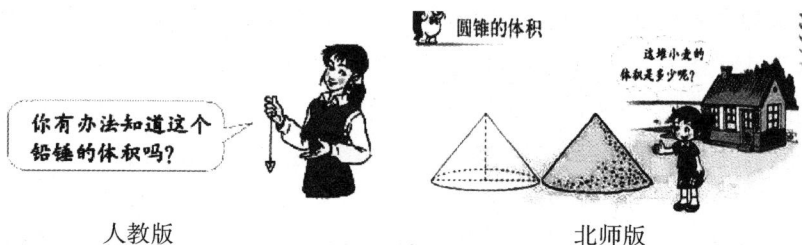

图 6 - 1 - 3

这两套教材都创设了一个具体的情境，提出求圆锥体物体体积的问题，引发学生的思考，在学生提出各种方法的基础上，与前期已学的立体图形的体积建立联系，引发学生猜想"圆锥的体积与圆柱的体积有没有关系？"。其中北师版明确指出应研究等底等高

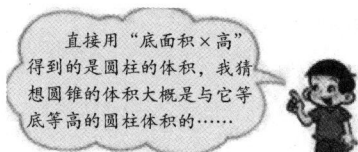

图 6 - 1 - 4

的圆柱与圆锥（见图 6 - 1 - 4）。这样的引入从提出问题开始，以问题解决为目标，给了学生一定的思考空间，提出了多种解决方法，再通过新旧知识的联结点，引发对圆锥体积的猜想，激发了学生对后续学习的欲望，提升了"圆锥的体积"这一新知识学习的必要性。

②直接比较，猜测关系。

图 6 - 1 - 5 是苏教版教材引入部
分的编排,你觉得这样的引入方
式好在哪里?有不足吗?

例5 下面圆柱和圆锥的底面积相等,高也相等。

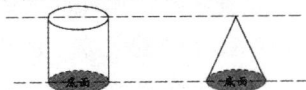

估计一下,这个圆锥的体积是圆柱的几分之几?

图 6 - 1 - 5

苏教版的编排采取的是"开门见山"式,一开始便出示了等底等高的
圆柱与圆锥,请学生估计"这个圆锥的体积是圆柱的几分之几?"这样的编
排直接明了,但"为什么要进行这样的研究"目的不够明确。

③分类比较,形成直觉。

图 6 - 1 - 6 和图 6 - 1 - 7 是浙教版教材引入部分的编排。你觉得这个
环节的设计对学习圆锥的体积有什么帮助?

1. 将下面的各圆锥与圆柱比较,你能给这些圆锥分分
类吗?

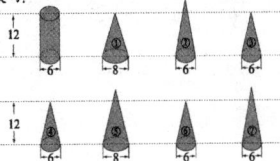

如果把③④⑥分成一类,把①②⑤⑦分成一类,
这种分类选择了什么标准?

图 6 - 1 - 6

2. 观察下面这些等底等高的图形,估计图2、图3、图
4、图5的体积是图1这个圆柱体积的几分之几?在
方框里填数。

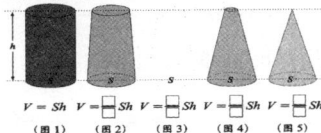

$V = Sh$ $V = \frac{\square}{\square}Sh$ $V = \frac{\square}{\square}Sh$ $V = \frac{\square}{\square}Sh$ $V = \frac{\square}{\square}Sh$
(图1) (图2) (图3) (图4) (图5)

图 6 - 1 - 7

浙教版的编排与以上几套教材都有所不同。教材先出示了一个圆柱与
一些圆锥,请学生分类,在分类活动中获得圆柱与圆锥等底等高的联想
(见图 6 - 1 - 6);在此基础上,通过把一个圆柱的上底面逐渐缩小,估计所
得图形的体积与圆柱体积的关系,体会圆柱在变成等底等高圆锥的过程中,
体积不断在变小(见图 6 - 1 - 7),并引导学生估测圆锥体积与等底等高圆
柱体积之间的关系,形成直觉经验。这样的编排,突出了"等底等高"这
一研究圆锥体积的前提,明确了圆锥是如何通过圆柱变化得到的,为后续
研究奠定了一定的基础。

1. 几套教材引入部分的编排有所不同,不同之中有相同之处吗?

2. 如果你来执教这节课,你会选择怎样的引入?为什么?

从以上分析可见，各套教材在引入部分，抓住了圆锥体积计算方法的本质，与等底等高的圆柱体积建立联系，引导学生提出猜想：圆锥的体积与圆柱的体积存在怎样的关系？激发后续学习的欲望。同时，教材在编写时采用引导语揭示学生的认知过程，体现了数学知识的探索过程。这样的编排，既为学生提供了学习的线索，又为教师提供了组织教学的方法与策略。

（2）体积公式的探究分别是怎样编排的？

无论是哪个版本的新课程教材，都安排了实验操作的探究环节，引导学生通过动手操作来发现等底等高的圆柱与圆锥的体积究竟有着怎样的关系。从各个版本教材的编排来看，探究环节从实验器材的选择到最终实验结论的描述，有相似之处，但也存在着一定的差异。

①实验材料的准备大同小异。

> **思 考**
>
> 下面是四套教材的实验材料，请你先阅读表格再思考：
> 你会选择用怎样的材料来进行实验操作？为什么？

四套教材的实验材料大同小异，主要材料情况见表 6 – 1 – 1。

表 6 – 1 – 1　各套教材实验材料比较

比较内容 教材名称	容器（等底等高的圆柱容器和圆锥容器各一个）		内装材料	
	有	无	沙	水
人教版	√		√	√
浙教版	√			√
苏教版	√		√	
北师版	√		√	

从以上分析可见，各个版本的新教材实验所采用的容器都是等底等高的圆柱容器和圆锥容器各一个，但在内装材料上的选择有所不同。有两套教材选择了使用沙，一套教材选择使用水，而人教版则是沙和水皆可。无论是沙还是水，都有固定的体积，不容易被压缩，是合适的材料。从材料准备的便捷性来看，水更方便，但是水有张力又容易粘连在容器壁，容易造成一定的误差。沙的粗细也决定着误差的大小，干的细沙空隙小，又不

容易粘连在容器壁，是比较理想的实验材料。

②实验过程的操作异曲同工。

以下是四套教材实验操作的过程：

浙教版、苏教版、北师版：在圆锥形容器里装满水或沙，倒入圆柱容器中，看看几次能倒满。

人教版：除了以上方式，还引导学生把圆柱装满水，再往圆锥里倒，看看能倒几次。

思考

1. 两种实验方式有什么区别?
2. 你会规定其中一种的方式进行实验还是两种方式均可？为什么?

这两种方式都能得出圆锥体积与等底等高圆柱体积之间的关系，因此，在实验开始之前，可以让学生先说说准备怎样进行实验，然后从这两种方法中任选一种进行尝试，也可以两种都试一试。不同的实验方法得到相同的结论，可以使实验结果更具说服力。

③实验结论的描述突出本质。

四套教材在实验结论的描述上略有差异。人教版是直接给出字母公式（见图6－1－8），苏教版教材和浙教版教材都是先用文字描述圆锥的体积与和它等底等高的圆柱体积的关系，再得出结论。其中苏教版是先得出文字公式，再引导学生得出字母公式，浙教版是直接得出字母公式。（见图6－1－9）

$$V_{圆锥}=\frac{1}{3}V_{圆柱}=\frac{1}{3}Sh$$

图6－1－8

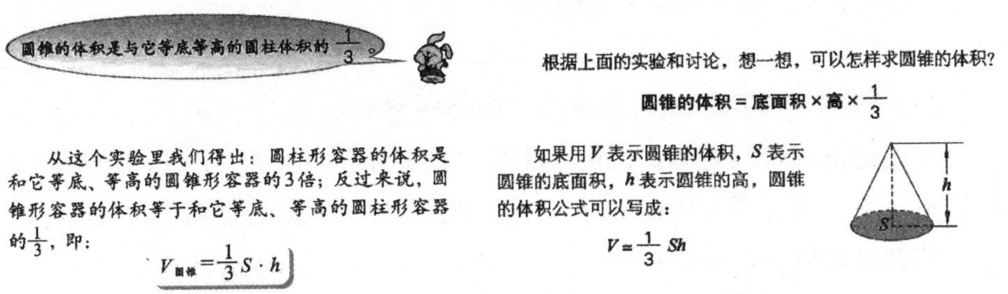

圆锥的体积是与它等底等高的圆柱体积的$\frac{1}{3}$。
从这个实验里我们得出：圆柱形容器的体积是和它等底、等高的圆锥形容器的3倍；反过来说，圆锥形容器的体积等于和它等底、等高的圆柱形容器的$\frac{1}{3}$，即：
$V_{圆锥}=\frac{1}{3}S\cdot h$
根据上面的实验和讨论，想一想，可以怎样求圆锥的体积?
圆锥的体积＝底面积×高×$\frac{1}{3}$
如果用V表示圆锥的体积，S表示圆锥的底面积，h表示圆锥的高，圆锥的体积公式可以写成：
$V=\frac{1}{3}Sh$
h
S

苏教版　　　　浙教版

图6－1－9

从上图中我们还可以发现，浙教版在描述等底等高的圆柱与圆锥的体积关系时，采用了互逆的描述方法，先说明圆柱形容器的体积是和它等底等高的圆锥形容器的 3 倍，再得到圆锥形容器的体积等于和它等底等高圆柱形容器的三分之一，这样的描述更利于后三分之一的学生理解两者之间的关系，明确圆锥体积公式的来源。

北师版与以上三套教材不同，没有直接给出圆锥体积的计算公式，而是通过一系列问题引导学生得出圆锥体积的计算公式（见图 6 - 1 - 10）。

通过上面的小实验，你发现了什么？在全班进行交流。

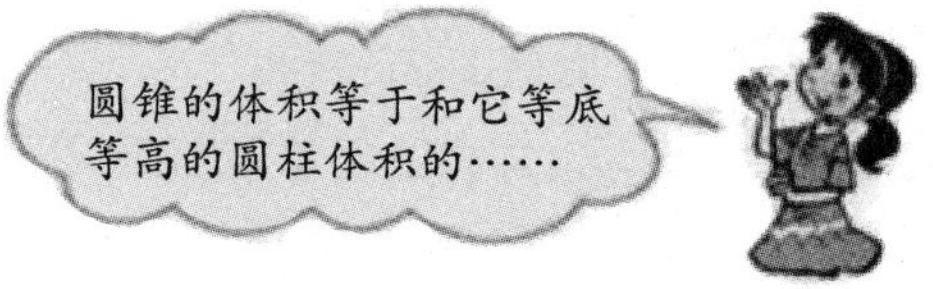

> 圆锥的体积等于和它等底等高的圆柱体积的……

如果用 V 表示圆锥的体积，S 表示底面积，h 表示高，你能写出圆锥体积的计算公式吗

$$V= \underline{\hspace{4cm}}$$

图 6 - 1 - 10

从以上分析可见，不管哪套教材，都是在实验后引导学生先得出圆锥体积与它等底等高圆柱体积的关系，再得出圆锥体积的字母计算公式。可见，圆锥体积与和它等底等高圆柱体积之间的关系是本课学习的重点。

思 考

1. 你觉得文字公式需要出现吗？为什么？
2. 浙教版在描述等底等高的圆柱与圆锥的体积关系时，采用了互逆的描述方法，你觉得需要互逆吗？

（3）练习与应用是如何安排的？有哪些类型？

你还记得顾泠沅老师提出的关于数学认知水平的 4 层次分析框架吗？请先回忆一下，再思考下面的问题。（如果想不起来了，可以翻看本书第三章第一节教材比较）

思 考

下面有一些圆锥体积的练习题，你觉得它们分别属于哪一种水平？

1. 计算下面各圆锥的体积。(单位：cm)

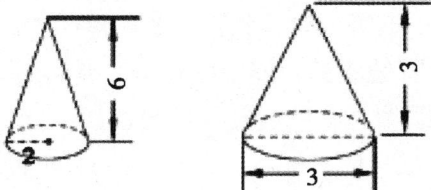

2. 工地上有一些沙子，堆起来近似于一个圆锥，这堆沙子大约多少立方米？(得数保留两位小数。)

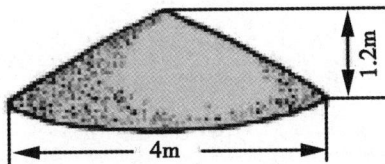

3. 一个圆柱的底面积是 3.14 m², 高是 1 m, 与它等底等高的圆锥体积是多少？

4. 判断下面的说法是不是正确。

   (1) 圆锥的体积等于圆柱体积的 $\frac{1}{3}$。(　　　)

   (2) 圆柱的体积大于与它等底等高的圆锥的体积。(　　　)

5. 玻璃厂运进一批做玻璃用的沙子，堆成一个圆锥形，底面周长是 31.4 米，高 3.6 米，每立方米沙重 1.5 吨。这堆沙子的质量是多少吨？

> 一个圆锥和一个圆柱的底面积相等，体积的比是 1∶6。如果圆锥的高是 4.2 厘米，圆柱的高是多少厘米？如果圆柱的高是 4.2 厘米，圆锥的高是多少厘米？

　　根据顾泠沅的学生认知水平的 4 层次分析框架，我们可以将圆锥体积的练习分成以下几类：

　　水平 1：计算——操作性记忆水平。这里指直接根据圆锥体积计算公式求圆锥的体积或圆锥形物体体积的练习。如上面的习题 1（苏教版）与习题

2（人教版）。

水平 2：概念——概念性记忆水平。这里指考查学生对圆锥体积计算公式的记忆，包括"圆锥体积是与它等底等高圆柱体积的三分之一"等事实的记忆。如上面的习题 3（浙教版）与习题 4（人教版）。

水平 3：领会——说明性理解水平。这一水平层次的问题要求学生能较好地理解圆锥体积计算公式的内涵，能运用公式进行不同方向的思考，如需要自主测量以求取圆锥体积的练习（见图 6-1-11），又如已知圆锥底面周长求圆锥体积的练习（见图 6-1-12），还包括根据等底等高的圆柱与圆锥之间的体积关系来解决的问题（见图 6-1-13）。这一水平的练习还会涉及多个公式的应用，如求圆柱与圆锥组合图形的体积（见图 6-1-14）。

10. 找一个圆锥形状的物体，想办法算出它的体积，并说出测量和计算的方法。

图 6-1-11（苏教版）

5. 玻璃厂运进一批做玻璃用的沙子，堆成一个圆锥形，底面周长是31.4米，高3.6米，每立方米沙重1.5吨。这堆沙子的质量是多少吨？

图 6-1-12（浙教版）

10. 如图，先将甲容器注满水，再将水倒入乙容器，这时乙容器中的水有多高？（单位：厘米）

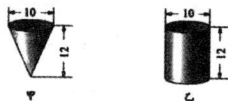

图 6-1-13（北师版）

12. 一个锥仓如右图，如果每立方米锥食的质量为400千克，这个锥仓最多能装多少千克锥食？

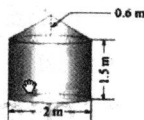

图 6-1-14（北师版）

水平 4：分析——探究性理解水平。这一水平的练习出现了推理性比较强的题目，如根据圆柱与圆锥之间的关系来推断圆锥的高（见图 6-1-15）；又如根据圆锥高与底面周长的关系求圆锥的体积（见图 6-1-16）。

一个圆锥和一个圆柱的底面积相等，体积的比是1:6。如果圆锥的高是 4.2 厘米，圆柱的高是多少厘米？如果圆柱的高是 4.2 厘米，圆锥的高是多少厘米？

图 6-1-15（苏教版）

2. 一个圆锥高3厘米，高与底面周长的比是1:3.14。求圆锥的体积。

图 6-1-16（浙教版）

水平 4 的练习中还包含综合性比较强的练习，如请学生根据平面图形来想象旋转后得到的立体图形并求体积（见图 6-1-17）。

2. 一个两直角边的长度分别为 c 厘米和 d 厘米的直角三角形，分别以这两条直角边为旋转一周，得到两个圆锥。这两个圆锥的体积是否相等？（$c \neq d$，c，d 都不等于 0）

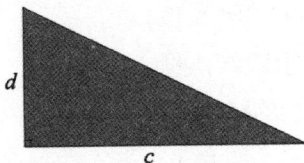

图 6 – 1 – 17（浙教版）

以上四个水平中，水平 1、水平 2 为记忆水平，处于较低认知水平；水平 3、水平 4 为理解水平，处于较高认知水平。

> **思 考**
>
> 你估计各套教材中，各水平的习题分别会占多少？

将各套教材新课以及紧接新课的练习课中的习题进行分析比较，发现各水平习题的安排上各有侧重（见表 6 – 1 – 2）。

表 6 – 1 – 2 不同版本教材"圆锥的体积"练习题认知水平比较

	水平 1	水平 2	水平 3	水平 4	合 计
人教版	4（36.4%）	5（45.4%）	2（18.2%）	0	11
北师版	7（43.8%）	2（12.5%）	6（37.5%）	1（6.2%）	16
浙教版	3（20%）	5（33.3%）	5（33.3%）	2（13.4%）	15
苏教版	8（44.4%）	4（22.2%）	5（27.8%）	1（5.6%）	18

注：表中括号内数字为该题量占该教材全部习题量的百分比。

从上表中可以看出，各套教材中水平 1、水平 2 的练习量都超过了 50%，这在学习新知的起始阶段是十分必要的。人教版的教材十分注重基础知识的巩固练习，水平 1、水平 2 的习题占到了总题量的 81.8%。

思考

从教材来看，水平1的练习主要有以下几种类型：

1. 已知底面半径、高，求圆锥体积；

2. 已知底面直径、高，求圆锥体积；

3. 已知底面半径、高，求圆锥体积。

请你想一想，这三种类型的练习有什么区别？

在各套教材中，你估计哪类题会多一些？为什么？

对水平1的练习进一步分析（见表6-1-3）。

表6-1-3　水平1各类练习题数量比较

	已知底面半径、高，求圆锥体积	已知底面直径、高，求圆锥体积	已知底面面积、高，求圆锥体积
人教版	0	2	2
北师版	1	5	1
浙教版	1	1	1
苏教版	3	3	2

从上表可见，各套教材的编者都倾向圆锥体积计算公式的灵活运用，既安排了直接根据底面面积和高求圆锥体积的练习，又设计了给出圆锥底面的直径或半径和高求圆锥体积的练习，将圆锥的体积计算公式进行拓展。同时，在巩固新知的同时也进一步巩固圆面积的计算方法。

对水平3的进一步分析（见表6-1-4）。

表6-1-4　水平3各类练习题数量比较

	自主测量求圆锥体积	已知圆锥底面周长（或直径）和高求物体质量	根据圆柱与圆锥之间的关系解决问题	圆锥与圆柱的组合图形的体积
人教版	1	1	0	0
北师版	0	3	2	1
浙教版	0	3	1	1
苏教版	1	2	1	1

从上表可见，各套教材都安排了一定数量的求圆锥体物体质量的练习，还有三套教材安排了类似蒙古包这一类圆柱与圆锥的组合体。这样的练习既巩固了圆锥的体积计算方法，又将数学与实际生活进行联系，赋予圆锥体积更丰富的实际价值。相比而言，给出底面周长和高来求物体质量以及求圆柱与圆锥组合图形的体积，对提高学生的分析能力以及灵活运用公式的能力有更大的帮助。

水平3中还安排了根据圆柱与圆锥之间的关系解决问题的练习，如浙教版有这样的习题："一个圆锥形的容器，高15厘米，底面直径是8厘米，容器装满水后，将水倒入底面直径为16厘米、高为15厘米的圆柱形容器中。水面距圆柱形容器上端多少厘米？"从表面上看，似乎是圆锥体积公式的应用以及圆柱体积公式的逆运用，但仔细观察，此题也可以借助圆锥与圆柱体积的关系来进行思考。这样的练习对提高学生的思维能力很有帮助，有较大的思考价值。

▷ **新课改后的教材比较给我们怎样的启示？**

（1）突出知识之间的联系与综合

数学是一门具有密切内在联系的科学，同一领域的内容之间以及不同知识领域之间都存在着实质性的关联。几套实验教材在编排"圆锥的体积"这一内容时，都十分重视这种关联，将圆锥与圆柱进行了紧密联系，体现了数学的内在结构性。因此，在教学"圆锥的体积"这一内容时，应十分重视等底等高圆锥与圆柱之间的关联，引导学生发现两者之间的关系，从而推测出圆锥体积的计算公式，凸显数学是由一系列相关概念组成的系统特性，使学生理解和掌握数学概念间的彼此关联，认识数学概念的形成和发展过程。

（2）提供探索交流的时间与空间

改进学生的数学学习方式是课标所提倡的一个改革目标。2011版课标中明确指出："学生应当有足够的时间和空间经历观察、实验、猜测、计算、推理、验证等活动过程。"从各套教材的编排来看，都创设了"实验探究"这一环节，引导学生通过动手操作来发现等底等高圆锥与圆柱体积之间的关系。因此，在教学时，需提供给学生探索交流的时间与空间，让每个学生都动手做一做，自主探索圆锥体积与圆柱体积之间的关系，切忌老师演示（或仅让个别学生演示），让学生真正以"做"而非"听或看"的方式介入学习活动，实实在在地进行观察、实验、猜测、验证、推理与交流等数学活动。这样的活动有助于学生理解所学的知识，提高自己从事数学活动的能力，同时使学生的数学学习过程表现为一个探索与交流的过程——在探索的过程中形成自己对数学的理解，在与他人交流的过程中逐渐完善自己的想法，做到"在动手中思维，在思维中动手，在交流中建构"。

（3）体现数学知识的形成与应用

从几套教材"圆锥的体积"这一内容的编排来看，都很好地体现了"问题情境—建立数学模型—解释、应用与拓展"的模式，即从具体的问题情境中抽象出数学问题，使用各种数学语言表达问题、建立数学模型、获得合理的解答，并确认知识的学习。因此，在教学时，也应遵循这一模式，从问题开始，引导学生猜测圆锥体积的计算方式，并通过实验操作，得出结论，用各种数学语言表达得到的结论，体现数学知识的形成过程。同时，需关注数学与现实的联系，引入生活化、情境化的现实素材，体验"圆锥的体积计算公式"在实际生活中的应用价值。在练习的安排时除了加强数学与现实之间的关联，还需设计不同水平的习题，使学生获得对圆锥体积公式的多角度的理解，对"圆锥的体积"形成较为全面的体验与理解，促进能力的发展。

6.2　学情研究

思考

1. 你觉得影响学生对圆锥体积的理解与掌握主要有哪些方面的因素？
2. 你觉得可以从哪些方面来研究学生？

圆锥体积的计算公式是前人通过研究、总结、提炼、概括得到的，并用数学的方式进行了表达。这是数学体系中的一个知识点，也是人类文化中的一小部分。

在各套实验教材中，"圆锥的体积"均为第十二册的内容。影响学生对"圆锥的体积"的理解与掌握主要有三个方面的因素：一是学生已经积累的生活经验，即学生在日常生活中接触圆锥形物体时积累的与圆锥有关的经验；二是学生已有的知识基础，即通过前期学习学到的与圆锥有关的数学知识以及前期已学的有关柱体体积计算的方法，这些与学习圆锥的体积有十分密切的关系；三是学生在学习圆锥的体积时，环境对学生的影响，即教师设计的教学过程，包括各种学习方式，所采用的各种教具与学具对学生学习的影响；等等。在上述三方面中，学生已有的经验与已学过的知识基础构成了学习圆锥体积的起点。

"圆锥的体积"中的学生研究，主要包含以下几个方面的内容：一是弄清学生学习"圆锥的体积"的起点；二是要弄清学生在"圆锥的体积"学习过程中可能会遇到的困难；三是要研究学生在学习"圆锥的体积"后对知识与能力的掌握情况。这些方面的清晰化，对教师教学"圆锥的体积"可能会有一定的启迪。

6.2.1 学生学习起点分析

请你思考下列问题：你会采用怎样的方式来了解学生的学习起点？你觉得学生在学习"圆锥的体积"之前，对圆锥的体积有哪些了解？你觉得有多少学生觉得圆锥的体积会与圆柱的体积有关系？又会觉得有怎样的关系？

对于以上这些问题，作为教师你可能并不是十分清楚。为此，我们设计了"圆锥的体积"前测试卷，对72名五年级的学生进行了测试，希望通过对测试结果的分析，能使教师了解学生已有知识经验与学习需求，也为更好地进行教学设计提供一些参考。

▷ **测试的问题是怎样的？**

（1）测试的问题

本测试从与圆锥体积相关的因素、圆锥体积与等底等高圆柱体积的关系、圆锥体积的计算公式以及公示的应用等方面进行调查，了解学生对圆锥体积的已有学习基础。（见附录8）

（2）测试的对象

按照现行的小学数学教材，本地区的五年级学生已经学习了长方体和立方体的体积，对立体图形的体积已经有了一定的了解。因此，测试选取了使用浙教版教材的 72 名学生进行，被试均为城市学生。

▷ 测试结果如何？

（1）学生觉得圆锥的体积的大小会与什么有关？

从前期调查来看，有 73.6% 的学生认为圆锥的体积可能与圆锥的高以及圆锥的底面积有关。这可能与学生已学习了长方体与立方体的体积，明确长方体与立方体都可以用底面积×高来计算体积有关。看来，前期长方体与立方体的体积计算方法对学生推测与圆锥体积相关的因素有一定的帮助。

（2）学生觉得等底等高的圆柱与圆锥的体积会有怎样的关系？

> **思 考**
>
> 你觉得根据孩子已有的知识经验，他们会认为等底等高的圆柱与圆锥有怎样的关系？为什么？

从前期调查来看，参加测试的 72 名学生中，有 61 人（占 84.7%）认为等底等高的圆柱与圆锥在体积上有一定的关系，但具体有怎样的关系，学生并不清楚，有 44 人（占 61.1%）认为圆锥体积是等底等高圆柱体积的二分之一，这可能与三角形的面积与长方形面积的关系有关，学生根据平面图形的面积关系来推测立体图形的体积关系，以下是两位学生的回答（见图 6 - 2 - 1）。

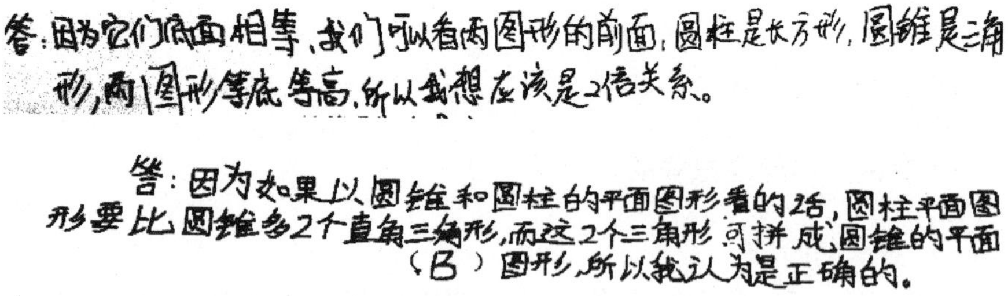

答：因为它们底面相等，我们可以看两图形的前面，圆柱是长方形，圆锥是三角形，两图形等底等高，所以我想应该是2倍关系。

答：因为如果以圆锥和圆柱的平面图形看的话，圆柱平面图形要比圆锥多2个直角三角形，而这2个三角形可拼成圆锥的平面（B）图形，所以我认为是正确的。

图 6 - 2 - 1

也有学生是将圆锥与圆柱进行比较，但也是根据平面的关系来推测立体体积之间的关系。即使是用立体进行比较时，也只关注到了平面的转换，忽视了立体的变化。以下是两位同学的回答（见图 6 - 2 - 2）。

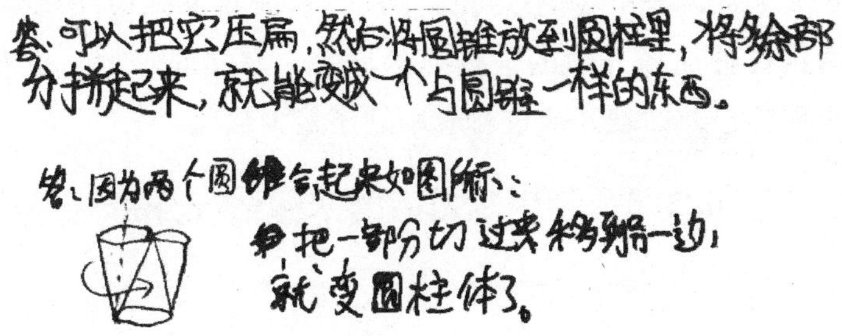

套，可以把它压扁，然后将圆锥放到圆柱里，将多余部分折起来，就能成一个与圆锥一样的东西。

答：因为两个圆锥合起来如图所示：
把一部分切过来移到另一边，就变圆柱体了。

图 6 - 2 - 2

通过调查还发现，认为圆锥体积是圆柱体积三分之一的 19 位学生（占总人数的 26.4%）中，真正了解原理的并不多，只有一人想到了用实验来证明，见图 6 - 2 - 3。

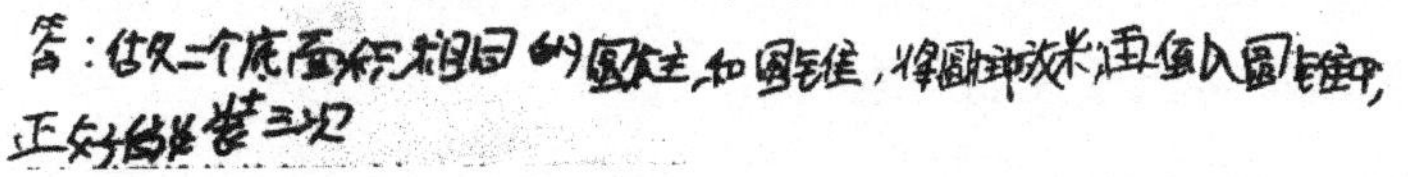

答：做一个底面积相同的圆柱和圆锥，将圆球成米再倒入圆柱中，正好能装三次。

图 6 - 2 - 3

剩下的学生中，有 2 人也试图借助平面图形来加以解释（见图 6 - 2 - 4），其余的 16 人都没有办法证明自己的想法是否正确。

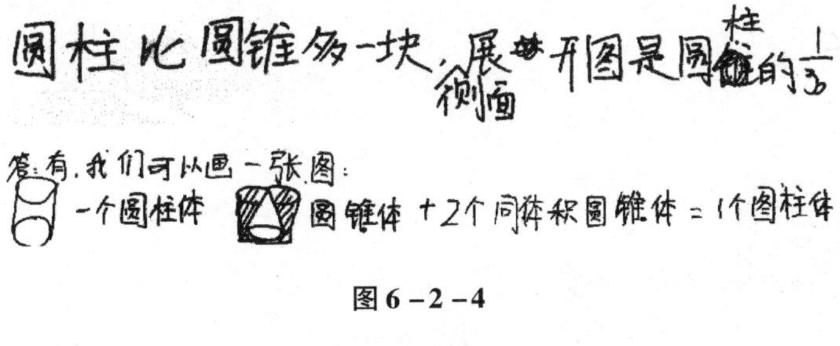

圆柱比圆锥多一块，侧面展开图是圆柱的 $\frac{1}{3}$

答：有，我们可以画一张图：
一个圆柱体 圆锥体 + 2 个同体积圆锥体 = 1 个圆柱体

图 6 - 2 - 4

从以上分析可见，虽然大部分学生觉得圆锥体积与圆柱体积有一定的关系，但并不明确究竟有怎样的关系，即使认为圆锥体积是等底等高圆柱体积三分之一的学生，也并不了解为什么会存在这样的关系，知其然并不知其所以然。

（3）有多少学生了解圆锥体积的计算公式？

根据调查，参加测查的 72 名学生中，只有 9 人能写出正确的圆锥体积的计算公式，占总人数的 12.5%。其中"底面半径$^2 \times \pi \times$高$\div 3$"有 5 人，底面积$\times$高$\div 3$有 4 人。而真正能利用公式来解答最后一题即求圆锥体积

189

的，只有5人。从调查中我们还可以发现，知道圆锥体积计算公式的学生，基本都是通过各种途径先学的，有问父母的、有问同学的，也有课外班学的，但真正理解公式原理并能进行应用的还是少数。

6.2.2　学生学习后的掌握情况分析

> **思　考**
>
> 1. 从前期的调查来看，大部分学生在学习"圆锥的体积"之前，是不明确等底等高的圆锥与圆柱之间的体积关系的。那么，在学习了"圆锥的体积"这一内容之后，你觉得学生是否清晰了等底等高圆柱与圆锥之间的体积关系？有多少学生能用自己的方法证明这种关系的存在？
> 2. 请你估计一下，对于一个圆锥，有多少学生能正确求出它的体积？
> 3. 你觉得学生能否利用等底等高圆柱与圆锥之间的体积关系来灵活解答与圆锥体积相关的问题？

为了更好地了解学生的掌握情况，我们对六年级77名学生进行了后测（见附录8），具体情况如表6-2-1所示。

表6-2-1　"圆锥的体积"后测情况分析

题　目	测查内容	正确人数	正确率（%）	主要错误
1. 右图的圆柱和圆锥，底面面积相等，高也相等，你觉得圆柱的体积和圆锥的体积（　）关系。 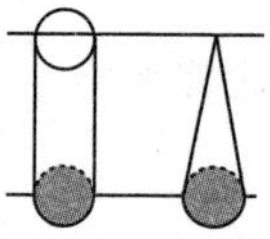 A. 有 B. 没有 C. 不确定 如果选择A，请继续回答下面的问题：你觉得圆锥的体积是圆柱体积的几分之几？（　） 底面　底面	等底等高圆锥与圆柱的体积关系	77	100	

题　目	测查内容	正确人数	正确率（%）	主要错误
有没有办法证明你的想法是正确的？在下面写一写。	对圆柱与圆锥体积关系的本质的理解	74 人用实验的方法证明	96.1	不知道怎么证明
2. 求下面圆锥的体积。（单位：厘米） （1） 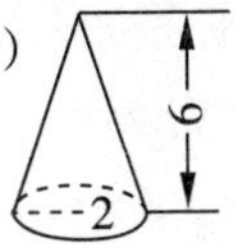	圆锥体积公式的直接应用	68	88.3	6 人少乘 $\frac{1}{3}$，3 人计算错
（2） 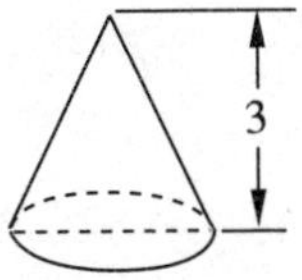 底面周长为9.42	体积公式中其中一条件未直接已知	66	85.7	5 人少乘 $\frac{1}{3}$，2 人周长×高×$\frac{1}{3}$，3 人 r 求错，1 人计算错
3. 下面的圆锥与（　　）号圆柱的体积相等。 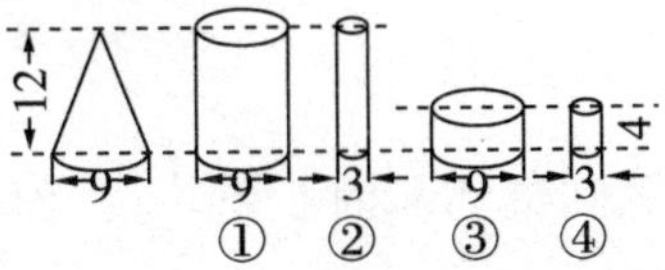	圆柱与圆锥体积关系的应用	64	83.1	8 人选②号，5 人选②号和③号
4. 有两个空的玻璃容器（见下图），先在圆锥形容器里注满水，再把这水倒入圆柱形容器，圆柱形容器里的水深多少厘米？请你写出解答过程。 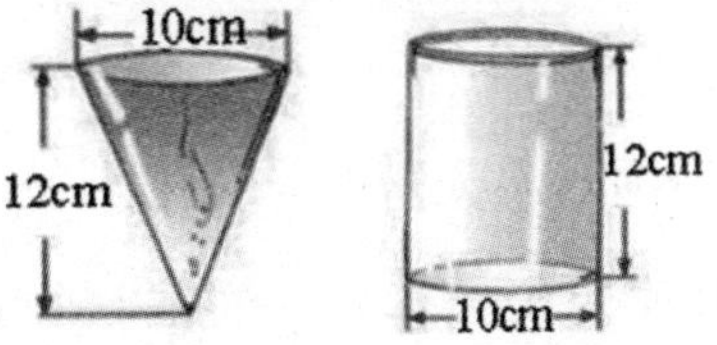	圆柱与圆锥体积关系的灵活应用	68	88.3	不知道如何解答

思 考

阅读了上面的表格，你觉得学生在学习了"圆锥的体积"后，哪些方面掌握得较好？哪些地方还有所不足？

▷ **哪些知识学生掌握得较好？**

从后测情况来看，学生对等底等高圆柱与圆锥的体积关系掌握得较好，100%的学生都明确了圆锥的体积是与它等底等高圆柱体积的三分之一，且有96.1%的学生能用实验的方法来证明这一关系的存在，与前测相比，有了很大的进步。这可能与教学过程中教师让学生亲自动手实验有关。看来，动手实践确实是一种非常好的学习方式，对学生理解知识有一定的帮助。

从后测中还可以看出，大部分学生对求圆锥体的体积没有困难，能正确计算圆锥体的体积，正确率从前测的6.9%上升到85%以上。看来，当明确圆锥体体积公式后，求圆锥的体积不再是一件难事。

▷ **学生的主要错误是什么？**

虽然理解圆锥的体积计算公式对学生来说并不是一件难事，但从后测中还是发现了一些问题的存在。

（1）求圆锥体积时少乘 $\frac{1}{3}$

从后测来看，学生解题时的主要错误是计算圆锥体积时少乘 $\frac{1}{3}$，而在对错误进行访谈时，出错的学生对圆锥的体积公式都能做到脱口而出，且100%正确，所描述的错误原因都是"不小心忘记了"。看来，在学完"圆锥的体积"这一内容后，还是会有少数学生处于记忆公式阶段，需要通过一定的练习熟练对公式的运用。

（2）无法从间接条件中获取解题所需的信息

从后测中发现，当所给条件不是底面面积或底面半径时，有个别学生不知该如何解答，甚至出现了直接用所给的底面周长×高× $\frac{1}{3}$ 的方法。在后期访谈中，这类错误的学生都说把底面周长当成底面面积了，当老师继续追问"现在你觉得该怎么做？"时，这些学生都面露难色，迟疑不答。他们对圆锥的体积计算公式的理解还处于形式模仿阶段，无法从间接条件中获取所需的信息。

（3）计算错误

后测中呈现的另一主要错误就是计算错误。出现此类错误的学生，往往是一开始就用 3.14 来代替圆周率参与运算，在计算小数乘法的过程中出现了错误。

▷ **存在的最大困难是什么？**

从后测情况来看，学生学完"圆锥的体积"后，最大的困难是对圆锥与圆柱体积关系的灵活应用。如后测中的第 3 题，有少数学生简单地认为半径之间存在 3 倍的关系，则底面积之间也存在 3 倍的关系，没有从圆面积的计算公式进行思考。又如后测中的最后一题，只有 29 人（仅占 37.7%）是利用等底等高圆柱与圆锥的体积关系用 $12 \div 3$ 或 $12 \times \frac{1}{3}$ 来解答的，而这 29 人中，又仅仅只有 8 人能说明这样计算的原因。剩余的 48 位学生都是先求出圆锥的体积，再除以圆锥的底面积得到水的高度。可见，对大部分学生而言，并没有对题中所给的信息进行进一步的分析，思维的深度与广度都受到了局限，不能灵活应用圆锥与圆柱之间的体积关系来解决问题。

6.2.3　学情研究给我们的启示

▷ **如何利用好学生已有的知识基础？**

数学学习是一个螺旋上升的过程，前期所学对新知的学习会产生一定的影响。从前测中我们不难发现，长方体、立方体、圆柱这些立体图形体积的计算方法对学生研究圆锥的体积有一定的帮助。因此，在教学圆锥体积时，可以运用类比教学，揭示圆锥体积与其他立体图形体积计算方法的潜在关系。如可以从学生已有经验出发，先出示三个分别为长方体、立方体、圆柱的物体，求它们的体积，找到相同点，再给出圆锥体的物体，猜测它的体积可能会与什么有关，给学生创设学习的支架。

学生的知识基础可以对新知的学习有所促进，产生正迁移，也可能会产生负迁移。从前测中我们可以看到，平面图形面积的一些研究方法，对圆锥体积的研究产生了消极的影响，甚至错误地引导了学生的思考。因此，教学圆锥的体积时，也需关注这些易错点，采用拼一拼、摆一摆等方法来明确思考中的错误点。如用两个相同的圆锥来拼一拼，看看能否拼成一个圆柱，问题出在哪里？进而思考，为什么研究圆锥体积时，不能看成平面图形来研究？有更好的方法吗？使学生真正明确问题所在，并寻求更佳的探究方法，变消极因素为积极的影响，引发学生进一步探究的欲望。

▷ **是计算公式重要还是推导过程重要？**

实验稿课标中明确指出：课程内容不仅包括数学的结果，也包括数学结果的形成过程和蕴含的数学思想方法；课程内容的组织要重视过程，处理好过程与结果的关系。从一定程度上来讲，教学数学不仅要掌握数学这门科学，还有比掌握科学更重要的东西，而这种更为重要的东西就蕴含在过程之中，同时也包含过程本身。从这个意义上讲，数学是科学，数学是过程。

圆锥的体积计算公式是小学阶段非常重要的一个公式。从前测来看，只有三分之一的学生知道圆锥的体积公式，且只有一人了解圆锥体积公式的来源。知道公式的学生中，又仅有一半同学能运用公式来计算圆锥的体积。因此，在教学"圆锥的体积"过程中，不仅要重视公式的记忆与应用，更要重视公式的推导，让学生亲历公式的探究过程，用等底等高的圆柱与圆锥动手做一做实验，自己得出圆锥的体积计算公式，知其然并知其所以然，真正理解公式的原理。从后测情况中也可以看出，在学生亲自动手进行实验后，对圆锥的体积公式有了很好地理解，并能正确应用公式来计算圆锥的体积，借助圆柱想圆锥。这也正应了苏联著名教育家苏霍姆林斯基曾说过的那句话："儿童的智慧在他的手指尖上。"

确实，小学生的思维是以具体形象思维为主，他们的理解、记忆主要还是建立在直观操作的动手实践上。因此，"圆锥的体积"的教学更应重视计算公式的推导过程。只有明确了圆锥体积计算公式的来源，才能更好地加以应用，解决与圆锥体积相关的问题，也为利用等底等高圆锥与圆锥体积关系来解决问题奠定了坚实的基础，使提高学生的灵活解题能力成为可能。

▷ **得出公式后该如何进行应用?**

数学学习必须通过解决问题去巩固和理解知识,因此,得出公式后的巩固和应用的设计十分重要。在前测中发现,有一些学生知道圆锥的体积 = 底面积 × 高 × $\frac{1}{3}$,但在解决最后一题时还是在计算底面积的过程中出现了错误。在后测中也发现,如果所给信息稍为复杂些,学生也往往不易发现信息的内在联系。因此,巩固应用时可以考虑以下几点。

(1)逐步改变问题的相似性

学生在解题时,往往只注意到知识点和题目的一些外在形式,而忽略了一些本质特征(如其中蕴含的数学思想方法),忽视知识点、相关题目之间的联系,这容易造成学生经常出现解题盲点,无法将所学知识顺利地应用到独立解题中。而类比迁移,可以将学生所学知识、技能进行分析,找到它们之间的联系与区别,探明其形式和本质的统一,从而使问题得到圆满的解决。

南京师范大学喻平教授在《数学教学心理学》一书中指出:在类比学习中,能否判断对象之间的相似性是能否产生类比迁移的关键。两个问题的相似性可以分为表面相似和结构相似两个维度。表面相似是指两个问题所涉及的事物、形式、情节等具体内容是相似的;结构相似是指两个问题的内部关系是相似的。给定一个问题,可以在两个维度上对问题进行变化,一是从表面特征方面进行变化,使问题从表面的近相似过度到表面远相似;二是从结构特征方面进行变化,使问题由结构近相似过渡到结构远相似。(喻平,2010)据此,在设计习题时,可以逐步改变问题的相似性,循序渐进,螺旋上升。如出示一组圆锥,从已知底面积、高,逐步变化成已知底面半径和高、已知底面直径和高、已知底面周长和高,在变中突出不变,巩固圆锥的体积计算公式。同时,也可以从求圆锥图形的体积逐步过渡到求圆锥物体的体积,在比较中探寻数学问题的本质,体验数学的应用价值。

(2)重视解题后的反思概括

美籍匈牙利数学家乔治·波利亚认为,数学问题的解决仅仅是一半,更重要的是解题之后的回顾。通过回顾完整的答案,重新斟酌,审查结果及导致结果的途径，能够巩固知识，并培养学生的解题能力。（波利亚，2007）可见，总结与反思是解题活动的重要组成部分。因此，在问题获得解决之后应引导学生回顾整个解题过程，并进行深入的思考：刚才所解决的问题有什么相同的地方？区别又在哪里？这些题之间有怎样的联系？解决时需特别注意什么？通过这样的反思，明确几个对象的类似之处，突出圆锥体积计算公式的本质；同时，又注意到对象之间的差异，明确一组习题的变化过程，对问题蕴含的知识进行纵向深入地研究，探究问题的知识结构和系统性，增强对圆锥体积公式的应用能力。

6.3　教学设计研究

教学设计有着多种不同的含义，这里所说的教学设计，是指教师上课前准备的教学方案。教学设计主要由教学目标与教学过程两部分组成。不同的教师去上"圆锥的体积"，常常有着不同的教学设计。本章试图对已经发表的部分教学设计进行综述，并进一步研究"圆锥的体积"新课的教学设计。

6.3.1　教学设计综述

我们通读了《小学数学教师》《小学教学》等杂志上发表的文章以及收录在中国知网内关于"圆锥的体积"教学的多篇文章，发现大同小异的教学设计很多。在此，选择了部分阐述"圆锥的体积"的教学设计或文章作为代表进行综述。

▷ **教学目标如何阐述？**

> 思考
>
> 1. 你觉得可以从哪些方面来思考一节课的教学目标？
> 2. 如果你来教学"圆锥的体积"，教学目标会如何制定？

目标是课堂教学的灵魂，因此，要对"圆锥的体积"进行教学设计，首先要明确这节课的教学目标。从理论上来讲，每一节课都有着自己的教学目标。"圆锥的体积"教学的课堂教学目标是什么？可以如何阐述？希望下面的回答能给你一些参考。

（1）20世纪90年代教学目标如何阐述？

在已发表的"圆锥的体积"相关教学设计中，含教学目标的较少。以下是1998年的一个"圆锥的体积"教学目标（徐喜泉，1998）：

①学生初步认识圆锥的特征，能够指出圆锥的底面、顶点和高。

②学生能理解并运用圆锥的体积计算公式。

③培养学生初步的空间观念和逻辑思维能力。

④渗透图形演化的数学思想，对学生进行辩证唯物主义的启蒙教育。

> **思 考**
>
> 你觉得上面这个写于15年前的教学目标可以分成哪几方面？

从上面这教学目标的阐述中，我们可以看到，徐喜泉老师写的这个教学设计从内容上看包含了圆锥的认识与圆锥的体积，从教学目标的制定来看，徐老师从三个方面考虑了"圆锥的认识与体积"这节课的教学目标，即要达成知识技能、能力与思想方法这三个方面的目标。20世纪90年代，数学教学十分重视"加强双基，培养能力"，从上面的这个教学目标中可见一斑。

（2）2001年新一轮课程改革实施以来，教学目标是如何阐述的？

2001年新的一轮课程改革实施以后，强调了三个维度的教学目标：知识与技能，过程与方法，情感、态度与价值观。在这样的指导思想下，"圆锥的体积"教学目标教师是如何制定的？不同的教师制定的目标是否有差异？我们先来看两位老师的"圆锥的体积"教学目标。

【教学目标1】

①掌握圆锥体积的计算方法，能正确计算圆锥的体积并解决一些简单的实际问题。

②经历"类比猜想—验证说明"的探索圆锥体积计算的方法的过程，让学生在探究中学习科学探究的方法。

【教学目标2】（黄爱勤 等，2006）

①引导学生通过实验推导出圆锥体积计算公式，并能运用公式计算圆

锥的体积，解决有关的实际问题。

②培养学生的观察—猜测—操作—逻辑思维能力和初步的空间观念。

③培养学生良好的合作探究意识。

④向学生渗透知识间可以相互转化的辩证唯物主义思想，学习将新知识转化为原有知识的方法。

思 考

你觉得新课程实施后的教学目标与 15 年前的教学目标有怎样的改变?

虽然时间已过去了 15 年，但从教学目标所关注的维度来看，差异并不是十分明显。细读目标，可以看出主要的区别有以下两点：

①更关注问题解决。从以上"圆锥的体积"的教学目标中我们不难发现，两位老师都非常注重知识与技能、过程与方法目标的制定。知识与技能方面都提到了正确计算圆锥的体积并解决实际问题，这也与 2011 版课标中"结合具体情境，探索并掌握圆锥体积的计算方法，并能解决简单的实际问题"的目标不谋而合。这也是新课改以后的一大进步。

②更关注探究过程。课改后两位老师在对过程与方法目标的叙述中都很重视圆锥体积公式的推导过程，尤其是推导过程中涉及的数学思想方法也作为教学目标提出，十分难能可贵。相比之下，20 世纪 90 年代过程目标的叙述没有如此详细。

整体来看，新课改后，教学目标的制定突出了知识与技能、过程与方法，重视了问题解决。相对而言，两位老师在情感、态度与价值观方面的目标比较欠缺一些。

也有少部分教师对"圆锥的体积"这节课的教学目标是按照"知识与技能，过程与方法，情感、态度与价值观"这三个维度来写的。比如，教学目标（王旭，2007）：

知识目标：知道圆锥体积公式的推导过程，能运用公式计算圆锥的体积。

能力目标：培养学生的空间观念、动手操作、概括推理和创新能力，能运用所学的知识解决生活中的实际问题。

情感目标：使学生感受数学来源于生活，积极参与数学活动，体验数学活动中的探索与创造，养成质疑和独立思考的良好习惯。

当然，是不是分成三个维度来表达只是一种形式，关键看教学目标的实质内容是什么，是不是按照课程标准的要求制定"圆锥的体积"教学目标。

（3）根据课程标准，"圆锥的体积"教学目标可以如何阐述？

如何确定一节课的教学目标要根据多个因素来确定，比如学生的情况就是一个十分重要的因素，但教学目标如何来表达、如何来阐述，就要根据国家颁布的课标。2011 版课标明确指出：数学课程目标包括结果目标和过程目标。结果目标使用"了解、理解、掌握、运用"等术语表述，过程目标使用"经历、体验、探索"等术语表述。标准中对这些词的基本含义做了以下的阐述：

了解：从具体实例中知道或举例说明对象的有关特征；根据对象的特征，从具体情境中辨认或者举例说明对象。

理解：描述对象的特征和由来，阐述此对象与相关对象之间的区别和联系。

掌握：在理解的基础上，把对象用于新的情境。

运用：综合使用已掌握的对象，选择或创造适当的方法解决问题。

经历：在特定的数学活动中，获得一些感性认识。

体验：参与特定的数学活动，主动认识或验证对象的特征，获得一些经验。

探索：独立或与他人合作参与特定的数学活动，理解或提出问题，寻求解决问题的思路，发现对象的特征及其与相关对象的区别和联系，获得一定的理性认识。

2011 版课标中还指出：数学教学不仅要使学生获得数学的知识技能，而且要把知识技能、数学思考、问题解决、情感态度四个方面目标有机结合，整体实现课程目标。课程目标的整体实现需要日积月累。在日常的教学活动中，教师应努力挖掘教学内容中可能蕴含的、与上述四个方面目标有关的教育价值，通过长期的教学过程，整体实现课程目标。

思考

阅读了以上材料，你觉得"圆锥的体积"一课的教学目标可以从哪几方面进行思考？你准备如何简述各个方面的目标？

从以上标准的阐述中，我们可以看到，对于任何一节数学课，它的教学目标从内容方面看就是："知识技能"、"数学思考"、"问题解决"、"情感态度"这四个方面。从具体表达上可以用两类行为动词去刻画，一类是刻画过程性目标的行为动词；另一类是刻画结果性目标的行为动词。下面我们根据课标的要求，努力挖掘"圆锥的体积"这一内容中可能蕴含的与以上四个方面内容有关的教育价值，逐步分析与写出"圆锥的体积"这节课的教学目标。

【知识技能目标】

（1）经历圆锥与圆柱体积的比较过程，知道圆锥的体积是与它等底等高圆柱体积的三分之一。

（2）经历用实验的方法来探究圆锥体积计算公式的过程，掌握圆锥的体积计算公式，能正确计算圆锥的体积。

【数学思考目标】

（1）能根据圆锥想象出与它等底等高的圆柱，建立初步的空间观念。

（2）在探索圆锥体积计算方法的过程中，积累"类比猜想—验证说明"的活动经验，发展合情推理能力和演绎推理能力。

（3）在用字母表示圆锥体积计算公式的过程中，发展符号意识。

【问题解决目标】

（1）能运用圆锥体积的计算公式解决一些简单的实际问题，增强圆锥体积相关知识的应用意识，提高实践能力。

（2）在讨论圆锥与圆柱的体积比较过程中，体验解决问题方法的多样性。

（3）学会与他人合作交流，形成初步的评价与反思意识。

【情感态度目标】

（1）能积极主动地参与圆锥体积计算方法的探究过程，对数学有好奇心和求知欲。

（2）在解决圆锥体积的相关问题的过程中，体验获得成功的乐趣，锻炼克服困难的意志，建立自信心。

（3）在应用圆锥体积的知识解决问题的过程中，体会数学的特点，了解数学的价值。

以上我们从课标的要求出发，从四个方面比较全面地写出了"圆锥的体积"这一内容的教学目标。从这四个方面的目标中我们可以看到，有些目标是这节课要达到的，有些目标只是这节课对它的贡献，是每一节课都需要关注的。对于教师而言，在设计"圆锥的体积"教学过程时，可以参考以上教学目标。当然，在阐述"圆锥的体积"的教学目标时，可以结合自己的设计理念，选择这节课最主要的、独有的教学目标进行阐述。

▷ **已有的教学设计是如何安排各个环节的？**

教学过程是"圆锥的体积"的教学设计中的重要内容，根据本节课的教学流程，我们选取了一些主要知识点的发生过程进行比较与分析。

（1）教学如何引入？

> **思 考**
>
> 结合第一章几套教材的比较，你觉得"圆锥的体积"这节课，可以有哪些引入的方式？

从所收集的教学设计来看，"圆锥的体积"这节课的引入方式，主要有以下几种。

①已知到未知，复习中引入。

【教学片段】

师：你们以前学过的长方体、正方体、圆柱体，都可以用一个什么公式来计算它的体积？

学：底面积×高。

师：求圆锥的体积能不能用"底面积×高"这个公式呢？如果用这个公式求出来的是什么？

生：得到的是和这个圆锥等底等高的圆柱的体积。

师：那圆锥的体积究竟该怎样计算？接下来我们就一起来研究。（出示课题）

> **思 考**
>
> 你觉得上面的引入方式好在哪里？

数学知识的教学，要注重知识的"生长点"与"延伸点"。"圆锥的体积"就是"柱体体积"的延伸点。此片段中先复习长方体、正方体、圆柱体这些柱体体积的计算方法，再提出"求圆锥的体积能不能用底面积×高这个公式"，非常好地建立了知识间的联系，激发了学生探究的欲望。同时，对整体建构小学阶段立体图形体积的计算方法有一定的作用。

②平面到立体，比较中引入。

【教学片段】

●先由电脑屏幕分别显示长方形、直角三角形。

师：如果分别以 AB 边为轴旋转一周将会得到什么形体？

生：长方形以 AB 边为轴旋转一周将会得到圆柱，直角三角形以 AB 边为轴旋转一周将会得到圆锥体。

（电脑作旋转演示以验证）

师：请同学们仔细观察，找一找圆锥的特征。

生：圆锥的底面是圆形，有一个顶点，只有一条高。

师：你能说说什么是圆锥的高吗？

生：从顶点到底面圆心的线段就是圆锥的高。（电脑显示"高"）

●电脑显示：将圆锥甲的高升高，得到圆锥乙；再将圆锥甲的底面扩大得到圆锥丙。

师：三个圆锥中哪个圆锥的体积最小？

生：圆锥甲的体积最小。

师：哪个圆锥的体积最大呢？

（由于很难比较，学生之间产生了分歧）

师：看来要想比较出乙、丙两个圆锥体积的大小，必须求出它们的体积各是多少。

思考

1. 此片段圆锥并不是直接出示的，而是通过将直角三角形以直角边为轴旋转一周得到的，这样的处理好在哪里？

2. 你觉得这一片段中将圆锥的底面积和高进行变化对后续的学习有什么帮助？

本片段用动态的方式演示了圆锥的产生过程，让学生感受从面到体的

变化，对发展学生的空间观念有一定的帮助。同时，又把圆锥进行动态的变化，体验圆锥的体积与底面积和高相关，并在比较体积大小的过程中激发矛盾，引发学生的学习欲望。这样的引入让学生亲眼看见了圆锥的产生与变化过程，有利于学习兴趣的激发，对后续研究圆锥变化后的体积关系也有一定的帮助。

③生活到数学，情境中引入。

【教学片段】

●电脑呈现出动画情境（伴图配音）。

夏天，森林里闷热极了，小动物们都热得喘不过气来。一只小白兔去"动物超市"购物，在冷饮专柜熊伯伯那儿买了一个圆柱形的雪糕。这一切都被躲在一旁的狐狸看见了，它也去熊伯伯的专柜里买了一个圆锥形的雪糕。小白兔刚张开嘴，满头大汗的狐狸拿着一个圆锥形的雪糕一溜烟跑了过来。（图中圆柱形和圆锥形的雪糕是等底等高的）

引导学生围绕问题展开讨论。

问题一：狐狸贪婪地问："小白兔，用我手中的雪糕跟你换一个，怎么样？"（如果这时小白兔和狐狸换了雪糕，你觉得小白兔有没有上当？）

问题二：（动画演示）狐狸手上又多了一个同样大小的圆锥形雪糕。（小白兔这时和狐狸换雪糕，你觉得公平吗？）

问题三：如果你是森林中的小白兔，狐狸手中的圆锥形雪糕有几个时，你才肯与它交换？（把你的想法与小组同学交流一下，再向全班同学汇报）

●揭示课题：小白兔究竟跟狐狸怎样交换才公平合理呢？学习了"圆锥的体积"后，同学们就会弄明白这个问题。（板书课题：圆锥的体积计算）

思 考

1. 你喜欢这个引入片段吗？为什么？

2. 在这个片段中，提出了 3 个供讨论的问题，你觉得这三个问题是怎样的关系？

本片段从学生熟悉的生活情境入手，创设了一个有趣的童话情境，使枯燥的数学问题变为活生生的生活现实，让数学课堂充满生命活力。其中 3 个供讨论的问题层层递进，在判断公平与不公平中蕴含了对等底等高圆柱

和圆锥体积关系的猜想，引导学生思考等底等高的圆锥体积是否相等？有怎样的关系？让学生在这一情境中敢猜想、乐猜想，在猜想中交流，在交流中感悟，自然地提出了一个富有挑战性的数学问题，从而引发了学生进一步探究的强烈欲望。这样的引入会让学生感受到数学知识是来自生活的，今天我们研究圆锥的体积，是因为生活中有许多物体的形状是圆锥，有利于学生体验数学的实际应用价值，对于学生建立"数学来源于生活"这样的数学观有着积极的意义。

④实物到模型，操作中引入。

【教学片段】（韩其梅 等，2002）

（学生课前准备圆柱形的萝卜或黄瓜）

师：把你们手中的萝卜或黄瓜用小刀削成最大的圆锥体，看谁能最快完成。

（学生积极地准备好东西，听清老师的要求后，开始认真地动手操作，等学生基本完成后，老师提问）

师：你是怎样把一个圆柱形的萝卜（或黄瓜）削成最大的圆锥体形状的？

生：让圆柱的底面积不变，削成的圆锥体就是最大的。

生：我要补充，还必须在高不变的情况下，削成的圆锥体才是最大的。

生：老师，我有简单的削法，把圆柱形的黄瓜平放在桌面上，从上到下，一点一点地削，不容易削着手。（边说边演示给大家看）

师：（顺手拿起一个不符合要求削小了的和一个符合要求的削好的圆锥体进行比较）大家觉得以上同学说的有没有道理？

思考

这样的引入好在哪里？有不足吗？

动手实践是学习数学的重要方式。本片段中教师安排了人人动手，通过把圆柱切割成最大的圆锥这样的操作活动，让学生带着问题去操作，体会到要割成最大的圆锥，必须与原来的圆柱等底等高，对后续猜想圆柱和圆锥的体积关系有一定的帮助。这样的引入学生喜欢，但材料准备复杂，且切割的过程费时、难度大，又不够安全，值得商榷。

总体而言，以上的引入方式各有自己的特点，如何确定课的引入不但与教学目标相关，而且还与后续的教学过程如何安排紧密相关。我们应该根据自己课的特点，确定课的引入。

（2）公式推导过程如何展开？

圆锥体积的公式推导过程是本课的重要环节。从收集的教学设计来看，此环节主要有以下两种展开过程。

①演示型

此种类型的公式推导过程以教师演示或学生演示为主，如以下的片段：

【教学片段1】（陈能文，1986）[33]

教师提出了一个问题："怎样计算圆锥体的体积呢？"教师没有让学生回答，直接说："要解决这个问题，请同学们看下面的实验。"教师将自己准备好的空圆柱和圆锥体给学生观察，并说明圆柱和圆锥体是等底等高的。实验时，由教师在空圆锥里装满沙土，然后把沙土倒入等底等高的空圆柱里，连续三次，正好把圆柱装满。教师根据实验情况，系统地讲述，从而揭示了圆锥的体积计算公式。并且用字母表示，要求学生记住这个公式。

【教学片段2】（陈能文，1986）[33]

教师因势利导拿出一个圆锥和一个等底等高透明的空圆柱，先让学生分别量了它们的底面直径和高，然后将圆锥装入等底等高的空圆柱里，让学生观察。师：圆锥和圆柱的体积有什么关系？

生：圆锥的体积相当于等底等高的圆柱体积的一部分。

师：如果知道了一个圆柱的体积，求与它等底等高的圆锥的体积，只要知道什么就可以推算出来？

生：只要知道圆锥的体积是等底等高圆柱的体积的几分之几就可以求得。

教师拿出两对不同的等底等高的圆锥和圆柱，请两个同学来做实验。两个同学分别在空圆锥里装满沙土倒入空圆柱里，连续三次，正好装满。

师：从实验中你们发现了什么？

生：从实验中知道了圆锥的体积等于等底等高圆柱的体积的 $\frac{1}{3}$。

教师引导学生用字母写出圆锥的体积计算公式，并追问：这个公式是在一个特定条件下成立的，大家想想这个特定条件是什么？

同学们沉思了一下，纷纷举手回答："这个特定条件就是等底等高。"

师：对！没有这个条件，公式是不成立的。

> **思考**
>
> 以上两个片段有什么异同？你更赞同哪一种？为什么？

这是两个 20 世纪 80 年代的圆锥的体积教学片段。在那个年代里，教师已经想到用实验的方法证明等底等高圆锥与圆柱的体积关系，虽然还是局限于教师演示或学生演示，但至少让学生亲眼看见了这种关系的存在。相比而言，片段一中教师还是以灌输为主，学生没有经历猜想的阶段，只是一名旁观者，思考性不够；片段二通过前面的观察，产生了实验的需求，并突出了等底等高这一条件，与前一片段相比，学生有了一些思考的空间，学习主动性有所增强。但不管是哪一个片段，学生都没有亲自经历圆锥体积计算公式的推导过程，在学习过程中还没有处于"主体"地位。

②实验型

在所收集的教学设计中，更多的是采用学生亲自动手实验的方式来推导圆锥的体积计算公式的。但在实验过程中，也有所差异。

【教学片段1】

猜测

师：（演示等底等高圆柱形容器和圆锥形容器）把圆锥倒放在圆柱形容器内，再结合同学们刚才的操作猜想一下，圆锥的体积与圆柱的体积有什么样的关系？

（学生以小组为单位进行讨论，然后汇报交流，举手发言）

生：圆锥的体积小，圆柱的体积大。

生：我感觉它们是相等的。

生：老师，通过您的教具（圆锥倒放在圆柱形容器内）演示，我发现圆锥的左边和右边合起来好像还是一个圆锥。

生：（补充）前后还有两部分，合起来还是一个圆锥，所以说圆锥的体积是圆柱的 $\frac{1}{2}$。

验证

师：到底等底等高的圆柱和圆锥的体积之间有什么样的关系呢？同学们，用你们准备好的教具（等底等高圆柱形容器和圆锥形容器）、细沙或小米分组做一下实验。

小组1：把圆锥形的容器里装满细沙，再倒入圆柱形容器里，倒了3次，正好倒满。

小组2：把圆锥形容器倒满水，慢慢地倒入圆柱形容器里，也是倒了3次，正好倒满。

（学生很认真地做完了实验，在讨论、争辩的热烈气氛中，学生们纷纷举手争着发表自己的见解）

生：老师，我发现圆柱的体积大约是圆锥的3倍。

生：圆锥的体积大约是圆柱体积的 $\frac{1}{3}$。

师：这个关系是在什么条件下才存在呢？

生：（齐）等底等高的条件下。

师：那么怎样用公式来表示呢？（引导学生列出圆锥体积的字母公式）

【教学片段2】（刘飞现，2007）

在猜测圆锥体积与谁有关，可能会有怎样的关系后，教师组织学生进行实验。教师将学生分成若干组，每组4—6人，每组准备下列物品：沙适量，空圆柱1个，空圆锥3个，分别编号为圆锥1、圆锥2、圆锥3，其中圆锥1和圆柱等底等高，圆锥2、圆锥3和圆柱不存在等底等高的关系，每组还有一张实验记录单（见表6-3-1）。

表6-3-1　圆柱和圆锥的体积关系实验记录单

	圆　锥	圆柱中的沙向圆锥中倒的次数
圆　柱	1　号	
	2　号	
	3　号	

学生做完上面的实验后，教师将每组记录的数据都展示给全班学生："请同学们观察总结一下，在所有各组记录的数据中，哪一个数出现得最多？"（3出现得最多）

由此让学生感知圆柱的体积是等底等高的圆锥的 3 倍，教师很顺利地引导学生推导出圆锥的体积公式。

【教学片段 3】（刘飞现，2007）

在猜测圆锥体积与谁有关，可能会有怎样的关系后，教师先提出要求："下面分组做实验，在空圆锥里装满沙子，然后倒入空圆柱中，看看几次正好装满。"小组代表在教具箱中取实验用的空圆锥、空圆柱各一个（教师准备的空圆锥、圆柱，有的组是等底等高的，有的组不是等底等高的）学生分组动手操作。教师问："从倒的次数看，两者体积之间有怎样的关系？"

生 1：我们将空圆锥里装满沙子，然后倒入空圆柱中，三次正好装满。说明圆锥的体积是圆柱的 $\frac{1}{3}$。

生 2：三次倒满，圆锥的体积是圆柱的 $\frac{1}{3}$。

生 3：（迟疑地）我们将空圆锥里装满沙子，然后倒入空圆柱中，四次正好装满。说明圆锥的体积是圆柱的 $\frac{1}{4}$。

生 4：是 $\frac{1}{3}$，不是 $\frac{1}{4}$。

生 5：我们在空圆锥里装满沙子，然后倒入空圆柱中，不到三次就将圆柱装满了。

师：并不都是 $\frac{1}{3}$ 呀，怎么会是这样！我来做。（教师从教具箱中随手取出一个空圆锥、一个空圆柱）你看，将空圆锥里装满沙子，倒入空圆柱里，一次，再来一次，两次正好装满，圆锥的体积是圆柱的 $\frac{1}{2}$。

（学生议论纷纷）

生 6：老师，你取的圆柱太大了。（教师在他的推荐下重新使用一个空圆柱继续实验，三次正好倒满）学生调换教具，再试。

师：什么情况下，圆锥的体积是圆柱的 $\frac{1}{3}$？

生：等底等高。

生：圆锥的体积等于和它等底等高的圆柱体积的 $\frac{1}{3}$。

1. 以上三个片段都是学生亲自动手操作来推导体积计算公式的，有区别吗？
2. 你会给学生提供怎样的实验器材？为什么？

以上三个片段，都引领学生经历了"类比猜测—实验验证—得出结论"的学习过程，但在实验材料的提供与实验过程的组织上，却有着很大的差异。片段一提供的是等底等高的圆柱与圆锥，实验结果也是一致 3 倍的体积关系；片段二提供的材料中既有等底等高的，又有不等底等高的，通过对比实验说明不等底等高的圆柱与圆锥体积之间的关系不是一个定量，而等底等高的圆柱与圆锥才存在 3 倍的体积关系，从而推导出圆锥的体积公式。与片段一相比，操作活动的深度有所提高，思考性也有所增强，结论的得出更科学；而片段三的教学，在看似混乱的材料以及无序的实践中，增加了学生对实验条件的辨别及信息的批判，学生学得更主动，经历了一番观察、合作、发现、思辨的过程，尤其是对不同的操作结果进行反思，产生进一步实验的需要，既圆满推导出了圆锥的体积计算公式，对"等底等高"这一条件有了深刻的理解，又促进了学生实践能力和批判意识的发展，使操作活动更为有效。

（3）公式得出后如何安排练习？

虽然引入、公示的推导过程各不相同，但"圆锥的体积"练习部分的设计却大同小异，主要有以下几种练习形式。

①基本练习

在基本练习环节，一般都是应用公式求圆锥体的体积，有用图示的方式呈现信息，如计算下面各圆锥的体积（见图 6 - 3 - 1）。

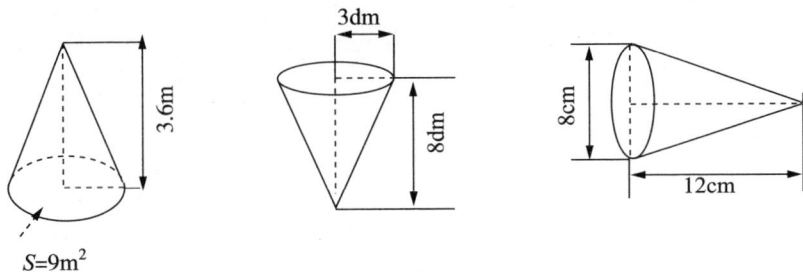

图 6 - 3 - 1

也有用文字的方式呈现信息，如根据下面的已知条件求圆锥的体积。

a. 底面积25平方分米，高9分米。

b. 底面半径3厘米，高6厘米。

c. 底面直径8厘米，高10厘米。

不管是哪种方式，在编排习题时，都注意到了循序渐进，从直接已知底面积和高，到给出半径、直径这些间接条件，求圆锥的体积。也有的教学设计在这一环节还安排了已知底面周长和高求圆锥体体积。我们认为，在基本练习阶段，还是以公式的直接应用为主，已知周长对学生来说还是会产生一定的学习困难，建议置后。

②实际应用

"能运用圆锥体积的计算公式解决一些简单的实际问题"是"圆锥的体积"的教学目标之一。因此，不同的教学设计在练习部分都安排了应用公式解决实际问题的练习，如"一个圆锥形沙堆，高是1.5米，底面半径是2米，每立方米沙重1.8吨。这堆沙约重多少吨？"又如"小麦丰收了，一些小麦堆得像小山一样，圆锥形麦堆的底面直径是8米，高5米，如果每立方米的小麦重0.4吨，那么这些小麦一共重多少吨？"这样的练习都把圆锥物体的体积与实际问题相结合，提高了学生应用公式解决问题的能力，也增强了学生圆锥体积相关知识的应用意识，提高了实践能力。

③拓展提高

在很多教学设计中，在"圆锥的体积"课的最后部分，都会安排一个发展性练习，如"一段圆柱形钢材，底面直径是10厘米，高是15厘米，把它加工成一个圆锥零件。根据以上条件信息，你想提出什么问题？能得出哪些数学结论？"这样的问题开放性大，灵活性强，对提高学生灵活应用知识的能力有一定的帮助。

这一环节的练习还有根据本课的教学过程或实际的教学场景进行设计的。如"请你们将做实验时装在圆柱容器里的沙（或米）倒出，堆成一个圆锥形沙（米）堆，小组合作测量计算它的体积。"又如"看看我们的教室是什么体？（长方体）要在我们的教室里放一个尽可能大的圆锥，想一想，怎样放体积最大？"这样的练习沟通了立体图形（圆柱与圆锥、圆锥与长方体）之间的联系，对建立知识的整体结构有一定的帮助。但是相对而言，难度较大，教师可以根据学生的实际能力以及学生对知识的掌握情况灵活选取。

6.3.2 同课异构研究

相信通过前面几章的阅读，你已经知道了什么是同课异构。同样，对于"圆锥的体积"这一节课，也可能因为不同的教学目标，采用不同的教学环节；或者针对相同的教学目标，采用不同的课堂教学环节。以下是几种"圆锥的体积"不同的教学设计，每一种设计的侧重点都会有所不同。

▷ **如何从合情推理的角度设计教学？**

完善的思想方法犹如北极星，使人们找到正确的道路。

——G. 波利亚

> **思 考**
>
> 1. 你知道哪些数学思想方法？
> 2. 你知道什么是合情推理吗？如果从合情推理的角度，可以怎样设计这节课？

学习数学从根本上讲就是获得数学的思想与方法，并用于指导工作与生活。许多数学家都提出了各自的数学思想方法论。著名的数学家波利亚认为，数学的发明、发现离不开猜想，所以他极力主张在数学的教学中必须有猜想的地位，教学必须为发明做准备，或至少给一点发明的尝试。数学猜想一般来自与严密的论证推理完全不同的一种推理方法——合情推理。

归纳、类比是合情推理常用的思维方法。教学圆锥的体积，就可以让学生经历猜想—验证—得出结论的过程，自主探索圆锥的体积计算公式。

学具准备：两个完全相同的圆柱形橡皮泥，一把小刀，一个装有水的圆柱形透明量杯，2 个圆锥容器与 2 个圆柱容器（含等底等高与非等底等高），沙。

过程一：比较引入，提出猜想

（1）教师出示一个陀螺，问：大家玩过陀螺吗？如果我们想做一个陀螺，你觉得用什么形状的原材料比较好？为什么？

（2）出示一根圆柱形木头（如图，单位：厘米）问：如果用这个木料做一个陀螺,你打算怎么做?引导学生尝试用橡皮泥进行动手操作。

(3) 交流:你是怎么削的?(以橡皮泥一个底面的中心作为圆锥的顶点,另一个底面作为圆锥的底面)削成的圆锥与原来的圆柱有什么关系?(底面积相等,高也相等;圆锥的体积比圆柱的体积要小)

(4) 那圆锥的体积与圆柱的体积会有怎样的关系呢?

学生的猜测一:因为三角形的面积是长方形的 $\frac{1}{2}$,所以圆锥的体积可能是圆柱体积的 $\frac{1}{2}$。(教师板书:圆锥的体积 $=\frac{1}{2}$ 圆柱体积)

学生的猜测二:我发现削下来的橡皮泥比较多,估计圆锥的体积应该不到 $\frac{1}{2}$,可能是 $\frac{1}{3}$ 吧。(教师板书:圆锥的体积 $=\frac{1}{3}$ 圆柱体积)

过程二:实验验证,得出结论

(1) 刚才的这两种关系其实都只是我们的一种猜想(在以上两个等式上方板书猜想),这样的猜想到底是否成立,我们该怎么办?(板书验证)

(2) 你们打算怎么验证?(先小组讨论方法再交流)

学生方法一:把圆锥形的橡皮泥捏成和原来底面积相等的圆柱,比较它们的高度,看看有怎样的关系。

学生方法二:把圆锥形橡皮泥和圆柱形橡皮泥分别放到量杯里,没入水中,看水面上升的高度就可以判断二者的关系了。

学生方法三:用圆锥形的容器装沙子,倒在圆柱形容器里,看看几次可以倒满。

(3) 这些方法都可以,选择你们喜欢的方法进行验证。(小组活动)

(4) 交流验证结果:

方法一的验证结果:圆锥捏成的圆柱的高度大约是原来的 $\frac{1}{3}$,所以体积也应该是原来的 $\frac{1}{3}$。

方法二的验证结果:圆柱放入量杯后水面上升的高度大约是圆锥放入量杯后水面上升高度的 3 倍,所以圆锥体积应该是原来的 $\frac{1}{3}$。

方法三验证的结果:有倒 2 次装满,有倒 3 次装满,也有 2 次多一点,

3次不到。引导学生思考：怎么会不一样呢？引出只有等底等高的圆柱与圆锥，才满足3次倒满。

（5）根据刚才的实验，我们现在可以得出怎样的结论？

圆锥的体积＝等底等高圆柱体积的$\frac{1}{3}$。

可以怎样计算圆锥的体积？（板书圆锥体积文字公式与字母公式）

过程三：实际应用，巩固提高

（1）现在请你想一想，如果我们用一开始的圆柱木料做一个最大的陀螺，它的体积有多大？

（2）完成书上其他相关练习。

（3）课堂小结：今天我们研究了什么？我们是怎么研究的？（指出猜想—验证—得出结论是数学上常用的一种方法，以后也可以用这样的方法研究其他的数学问题）

板书：　　　　　　　　　圆锥的体积

猜想————————→验证————————→结论

圆锥的体积＝$\frac{1}{2}$圆柱体积　　　圆锥的体积＝等底等高圆柱体积的$\frac{1}{3}$

圆锥的体积＝$\frac{1}{3}$圆柱体积　　　圆锥的体积＝$\frac{1}{3}$×底面积×高

$$V = \frac{1}{3} \times S \times h$$

以上是笔者结合金晓峰老师的圆锥体积教学案例（金晓峰，2007）进行整理与修改后所得的教学流程。这样的教学过程，基于学生的原有基础，凸显了合情推理，使学生在猜想—验证—得出结论的学习过程中亲历了圆锥体积公式的探索过程，知其然并知其所以然，能较好地解决前测中学生不明确"为什么圆锥体积是与它等底等高圆柱体积的三分之一"的问题。同时，感悟了数学思想与方法，积累了活动经验。

▷ **如何从变换几何的角度设计教学？**

思考

你知道什么是变换几何吗？能不能举个例子来说明？

我们可以用运动的观点看待几何体，一个图形发生变化也是运动。为了研究图形在运动中的性质，人们运用集合论中映像的观点，将图形的运动视为是使图形从一个位置变到另一个位置的映像——即变换。如把图形放大缩小，面积体积随之变化，就属于变换中的相似变换。以变换方法研究几何统称为变换几何。（邵光华，2009）

通俗地讲，将几何图形按照某种法则或规律变换成另一种几何图形的过程，叫作几何变换。圆锥与圆柱有着密切的联系，利用变换几何的思想通过运动变换找到图形间的联系，发现与圆锥体积的相关的因素，利于学生掌握与理解圆锥体积的计算方法。以下教学设计由本书作者张麟老师提供，在此进行了一定的整理与修改，主要教学环节如下：

过程一：复习引入，建立联系

师：（出示一个圆锥模型）这是什么？

生：圆柱。

师：我们以前已经学习了圆柱的有关知识，你能说一下吗？

生：圆柱的体积等于底面积×高。

生：圆柱上下两个面是一模一样的圆，侧面展开是一个长方形或者正方形。

生：圆柱可以通过长方形沿一条边旋转一周得到。

师：我们已经知道了这么多有关圆柱的知识。现在请你想象一下，如果圆柱的一个底面慢慢缩小，最后变成了一个点，它会变成一个什么图形？

生：圆锥。

（课件演示圆柱变圆锥的过程，并请学生想一想，什么变了，什么没有变）

过程二：大小比较，寻找相关

师：刚才有同学说，圆柱可以通过长方形绕一条边旋转一周得到，那么圆锥又可以怎样得到呢？

出示一个边长为 3cm、4cm、5cm 的直角三角形，问：你能用这个三角形得到圆锥吗？

教师拿出一个按比例放大的三角形纸片，请学生边说方法边操作，展示两种不同的方法，再用课件演示动态变化过程。

师：我们用两种方法得到了两个不同的圆

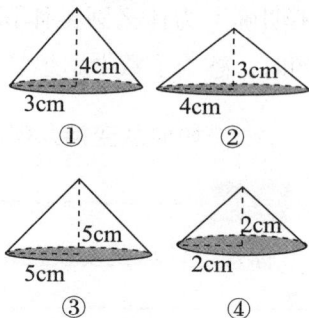

锥，这里再增加两个圆锥，你能比较它们体积的大小吗？（课件出示上图）

你能够直接判断的是什么？

生：③号体积最大，④号体积最小。

师：哪些同学也是这样想的？能不能说说为什么？

生：因为③号底面半径最大，高也最大，所以体积也最大；④号底面半径最小，高也最小，所以体积就最小。

生：底面半径大，底面积就大。

师：那你觉得圆锥的体积会与什么有关？

生：与底面半径和高的大小有关。

师：也就是与底面积和高的大小有关。

过程三：实验验证，得出结论

师：剩下的两个圆锥你能不能直接比大小？

生：不能？

师：那怎么办？

生：用体积公式来算一算就行了。

师：是个好办法。有谁知道圆锥的体积计算公式？（学生说的基础上教师板书）你们都相信这个公式是正确的？

生：相信。

生：可以验证的。

师：如果要验证这个公式，你有什么好方法？（同桌交流后汇报）

生：先做等底等高的一个圆锥和一个圆柱，然后在圆锥里加水，倒满以后，把水倒在圆柱里，倒三次看看是否正好倒满。

师：你们认为这个方法可行吗？

生：可行。

师：好的，我们已经有了一种不错的方法，谁还有不同的？

生：底面积和高都相等的实心圆锥和圆柱各做一个，放在两个底面积和高都相等而且水面一样高的容器里，看它们水面上升的高度。

师：这个方法是什么意思？你们有没有听明白？

生：就是找两个等底等高的圆柱和圆锥，但要实心的，然后放进两个容器里，这两个容器要求一样而且里面的水也要一样多，然后把圆柱圆锥放进去，看上升的高度。如果圆柱放进去上升的高度是圆锥放进去上升高度的 3 倍，那么公式就成立。

师：这个方法可以吗？

生：可以。

师：现在老师给你们提供一个圆锥、一个圆柱和一袋沙子，利用这些工具，你可以怎样去操作验证？

生：把沙子装在圆锥里，装满后倒在圆柱里，倒 3 次看一下结果。

师：不要急着做，我们看一下活动建议。（课件出示活动建议：①时间为 5 分钟；②完成后同桌互相说一说为什么可以这样验证以及验证的过程；③如果没有验证成功，想一想有可能是什么原因造成的？）（学生同桌合作活动）

师：刚才验证成功的同学请举手。

师：没有验证成功的同学能说说可能存在什么问题吗？

生：我们拿到的圆柱和圆锥的底面积是不同的，沙子的密度也是不同的，操作不当也可能导致实验失败。

师：这位同学很厉害，进行了反思。第一他反思了实验工具是否准确。确实有两组同学拿到的圆柱和圆锥是不等底等高的，所以实验没有成功；第二他反思了我们用的材料，沙子的密度不一样。这是什么意思？

生：压一下沙子会变紧一点，不压就会松一点。

师：也就是沙子的紧密程度不一样，它的体积也会发生变化。还有没有其他原因？

生：因为圆锥是纸做的，手捏一下会变小，所以就不准了。

师：好，这也可能是一个原因。我们操作的时候会产生误差，当然你操作的时候仔细一点，误差就会小一点。

师：刚才我们的操作过程也可以用课件来演示。（课件演示操作过程）

师：倒了 3 次倒满了说明什么问题？

生：圆锥的体积是圆柱的 $\frac{1}{3}$。

师：（拿出一个比较大的圆柱）我这里有个圆柱，拿你们桌上的圆锥来倒 3 次，会怎么样？

生：倒不满。

师：为什么？

生：因为它们不是等底等高的。等底等高的情况下，圆柱的体积是圆锥的 3 倍。

师：（指着圆锥的体积公式）那么这个公式，你现在觉得可以用了吗？

生：可以。

师：那我们就来解决一下刚才没有解决的问题，哪个圆锥的体积大？请你完成在练习纸上。

师：（学生完成后）说说你是怎样比较的。

生：把两个圆锥的体积都算出来进行比较。一个是 37.68 立方厘米，一个是 50.24 立方厘米，所以②大。

生：不用算出来，用 π 来表示就可以了，一个是 12π，一个是 16π，所以第二个大。

生：因为 $\frac{1}{3}$ 和 π 都是要乘的，所以只要比较 32×4 和 42×3 谁的结果大就可以了。

过程四：课堂练习，实际应用

师：浏览一下活动纸上的 3 组题目（略），选择完成一组适合你的题目。

［学生完成练习后的教学反馈（略）］

> **思考**
>
> 1. 你觉得上面这个教学设计的哪些环节体现了变换几何的思想？有什么好处？
> 2. 在实验后的讨论环节，教师有这样一句话："没有验证成功的同学能说说可能存在什么问题吗？"你觉得教师这样问的意图是什么？有什么好处？

在这个教学设计中，多次进行了图形之间的变换，有不同图形之间的变换（圆柱到圆锥），有相同图形之间的变换（圆锥体积变大、变小），有平面到立体的变换（长方形到圆柱、三角形到圆锥）。在这样的基于认知基础的运动变换中，学生初步感知等底等高圆柱与圆锥体积的大小关系，体会圆锥的体积与底面积和高相关，为后续的进一步学习奠定了基础，利于学生理解圆锥体积计算公式的由来。

在这个教学设计中，教师也十分重视学生反思能力的培养，如在操作验证时，活动要求中有一条：如果验证不成功可以想一想是什么原因造成的，渗透了质疑意识和科学态度的培养。

▷ **如何从合作交流的角度设计教学？**

"合作与交流"的意识与技能是每一个公民都必须具备的素养。数学教育应该为公民具备这种良好的素养作出自己应有的贡献。"圆锥的体积"的教学也可以从合作与交流的角度进行设计。此处参考了杨新文老师《在实验中探究数学知识》一文，设计了以下环节。

环节一：复习引入，建立联系

（1）出示一个圆柱，求出它的体积。想一想，圆柱的体积计算公式我们是怎么推导出来的？

（2）把圆柱上底面缩小成一个点，变成一个圆锥，估一估，这个圆锥的体积大概是多少？（请学生说说估计的理由，初步感知圆锥的体积可能与圆柱有一定的关系）

（3）揭示课题：这节课我们就一起来研究圆锥的体积。

环节二：主动探究，发现规律

（1）每4人组成一个学习小组，各小组分别推出一位小组长。由小组长领回实验器材。（每组圆锥的底面直径和高是固定的，圆柱有四种不同的情况，第一种：和圆锥等底等高。第二种：等底但不等高。第三种：等高但不等底。第四种：既不等底也不等高。但三组中底面直径和高又有区别）

（2）活动一：观察本小组的圆柱和圆锥特征，找出它们的异同；想一想怎样通过圆柱求出圆锥的体积，设计操作方案。（小组讨论后派代表进行全班的交流：我们组准备这样做实验……）

（3）活动二：动手做一做，填写实验报告。（要求每人选一个圆柱进行实验，其他人观察并选择相应的表格记录实验数据）

（4）活动三：左右两个小组交流实验结果，看看有什么发现？（左右两组材料不同）

实验报告

小组成员：_____

实验目的：研究圆锥的体积

实验步骤：

①比较圆锥、圆柱的底和高。

②设计操作方案：

我们的实验方法是：_____

_____

③根据方案进行实验，填写实验结果

圆锥、圆柱的特征	倒的次数
等底等高	
等底不等高	
等高不等底	
不等高不等底	

④与相邻的小组比较试验结果，有相同的地方吗？

⑤想一想：圆柱的体积与圆锥的体积之间有怎样的关系？

（5）小组整理成果，准备向全班同学汇报。汇报的内容包括：我们是用怎样的方法进行实验的？实验的结果是怎样的？通过和相邻小组的交流，我们有了什么发现？并确定由谁代表小组发言。

（6）全班交流：大屏幕展示下面的表格，根据学生的汇报填写相应的表格。当一个小组的代表发言时，其他同学认真倾听。如果所用材料一样，可以检查实验数据是否正确；如果实验材料不一样，可以观察有没有相似的地方。学生汇报过程中，教师要认真倾听，并引导学生进行质疑与对话。通过学生之间的合作与交流，最终发现各组中都有一种特殊的情况，即所倒的次数相同，都是 3 次。

项目 几何体	材料一			材料二			材料三		
	底面直径 （cm）	高 （cm）	所倒 次数	底面直径 （cm）	高 （cm）	所倒 次数	底面直径 （cm）	高 （cm）	所倒 次数
圆锥	4	4		6	8		6	5	
圆柱1	4	4		6	8		6	5	
圆柱2	4	5		6	7		6	3	
圆柱3	6	4		5	8		4	5	
圆柱4	6	7		7	7		4	4	

（7）得出结论：教师引导大家讨论研究，提出为什么这几种情况下的实验结果相同？通过观察这三种情况的实验器材并再次在全班同学面前做实验，发现共同的特点：这三种情况的圆柱和圆锥底面积相同、高也相同，所以这三种情况的实验结果都是倒三次，自然得出了"圆柱的体积是圆锥体体积的 3 倍，反过来圆锥体积是圆柱体积的 $\frac{1}{3}$ 的结论。"最后由师生共同归纳概括推导出公式，强调"等底等高"为重点词，并板书圆锥体积的计算公式。

环节三：练习巩固，解决问题

（1）求出一开始呈现的圆锥的体积。

（2）解决生活中的圆锥实物的体积及其他相关的实际问题。

上面的这个教学设计，小组合作学习主要体现在第二环节。在这一环节中，学生进行了充分的合作与交流，并在交流的过程中，发现不同中的相同，得出圆锥的体积计算公式。这样的学习过程，所有的学生都能够意识到自己的贡献。

6.3.3　需进一步思考的问题

▷ **圆锥体积是圆柱体积的三分之一吗？**

在平时的学习过程中，我们经常可以听到这样的语言："因为圆锥的体积是圆柱体积的三分之一，所以求圆锥体积的时候不要忘记乘三分之一。"确实，通过实验操作，学生对 3 倍的体积关系有了非常深刻地记忆，但是，我们能说"圆锥的体积是圆柱体积的三分之一"吗？答案是否定的。因为这个体积关系是建立在圆柱和圆锥等底等高的基础上的。

如何让学生对这句话有所感悟？教师可以顺着学生错误的表达，在黑板上运用夸张的手法画一个又高又大的圆锥和一个又矮又小的圆柱（见图 6 – 3 – 2）并反问：圆锥的体积是圆柱体积的三分之一吗？为什么？通过这样的辨析与反思，使学生深刻领会为什么必须在等底等高的情况下圆柱与圆锥的 3 倍的体积关系才成立。相信通过这样的活动，以后一听到"圆锥的体积是圆柱体积的三分之一"这句话，学生就会想起上面这幅图，马上就能判断正误。

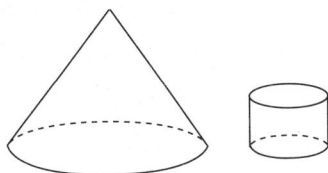

图 6 – 3 – 2

▷ **是容积还是体积**？

> **思 考**
>
> 1. "容积"与"体积"有什么区别？
> 2. 你觉得教材中的实验是和体积有关还是和容积有关？

无论是教材的编排还是教师课堂上的处理，在推导圆锥体积公式时，都是用空心圆锥与圆柱作为教具，通过装沙或倒水 3 次，来验证圆锥的体积等于和它等底等高圆柱体积的三分之一。但在实验的过程中，经常由于各种原因导致实验失败或数据不够精确，学生也往往是半信半疑地接受最后的结论。分析原因，此实验过程其实只能证明空心圆锥的容量是与它等底等高空心圆柱容量的三分之一，并不能说明二者之间包括容器体积在内的这种体积关系。固然容器的容积等于装满容器的沙土的体积，但是"容积"与"体积"毕竟是两个不同的概念，用容积关系说明体积关系，还是有所不妥。

有没有更好的实验方法来证明圆锥体积公式呢？林时雨（1999）老师提出了一种改革实验的设想，在此与大家分享。

首先，改用实心圆锥与圆柱做实验。制作实心教具的材料可用有机玻璃、铝、铜等比重比水重的物质，分别制造一个大小合适（底面直径为 8 厘米左右，高 9 厘米左右）的实心圆柱和一个与它等底等高的实心圆锥。

同时再配备两个同样的内径稍比实心圆柱大一些（约 10 厘米），高比实心圆柱的两倍略高一些（约 20 厘米）的玻璃量筒。

实验时，先往两个量筒内分别注入等量（半筒——高约 10 厘米）的浅色水，并在筒壁上做好标记，然后分别放入实心圆锥和圆柱（见图 6-3-3）。学生马上可以看到筒内水柱立即上升，且上升的水柱体积就等于放入筒内的圆锥或圆柱的体积。同时还可以从量筒的刻度（单位：厘米）上明显看出：放圆锥筒内上升的水柱高度是放圆柱的三分之一。

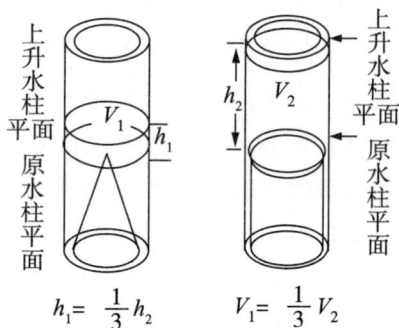

$$h_1 = \frac{1}{3} h_2 \qquad V_1 = \frac{1}{3} V_2$$

图 6-3-3

最后，再向学生说明高的 $\frac{1}{3}$ 与体积的 $\frac{1}{3}$ 之间的联系，即可得出圆锥体积的计算公式。

▷ 复杂问题怎样深入浅出？

【教学片段】（孙惠惠，2007）

过了一会儿，教室里有了些不和谐的声音，起先还压抑着，后来便掩不住兴奋炸裂开来。两个脸涨得通红的男同学，高声叫着，"二分之一！是二分之一！你看。""孙老师"，其中叫范托的学生激动地说："你先看，这个三角形的面积是不是这个长方形的一半？"一个涂得脏兮兮的长方形，以及一个沿这个长方形的对角线对折后剪下来的三角形出现在我眼前（见下图）。

"对呀。"

"那这个呢？"他又拿出和刚才相同的两个图形。

"也是呀。"

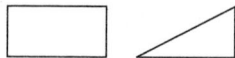

"这样两个叠起来，两个三角形的体积是不是两个长方形的一半？"

"是呀。"

"那 3 个、4 个、很多个叠起来呢？"

"也是二分之一。"

"那就对了。"他得意地说，接着开始演示，他把一个长方形和一个三角形粘在一起，以一条宽为轴，用手拨动另外一边旋转 360 度（如下页图），拨一下，数一下，"1张、2张、3张……一起转的，那张数是一样多，长方形转一圈就是圆柱，三角形转一圈就是圆锥，那圆锥的体积不就是圆柱的二分之一吗？"

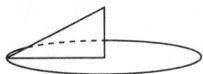

太突然了，我深吸一口气让自己保持镇定，头脑中迅速地调动相关知识：旋转成形的任一瞬间，三角形的面积都是长方形的二分之一，由于是同步旋转，因此旋转的度数完全相同，也就是说，累计叠加的个数也完全相同，因此，由无数个三角形旋转叠加而成的圆锥的体积，应该就是由同样多数的长方形旋转叠加而成的圆柱的体积的二分之一！天哪，这个推理好像是天衣无缝，面对人们信之不移的"规律性知识"，不同的方法怎么出现了不同的结论！应该是三分之一啊，怎么办？我知道我的学生此刻都在盯着我。两分钟后，终于有人忍不住开了口，教室里炸开了锅。"书上印错了！""倒水的时候，3次根本就没有倒满，不是三分之一，应该是二分之一啊！""范托，你好厉害！"而我，只能暂时眼睁睁地看着他们，因为我确实无法当堂反馈这个推理的逻辑漏洞。

思 考

1. 你觉得这个学生的推理有道理吗？

2. 你有办法证明他的推理是错误的吗？

在教学圆锥体积这一课时，始终会有一些学生与教学片段中的范托一样，认为三角形的面积是长方形的一半，所以三角形沿直角边旋转得到的圆锥的体积也应该是长方形旋转后得到的圆柱的二分之一。如果从数学的角度来进行证明，将是一个十分复杂的过程，六年级的学生根本无法理解。有没有办法让这样复杂的问题深入浅出？孙惠惠（2007）老师《旋转的三角也疯狂》一文给了我们很好的启迪。

那天我走进教室的时候，手中多了1个圆形蛋糕。我先借用范托的道具演示了一番，让学生清楚地感受到形成的是1个圆柱，然后拿出蛋糕，"我们来切一个面看看"，我从圆心出发切了1刀，让学生想象切面是什么形状，学生想到了，是长方形，只不过藏在里面。"30个这样的长方形叠加呢？"我拿出了另外的30个大小相同的长方形追问。

"是长方体。"学生毫不犹豫地回答，我按他们的意思叠加了一遍，果然是长方体。接着我不紧不慢地说，"如果旋转了一度算一片，旋转30度左右，该切在哪里啊？"很多学生自告奋勇来切，一块蛋糕就切下来了。"观察，你发现了什么？"在两个物体的比较中学生很快明白了直线叠加和旋转叠加的不同：直线叠加两端同时增厚，而旋转叠加一端增厚，沿轴的一端的厚度却一直没有发生变化。我乘胜追击，"适合直线叠加的推论不一定会适合旋转叠加，因为有一部分被互相'挤'掉了。"说的时候我还特地使劲捏了捏长方体的一端。有些学生开始醒悟了，小声地说"那就不一定是二分之一了。""这就满足了啊！那我的蛋糕不是浪费了吗？"我故意卖了个关子，学生顿时来了精神。"还有什么？"我拿起切下的那块蛋糕，"这个面是长方形吧？沿对角线一分是两个一模一样的三角形吧？好，沿这条对角线把蛋糕切开，两块一样大吗？"学生中起了争论，不一会儿就只剩下一种声音，当蛋糕被我用上面的方法切开来后，学生终于明白：用面的方法来思考体，是不周到的。当那两个他们说不出形状的体真实地摆在他们面前时，他们已经明白了错误的原因，那个我也无法用他们现在所能理解的数学语言来解释的原因。

　　佩服孙惠惠老师，用一个蛋糕就解决了无法说清的数学原理。如果你也遇到片段中的质疑，不妨一试。

参考文献

波利亚 . 2007. 怎样解题 [M] . 上海：上海科技教育出版社：12.

蔡凌燕 . 2010. "圆柱的认识" 教学设计 [J] . 中小学数学：小学版 (7/8)：68.

陈杰平 . 2011. 立足生活实际探究转化策略 "圆柱的体积" 教学实录与 反思 [J] . 家教世界 (8)：86.

陈能文 . 1986. 两种教法两种收效："圆锥的体积" 听课侧记 [J] . 小学教 学研究 (3)：33.

丁红芳 . 2010. 为学生所需而教是乐 [J] . 新课程 (10)：67.

董建英 . 1992. "圆柱体积" 教学设计 [J] . 云南教育 (3)：82 – 83.

邰晓定，韩玉文 . 2011. 丰富感性认识 经历理性思考：圆柱和圆锥的认识 教学研究与实践 [J] . 教育研究与评论：小学教育教学 (2)：38 –41.

郭保生 . 2007. 也谈 "圆柱侧面展开可能是正方形吗?" [J] . 中小学数 学：小学版 (5)：104.

郭根福 . 2006. 小学数学新课程教学法 [M] . 上海：华东师范大学出版 社：81.

韩其梅，董凤玲 . 2002. 让学生在 "猜测和验证" 中得到发展："圆锥的 体积" 教学课例分析 [J] . 小学教育科研论坛 (1)：44 – 46.

胡桂武 . 1987. 用六因素单元教学法教学圆柱体积的设计 [J] . 湖南教 育 (3)：40.

黄爱勤，陈绪虎 . 2006. 圆锥的体积教学设计 [J] . 教学与管理 (1)：72.

董妍妍，孙志林，姜志霞 . 2007. "圆柱的体积" 教学纪实与反思[J] . 黑龙江教育：小学教学案例与研究 (11)：30.

金晓峰 . 2007. 构建学习平台 亲历探索过程：圆锥体积教学案例研究与 反思 [J] . 教学月刊：小学版 (4)：41 –42.

瞿国良 . 1998. 圆柱的表面积活动课堂实录 [J] . 小学数学教育 (3)：34，82，88，92.

孔仲 . 2012. 对 "圆锥的高" 测量方法的改进建议 [J] . 教学月刊：小 学版：数学 (9)：24.

林良富. 2013. 圆柱的认识［M］//徐斌，钟建林. 小学数学名师名课：成名篇. 北京：教育科学出版社：135－139.

林时雨. 1999. 改革推导圆锥体积公式的实验［J］. 小学教学参考（11）：37.

刘飞现，池成英. 2007. 操作活动要有价值：圆锥的体积三课例比较［J］. 四川教育（Z1）：86－87.

邵光华. 2009. 作为教育任务的数学思想与方法［M］. 上海：上海教育出版社.

石顺宽. 2005. "圆柱的体积"教学设计［J］. 黑龙江教育（3）：22－23.

孙惠惠. 2007. 旋转的三角也疯狂：基于圆锥体积公式推导的数学思考［J］. 基础教育课程（46）：24.

唐光枚. 2000. 圆柱的认识及其侧面积教学设计与评析［J］. 小学数学教育（1/2）：86，91.

王彩凤. 2011. "圆柱的体积"教学设计与设计意图［J］. 辽宁教育（8）：61.

王德军. 1994. "圆柱体表面积的计算"教学设计与评析［J］. 中国小学数学教育（1/2）.

王宁宁. 2008. "圆柱的认识"教学纪实与反思［J］. 新课程：小学（2）：33.

王旭，洪发林. 2007. "圆锥的体积"教学设计与评析［J］. 辽宁教育（3）：58.

蔚永生. 1998. "圆柱体积"的说课［J］. 山西教育（9）：38.

吴雷霞. 2011. "圆柱的体积"教学与思考［J］. 中小学数学：小学版（6）：40－41.

吴正宪. 1993. 小学数学教案课堂纪实选［M］. 郑州：中原农民出版社.

吴正宪. 1999. 圆柱的体积教学设计［J］. 小学教学参考（2）：27.

徐喜泉. 1998. "圆锥的体积"教学设计与说明［J］. 湖南教育（4）：34.

尹丽燕. 2012. "圆柱的体积"教学案例［G］. 河北省教师教育学会2012年中小学教师优秀案例作品展论文集.

喻菊. 2011. 圆柱的体积［J］. 江西教育（7/8B）：94.

喻平 . 2010. 数学教学心理学［M］. 北京：北京师范大学出版社：102.

张红娜 . 2002. "圆柱体的表面积"教学设计与实践反思［J］. 小学数学教育（3）：91.

张天孝 . 2011. 小学新思维数学研究［M］. 杭州：浙江大学出版社：75.

张煜胤 . 2003. 展示数学过程 体现探究学习［J］. 数学教学通讯（9）：98.

赵龙标 . 2011. "圆柱的体积"教学设计［J］. 小学教学参考（1）：15.

附　录

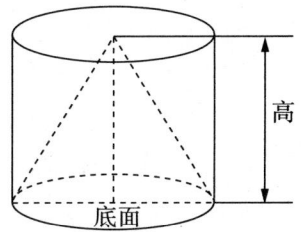

为方便读者查阅，特将前文进行比较研究的根据实验稿课标编写教材的完整图片及前、后测试卷作为附录呈现，具体包括：

1. 根据实验稿课标编写的圆柱与圆锥认识的教材图片；
2. 根据实验稿课标编写的圆柱表面积的教材图片；
3. 根据实验稿课标编写的圆柱体积的教材图片；
4. 根据实验稿课标编写的圆锥体积的教材图片；
5. 圆柱与圆锥认识的前测试卷；
6. 圆柱表面积的前测与后测试卷；
7. 圆柱体积的前测与后测试卷；
8. 圆锥体积的前测与后测试卷。

小贴士

获取更多有用、有趣的数学教学专业信息，增加专业阅读量，提高职业幸福感，请关注"一课研究"微信订阅号。

1 根据实验稿课标编写的圆柱与圆锥认识的教材图片

(按出版社名称音序排列)

北京师范大学出版社 六年级下册 2001 年

一 圆柱和圆锥

面的旋转

1. 如图，将自行车后轮支架支起，在后轮辐条上系上彩带，转动后轮，观察并思考彩带随车轮转动后形成的图形是什么？

2. 观察下图，你发现了什么？

3. 如图，用纸片和小棒做成下面的小旗，快速旋转小棒，观察并想象纸片旋转后所形成的图形，再连一连。

圆柱　　　球　　　圆锥

请你找出我们学过的立体图形。

圆柱与圆锥分别有什么特点？与同学交流。

圆柱有两个面是大小相同的圆，有一个面是曲面……

圆锥呢？

O·底面 侧面 高　　　顶点 侧面 高 O·底面

练一练

1. 找一找下面物体中，哪些部分的形状是圆柱或圆锥？

手电筒　　电池　　玻璃杯　　冰激凌

2. 找一找还有哪些物体的形状是圆柱或圆锥，并与同学进行交流。

3. 下面图形中是圆柱或圆锥的在括号里写出图形名称，并标出底面直径和高。

( )　　( )　　( )　　( )

4. 想一想，连一连。

转动后会形成怎样的图形？

5. 某种饮料罐的形状为圆柱形，底面直径为6.5厘米，高为11厘米，将24罐这种饮料按如图所示的方式放入箱内，这个箱子的长、宽、高至少是多少？

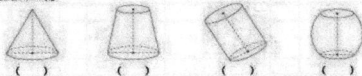

用纸片和小棒做成一面小旗，旋转"旗杆"，观察并想象纸片旋转后所形成的图形。

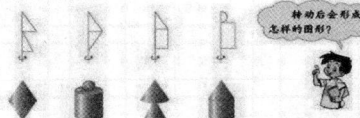

你知道吗

"神舟"号飞船有返回舱、轨道舱和推进舱，其中，轨道舱的外形为两端带有锥角的圆柱形。

江苏教育出版社 六年级（下册） 2001 年

2 圆柱和圆锥

上面哪些物体的形状是圆柱体? 圆柱体简称圆柱*。你还能举出其他例子吗?

仔细观察圆柱, 你发现了什么?

- 圆柱上下是一样粗的。
- 圆柱上、下两个面是完全相同的圆形。
- 圆柱有一个面是弯曲的。

圆柱的上、下两个面叫做圆柱的底面, 围成圆柱的曲面叫做圆柱的侧面, 圆柱两个底面之间的距离叫做圆柱的高。

* 本书所指的圆柱都是直圆柱。

下面这些物体的形状都是圆锥体, 简称圆锥*。

生活中还见过哪些圆锥形状的物体?

仔细观察圆锥, 你发现了什么?

- 圆锥有一个顶点。
- 圆锥的底面是一个圆形。
- 圆锥的侧面是一个曲面。

圆锥的底面是一个圆, 圆锥的侧面是一个曲面。从圆锥的顶点到底面圆心的距离是圆锥的高。

练一练

说说下面哪些物体的形状是圆柱, 哪些物体的形状是圆锥。

* 本书所指的圆锥都是直圆锥。

青岛出版社 五年级下册 2003 年

二 冰淇淋盒有多大
——圆柱和圆锥

你能提出什么问题?

合作探索

这些物体都是什么形状的?

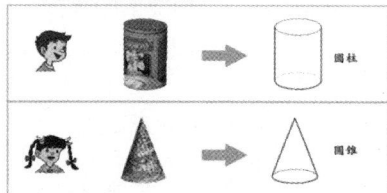

圆柱

圆锥

生活中还有哪些物体的形状是圆柱或圆锥?

圆柱和圆锥各有什么特点?

- 圆柱的上、下两个面都是圆, 并且大小一样……
- 我发现圆锥的底面是圆。
- 圆锥有一个曲面。

圆柱的两个圆面叫做底面, 曲面叫做侧面。两底面之间的距离叫做高。

圆锥的底面是个圆面, 圆锥的侧面是一个曲面。从圆锥的顶点到底面圆心的距离是圆锥的高。

问题口袋

自主练习

1. 下面物体的形状哪些是圆柱？哪些是圆锥？

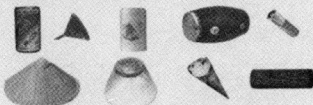

2. 下面的图形哪些是圆柱？哪些是圆锥？

3. 连一连。

4. 用一张长20厘米、宽15厘米的长方形纸卷成一个圆柱形纸筒。纸筒的底面周长和高各是多少？与同学交流一下。

5. 将如下图所示的长方形、半圆形、梯形和三角形小旗快速旋转。想象一下，小旗旋转一周能形成什么图形？请你连一连。

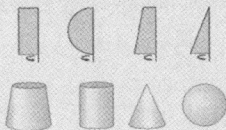

*6. 小芳给爷爷买了一盒生日蛋糕（如图）。捆扎这个蛋糕盒所用的彩带至少有多长？（打结处大约用20厘米）

课外实践

找一找生活中哪些物体的形状是圆柱或圆锥。想办法测量它们的底面直径和高，填入下表。

物体	形状	底面直径	高
茶叶筒	圆柱		

⑰ ⑱

人民教育出版社 六年级下册 2001年

---

2 圆柱与圆锥

1. 圆柱

圆柱的认识

客家围屋   比萨斜塔

凉亭   蜡烛   灯笼

上面这些物体的形状有什么共同特点？

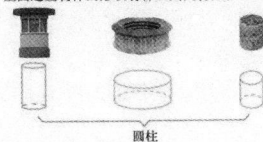

圆柱

你还见过哪些圆柱形的物体？

---

① 拿一个圆柱形的实物，看一看圆柱是由哪几部分组成的。

圆柱的两个圆面叫做底面，周围的面叫做侧面，两个底面之间的距离叫做高。

圆柱有什么特征？

圆柱的底面都是圆，并且大小一样。

圆柱的侧面是曲面。

拿一个长方形的硬纸，贴在木棒上，像下面这样快速转动，看一看转出来的是什么形状。

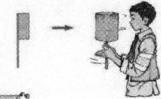

转动起来是一个圆柱。

做一做

指出下面圆柱的底面、侧面和高。

⑩   ⑪

233

2 圆柱的侧面展开后是什么形状? 剪一剪, 再展开。

圆柱的侧面展开后是长方形。

长方形的长、宽与什么有关? 有什么关系?

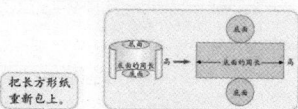

把长方形纸重新包上。

长方形的长等于圆柱底面的周长, 宽等于圆柱的高。

做一做

按照附页1的图样, 用硬纸做一个圆柱, 量出它的底面直径和高。

12

2. 圆 锥

圆锥的认识

上面这些物体的形状有什么共同特点?

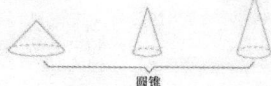

圆锥

你还见过哪些圆锥形的物体?

23

1 拿一个圆锥形的实物, 观察一下它有哪些特点。

圆锥的底面是个圆, 侧面是一个曲面。

从圆锥的顶点到底面圆心的距离是圆锥的高。怎样测量圆锥的高?

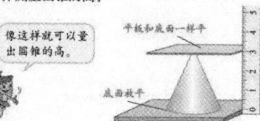

像这样就可以量出圆锥的高。

平板和底面一样平

底面放平

拿一个三角形的硬纸, 贴在木棒上, 像下面这样快速转动, 看一看转出来的是什么形状。

转动起来是一个圆锥。

做一做

按照附页2的图样, 用硬纸做一个圆锥, 量出它的底面直径和高。

24

圆柱与圆锥 二

圆柱和圆锥的认识 11

观 察 与 操 作

1. 观察下列各图，想一想圆柱有什么特征。

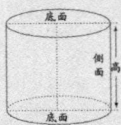

圆柱由两个相等的圆面和一个曲面围成。两个相等的圆面叫做圆柱的底面。两个底面之间的距离叫做圆柱的高，通常用 h 表示。这个曲面叫做圆柱的侧面。圆柱的两个底面积与侧面积的和叫做圆柱的表面积。

2. 在现实生活中，哪些物体的形状是圆柱？请你说一说，并指出圆柱的底面、侧面和高。

45

3. 观察下列各图，想一想有什么特征。

上面这些物体的形状都是圆锥体，简称圆锥。圆锥的底面是个圆，圆锥的侧面是个曲面，从圆锥的顶点到底面圆心的距离是圆锥的高，用 h 表示。

4. 想一想，做一做。
(1) 一个圆柱、一个圆锥分别有多少条高？
(2) 怎样量出圆柱、圆锥的高？

练 习 与 应 用

围绕所示的轴旋转各个平面图形，将得到什么样的立体图形？用线连一连。如果这个图形是圆柱或圆锥，它们的底面圆半径与平面图形边长的关系是怎样的？

46

235

2 根据实验稿课标编写的圆柱表面积的教材图片

（按出版社名称音序排列）

北京师范大学出版社　六年级下册　2001 年

圆柱的表面积

如图，做一个圆柱形纸盒，至少需要用多大面积的纸板？（接口处不计）

实际上就是求圆柱的表面积。

圆柱的底面积怎么求来，圆柱的侧面积怎样求来呢？

10 cm

第一题

圆柱的侧面展开后是一个怎样的图形呢？你能想办法说明吗？

把圆柱的侧面剪开，展开后是一个长方形。

用一张长方形的纸，可以卷成圆柱形。

圆柱侧面展开的长和宽与这个圆柱有什么关系？怎样求圆柱的侧面积呢？

圆柱的侧面积＝底面周长×高

如果用 $S_侧$ 表示圆柱的侧面积，C 表示底面周长，h 表示高，那么

$$S_侧 = Ch$$

5

第二题

现在，你能算出圆柱形盒子的表面积了吧！

侧面积：$2 \times 3.14 \times 10 \times 30 = 1884 (cm^2)$
底面积：$3.14 \times 10^2 = 314 (cm^2)$
表面积：$1884 + 314 \times 2 = 2512 (cm^2)$

答：＿＿＿＿＿＿＿＿

试一试

如图，做一个无盖的圆柱形铁皮水桶，底面直径为 4 分米，高为 5 分米，至少需要多大面积的铁皮？

练一练

1. 求圆柱的表面积。

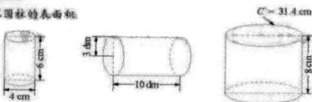

2. 如图，压路机前轮转动 1 周，压路的面积是多少平方米？

6

---

3. 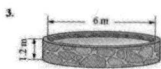 一个圆柱形水池，水池内壁和底面都要铺上瓷砖。水池底面直径为 6 米，池深 1.2 米，铺瓷砖的面积最多是多少平方米？

4. 制作一个底面直径 20 厘米、长 50 厘米的圆柱形通风管，至少要用多少平方厘米铁皮？

5. 油桶的表面要刷上防锈油漆，每平方米需用防锈油漆 0.2 千克，漆一个油桶大约需要多少防锈油漆？（结果保留两位小数）

6. 薯片盒规格如图，每平方米的纸最多能做几个薯片盒的侧面包装纸？

8 cm

实践活动

(1) 找一个圆柱形物体，量出它的高和底面直径，计算出它的表面积。
(2) 制作一个底面直径和高都是 10 厘米的圆柱形纸盒。

7

2 一种圆柱形状的罐头，它的底面直径是 11 厘米，高是 15 厘米。侧面有一张商标纸（如右图），商标纸的面积大约是多少平方厘米？（接头处忽略不计）

沿着接缝把商标纸展开，展开后商标纸是什么形状。

商标纸展开后的形状是长方形。

这个长方形的长和宽与圆柱有什么关系？怎样计算圆柱的侧面积？

长方形的长等于圆柱的底面周长。

长方形的宽等于圆柱的高。

圆柱的侧面积等于底面周长×高。

列式计算商标纸的面积。

答：这张商标纸的面积大约是_____平方厘米。

* 今后涉及到圆柱、圆锥的有关计算时，可以使用计算器。

3 把右边圆柱的侧面沿高展开，得到的长方形长和宽各是几厘米？两个底面分别是多大的圆？在下面的方格纸上画出这个圆柱的展开图。（每个方格边长 1 厘米）

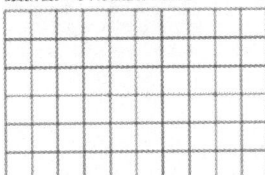

圆柱的侧面积与两个底面积的和，叫做圆柱的表面积。

在小组里讨论，怎样计算这个圆柱的表面积，再算一算。

练一练

1. 一个圆柱，底面周长是 23 厘米，高是 6 厘米。求它的侧面积。

2. 计算下面各圆柱的表面积。（单位：cm）

圆柱的表面积

3 圆柱的表面积指的是什么？

圆柱的表面积指的是……

圆柱的表面积怎样计算呢？拿出前面做好的圆柱，把它展开。

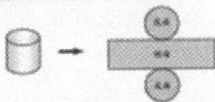

圆柱的表面积＝圆柱的侧面积＋两个底面的圆积

圆柱的底面积你会计算吗？侧面积呢？

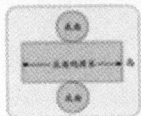

圆柱的侧面积＝底面周长×高

4 一顶厨师帽，高 28 cm，帽顶直径 20 cm，做这样一顶帽子至少需要用多少面料？（得数保留整十平方厘米。）

求需要用多少面料，就是求帽子的……

(1) 帽子的侧面积：
3.14×20×28＝1758.4（cm²）

(2) 帽顶的面积：
3.14×(20÷2)²＝314（cm²）

(3) 需要用面料：
1758.4＋314＝2072.4
≈2080（cm²）

答：至少需要用_____cm² 的面料。

做一做

一个圆柱底面半径是 2 dm，高是 4.5 dm，求它的表面积。

浙江教育出版社　四年级上册　2001 年

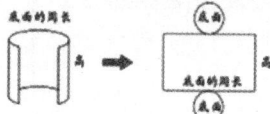

17 圆柱的表面积

1. 把圆柱的侧面沿高剪开后，展开平铺在桌面上是什么形状？怎样求圆柱的侧面积？

把圆柱的侧面展开，得到一个长方形。

这个长方形的长是圆柱底面的周长，它的宽是圆柱的高，所以：

圆柱的侧面积＝底面的周长×高

用字母表示：$S = Ch$

圆柱的两个底面积与侧面积的和叫做圆柱的表面积。

如果圆柱的底面半径为 r，那么，圆柱的表面积用字母表示为：

$$S = 2\pi rh + 2\pi r^2 = 2\pi r(h + r)$$

2. 计算下面圆柱的表面积。（单位：cm）

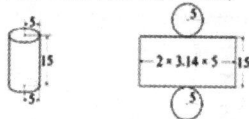

解：侧面积 = 2 × 3.14 × 5 × 15 = 471(cm²)
底面积 = 3.14 × 5² = 3.14 × 25 = 78.5(cm²)
表面积 = 471 + 78.5 × 2 = 628(cm²)
答：圆柱的表面积是 628 平方厘米。

3. 一个没有盖的圆柱形铁皮水桶高 24 厘米，底面直径是 20 厘米。做这个水桶大约要用多少平方厘米铁皮？（得数保留整百平方厘米数）

解：半径 = 20 ÷ 2 = 10(cm)　　水桶的侧面积：
水桶的底面积：　　　　　　　　3.14 × 20 × 24
3.14 × 10²　　　　　　　　　　= 1507.2(cm²)
= 314(cm²)

需要铁皮：
1507.2 + 314
= 1821.2
≈ 1900(cm²)

注意：实际使用的铁皮要比计算的结果多一些，得数要保留整百平方厘米数，略去尾数后，要向前位进1。这样取数的方法叫做进一法。

答：做这个水桶大约要用 1900 平方厘米铁皮。

1. 填表。

圆柱的已知条件	底面积	侧面积	表面积
r = 5cm　h = 9cm			
d = 3dm　h = 5dm			
C = 6.28m　h = 2m			

2. 制作一根底面直径为 12 厘米，长为 20 厘米的圆柱形通风管，至少要用多少平方厘米铁皮？

3. 一个圆柱形纸桶的底面周长为 0.45 米，高为 1.3 米，将这个纸桶的侧面用花纸围起来，至少要用多少平方米的花纸？（得数保留两位小数）

3 根据实验稿课标编写的圆柱体积的教材图片

(按出版社名称音序排列)

北京师范大学出版社　六年级下册　2001 年

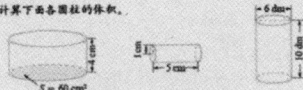

江苏教育出版社　六年级（下册）　2001 年

4 下面长方体、正方体和圆柱的底面积都相等，高也相等。

（1）长方体和正方体的体积相等吗？为什么？

（2）猜一猜，圆柱的体积与长方体、正方体的体积相等吗？用什么办法验证呢？

> 圆可以转化成长方形计算面积，圆柱可以转化成长方体计算体积吗？

把圆柱的底面平均分成16份，切开后图下图拼一拼。

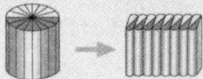

> 拼成了一个近似的长方体。

如果把圆柱的底面平均分成32份、64份……切开后拼成的物体会有什么变化？

> 拼成的物体越来越接近长方体。

⑤

拼成的长方体与原来的圆柱有什么联系？与同学进行交流。

> 长方体的底面积等于圆柱的底面积。

> 长方体的高等于圆柱的高。

> 长方体的体积与圆柱的体积相等。

根据上面的实验和讨论，想一想，可以怎样求圆柱的体积？

圆柱的体积 = 底面积 × 高

如果用 V 表示圆柱的体积，S 表示圆柱的底面积，h 表示圆柱的高，圆柱的体积公式可以写成：

$$V = Sh$$

试一试

一个圆柱形状的零件，底面半径5厘米，高8厘米。这个零件的体积是多少立方厘米？

练一练

1. 计算下面各圆柱的体积。（单位：cm）

2. 一个圆柱形电饭煲，从里面量得底面直径是2.2分米，高是1.3分米。这个电饭煲的容积大约是多少升？（得数保留一位小数）

㉖

青岛出版社　六年级下册　2003 年

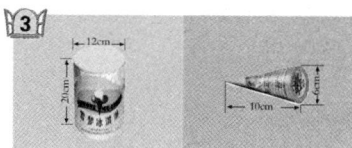

3

你能提出什么问题？

合作探索

● 这种规格的包装盒的体积是多少？

> 表如的体积就是求圆柱的体积。

> 怎样求的体积呢？

> 我知道圆的面积公式是把圆转化成近似的长方形推导出来的。

> 我猜想圆柱的体积公式可能是把圆柱转化成长方体来推导的。

㉓

怎样把圆柱转化成长方体呢？

> 等分的份数越多，拼成的立体图形就越接近长方体。

> 这个长方体的底面积等于圆柱的底面积，高就是圆柱的高。因为长方体的体积 = 底面积 × 高，所以圆柱的体积……

圆柱的体积 = 底面积 × 高

$$V = Sh$$

底面积：$3.14 \times (12 \div 2)^2 = 113.04$（$cm^2$）

体　积：$113.04 \times 20 = 2260.8$（$cm^3$）

答：这种规格的包装盒的体积是2260.8cm^3。

● 这种规格的包装盒的体积是多少？

> 求的体积就是求圆锥的体积。

> 怎样求的体积？

㉔

圆柱的体积

5 什么叫物体的体积? 你会计算下面哪些图形的体积?

能将圆柱转化成一种学过的图形, 计算出它的体积吗?

把圆柱的底面分成许多相等的扇形。

把圆柱切开, 再像这样拼起来, 得到一个近似的长方体。

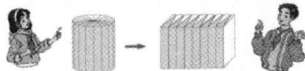

分的份数越多, 拼成的图形越接近长方体。

长方体的底面积等于圆柱的 _____,
高等于圆柱的 _____。

长方体的体积 = 底面积 × 高

圆柱的体积 = 底面积 × 高

$\quad\quad V \quad\quad S \quad\quad h$

用字母表示。

圆柱的体积计算公式是:

$$V = Sh$$

19

做一做

一根圆柱形木料, 底面积为 75 cm², 长 90 cm。它的体积是多少?

如果知道圆柱底面的半径 r 和高 h, 圆柱的体积公式还可以写成:

$$V = \underline{\quad\quad\quad}$$

6 下面这个杯子能不能装下这袋奶? (杯子的数据是从里面测量得到的。)

8 cm
10 cm
498 ml

想: 要回答这个问题, 先要计算出杯子的容积。

杯子的底面积: $\quad 3.14 \times (8 \div 2)^2$
$\quad\quad\quad\quad = 3.14 \times 4^2$
$\quad\quad\quad\quad = 3.14 \times 16$
$\quad\quad\quad\quad = 50.24 (cm^2)$

杯子的容积: $\quad 50.24 \times 10$
$\quad\quad\quad\quad = 502.4 (cm^3)$
$\quad\quad\quad\quad = 502.4 (ml)$

答: 502.4 大于 498, 所以这个杯子能装下这袋奶。

20

做一做、议一议: 怎样计算圆柱的体积?

我不会算圆柱的体积, 但会算长方体的体积。

想一想, 圆的面积计算公式是怎样推导的?

如果能将圆柱变成长方体就好了。

怎样才能把圆柱转化成长方体呢?

分一分, 拼一拼:

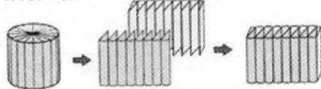

嘿, 这个圆柱变成近似的长方体了!

长方体的体积 = 底面积 × 高

圆柱的体积 = _____

如果用 V 表示圆柱的体积, S 表示圆柱的底面积, h 表示圆柱的高, 你能用字母表示圆柱的体积计算公式吗?

$$V = $$

34

柱子高 4 米。

底面周长是 3.14 米。

这根柱子的体积是多少?

圆柱的底面半径: $\dfrac{3.14}{2 \times 3.14} = 0.5 (m)$

圆柱的体积:

课堂活动

量一量, 算一算: 找一个圆柱形杯子, 先测量出相关数据, 再计算它的容积。

35

241

4　根据实验稿课标编写的圆锥体积的教材图片

(按出版社名称音序排列)

北京师范大学出版社　六年级下册　2001 年

圆锥的体积

这堆小麦的体积是多少呢？

圆锥的体积能不能也用"底面积×高"计算呢？

直接用"底面积×高"得到的是圆柱的体积，我猜圆锥的体积大概是与它等高、等底的圆柱体积的……

你有什么办法验证自己的猜想呢？

准备等底等高的圆柱形容器和圆锥形容器各一个。

把圆锥形容器装满沙，再倒入圆柱形容器，看怎样能装满。

通过上面的小实验，你发现了什么？在全班进行交流。

圆锥的体积等于和它等底等高的圆柱体积的……

如果用 V 表示圆锥的体积，S 表示底面积，h 表示高，你能写出圆锥体积的计算公式吗？

$V =$

$\frac{1}{3} \times 3.14 \times 2^2 \times 1.5$
$= 6.28 (米^3)$

答：

一个圆锥形零件，它的底面直径是 10 厘米，高是 3 厘米，这个零件的体积是多少立方厘米？

练一练

1. 计算下面各圆锥的体积。

2. $3.5 米^2 = ($　$) 分米^2$　　　　$3400 厘米^2 = ($　$) 分米^2$
   $2300 分米^3 = ($　$) 米^3$　　　$6.5 升 = ($　$) 毫升$
   $4000 毫升 = ($　$) 厘米^3 = ($　$) 分米^3$　　$0.083 米^3 = ($　$) 分米^3$

3. 如图，求圆锥的体积。

4. 一个圆锥形零件，它的底面半径是 5 厘米，高是底面半径的 3 倍，这个零件的体积是多少立方厘米？

5. 测量中经常使用金属制作的铅锤，这种金属每立方厘米的质量约为 7.8 克，这个铅锤约多少克？

6. 有一座圆锥形帐篷，底面直径约 5 米，高约 3.6 米。
   (1) 它的占地面积约是多少平方米？
   (2) 它的体积约是多少立方米？

7. 张大伯家有一堆小麦，堆成了圆锥形，张大伯量得其底面周长是 9.42 米，高是 2 米，这堆小麦的体积是多少立方米？如果每立方米小麦的质量约为 700 千克，这堆小麦有多少千克？

一个圆柱形橡皮泥，底面积是 12 厘米²，高是 5 厘米。
(1) 如果把它捏成同样底面大小的圆锥，这个圆锥的高是多少？
(2) 如果把它捏成同样高的圆锥，这个圆锥的底面积是多少？

例5 下面圆柱和圆锥的底面积相等，高也相等。

估计一下，这个圆锥的体积是圆柱的几分之几？

可以用什么方法来验证你的估计？

准备等底等高的圆柱和圆锥形状的空容器各一个。

在圆锥形容器里装满沙子，再倒入圆柱形容器里，看看几次正好倒满。

圆锥的体积正好是与它等底等高的圆柱体积的几分之几？你的估计对吗？与同学交流。

圆锥的体积是与它等底等高的圆柱体积的 $\frac{1}{3}$。

(29)

根据上面的实验和讨论，想一想，可以怎样求圆锥的体积？

圆锥的体积 = 底面积 × 高 × $\frac{1}{3}$

如果用 V 表示圆锥的体积，S 表示圆锥的底面积，h 表示圆锥的高，圆锥的体积公式可以写成：

$$V = \frac{1}{3}Sh$$

试一试

一个圆锥形零件，底面积是 170 平方厘米，高是 12 厘米。这个零件的体积是多少立方厘米？

练一练

1. 计算下面各圆锥的体积。（单位：cm）

2. 在建筑工地上，有一个近似于圆锥形状的沙堆，测得底面直径是 4 米，高是 1.5 米。每立方米沙大约重 1.7 吨，这堆沙约重多少吨？（得数保留整吨数）

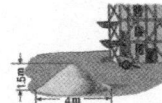

(30)

圆锥的体积

你有办法知道这个铅锤的体积吗？

把它放进盛水的量杯里，看水面升高多少……

如果每个圆锥都这样测，太麻烦了！

我们会计算这几种图形的体积。

圆柱的底面是圆，圆锥的底面也是圆……

圆锥的体积和圆柱的体积有没有关系呢？

下面通过试验，探究一下圆锥和圆柱体积之间的关系。

(1) 各组准备好等底、等高的圆柱、圆锥形容器。

(2) 用倒水或倒沙子的方法试一试。

三次正好装满

我把圆柱装满水，再往圆锥里倒。

正好倒了三次。

(3) 通过试验，你发现等底等高的圆锥、圆柱的体积有什么关系？你能用字母表示出它们的关系吗？

$$V_{圆锥} = \frac{1}{3}V_{圆柱} = \frac{1}{3}Sh$$

3. 工地上有一些沙子，堆起来近似于一个圆锥，这堆沙子大约多少立方米？（得数保留两位小数。）

(1) 沙堆底面积：$3.14 \times (\frac{4}{2})^2$

= _____

= _____

(2) 沙堆的体积：

= _____

= _____

答：_____。

浙江教育出版社　六年级上册　2005年

圆锥的体积 ⑭

观察与操作

1. 将下面的各圆锥与圆柱比较，你能给这些圆锥分分类吗？

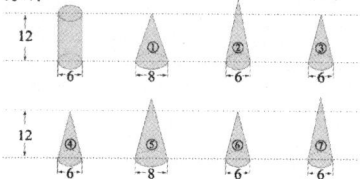

如果把③④⑥分成一类，把①②⑤⑦分成一类，这种分类选择了什么标准？

2. 观察下面这些等底等高的图形，估计图2、图3、图4、图5的体积是图1这个圆柱体积的几分之几？在方框里填数。

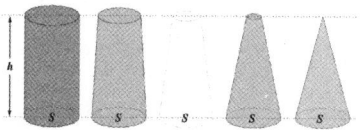

$V = Sh$　$V = \frac{\square}{\square}Sh$　$V = \frac{\square}{\square}Sh$　$V = \frac{\square}{\square}Sh$　$V = \frac{\square}{\square}Sh$

（图1）　（图2）　（图3）　（图4）　（图5）

3. 大家来做实验：研究等底、等高的圆锥体积与圆柱体积之间的关系。

在圆锥形容器里装满水，然后把水倒入与圆锥形容器等底、等高的圆柱形容器中。要倒几次才能恰好注满圆柱形容器？

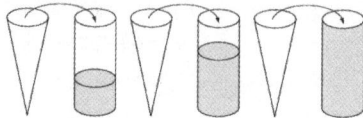

从这个实验里我们得出：圆柱形容器的体积是和它等底、等高的圆锥形容器的3倍；反过来说，圆锥形容器的体积等于和它等底、等高的圆柱形容器的 $\frac{1}{3}$，即：

$$V_{圆锥} = \frac{1}{3}S \cdot h$$

练习与应用

1. 一个圆柱与一个圆锥等底、等高，圆柱体积是2dm³，这个圆锥的体积是多少？圆柱、圆锥分别有多高、多大？

2. 一个圆柱的底面积是3.14m²，高是1m，与它等底、等高的圆锥体积是多少？

3. 一个圆锥形的零件，底面积是21cm²，高是14cm，这个零件的体积是多少？

4. 在右面这段圆柱体的木头中，削出一个最大的圆锥，如果圆柱体积是12dm³，那么削出的这个圆锥体积是多少？

5 圆柱与圆锥认识的前测试卷

圆柱与圆锥认识的前测试卷

姓名：_____ 性别：_____ 年龄：_____

亲爱的同学，你已经学过很多图形，但还没有在数学课上学习圆柱和圆锥，因此，你可能知道一些关于圆柱和圆锥的知识，或者什么都不知道，这都没有关系。请你回答下面的问题。（请不要用铅笔书写）

如果把你们班同学的数学成绩分成上、中、下三个等级，那么你的成绩属于（   ）等。

1. 请选择：（在合适的题号前打钩）

你以前见过圆柱或圆锥吗？（1）见过；   （2）没有见过。

2. 在你身边，有圆柱或圆锥状的物体吗？请你写一写。

圆柱有：_____。

圆锥有：_____。

3. 下面物体中，是圆柱的在括号里打"√"，是圆锥的在括号里画"△"。

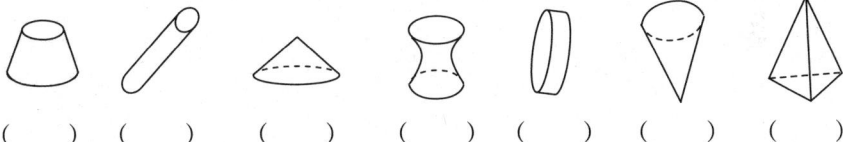

（   ） （   ） （   ） （   ） （   ） （   ） （   ）

4. 做一个下面图1这样的纸质圆柱，你会选择右边的哪三张纸？（   ）做一个下面图2这样的纸质圆锥，你又会选择右边的哪几张纸？（   ）

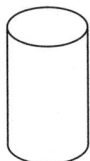

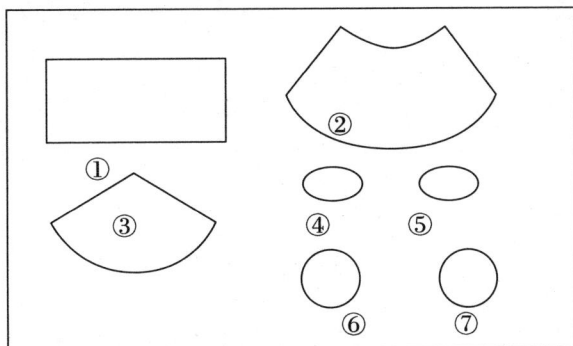

图 1   图 2

5. 请选择（在合适的题号上打钩）：你知道或者听说过"底面"、"侧面"、"圆柱（或圆锥）的高"这些名词吗？

（1）全部名词都听说过；

（2）部分名词听说过；（给听说过的名词打上"√"）

（3）没有听说过这些名词。

6. 看图选填（选择合适的序号填在□里）。（不知道的可以不写）

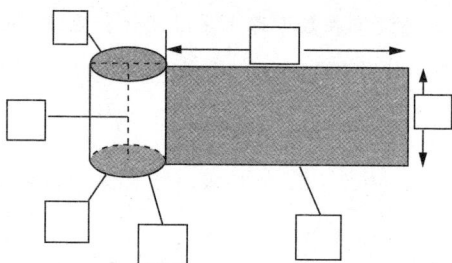

A. 底面   B. 侧面展开图   C. 高

D. 底面半径   E. 底面周长

7. 各个平面图形围绕所标注的轴旋转，将得到怎样的立体图形？用线连一连。

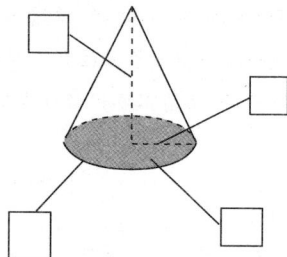

①   ②   ③   ④   ⑤

6 圆柱表面积的前测与后测试卷

圆柱表面积的前测试卷

姓名：_____ 性别：_____ 班级：_____

亲爱的同学，你已经学过很多图形，但还没有在数学课上学习圆柱，因此，你可能知道一些关于圆柱体的知识，或者什么都不知道，这都没有关系。请你回答下面的问题。（请不要用铅笔书写）

1. 把圆柱体的侧面沿高剪开后，展开平铺在桌面上。

(1) 猜一猜侧面展开后可能是什么形状？请写一写。

_____

底部周长为 C，半径为 r

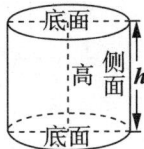

(2) 你觉得圆柱侧面展开图的面积可以怎样计算？请写一写。

_____

2. 右图是一个圆柱体，你认为圆柱的表面积包括下面哪些部分？请在括号里写一写（   ）。（可以多选）

（可以用选择的形式：A. 上底面 B. 下底面 C. 侧面）

3. 你知道圆柱体的表面积怎么计算吗？（   ）

A. 知道   B. 不知道

如选择 A 请继续回答下面的问题。

请你写出圆柱体表面积的计算公式：_____

你是怎么知道圆柱表面积计算公式的？在下面写一写。

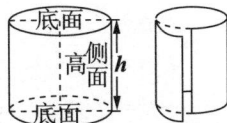

4. 请你试着算一算下面圆柱体的表面积。（单位：厘米）

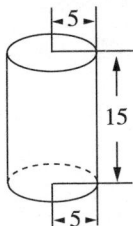

圆柱表面积的后测试卷

姓名：_____　性别：_____　班级：_____

1. 把圆柱体的侧面沿高剪开后，展开平铺在桌面上是（　　）形状。

怎样求圆柱体的侧面积

（　　　　　　　　　　　）

怎样求圆柱体的表面积

（　　　　　　　　　　　）

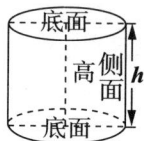

2. 选择：表面积、侧面面积、侧面面积和一个底面积

①做一个圆柱形的汽油桶至少用多少铁皮，就是求_____。

②做一个无盖水桶至少用多少铁皮，就是求_____。

③做一节烟筒至少用多少铁皮，就是求_____。

3. 求下面圆柱体的侧面积和表面积。（单位：厘米）

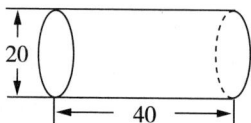

4. 根据已知条件填空。

① $d = 2\,\mathrm{dm}$，$h = 3\,\mathrm{dm}$，$S_{侧} =$（　　　）$S_{表} =$（　　　）

② $S_{侧} = 20\pi$ 平方厘米，$h = 10$ 厘米，$r =$（　　　）

③ $C = 4\pi$ 厘米，$h = 5$ 厘米，$S_{表} =$（　　　）

5. 一个圆柱体的侧面展开是个边长为 9.42 厘米的正方形，这个圆柱体的表面积是多少平方厘米？（得数保留两位小数）

7 圆柱体积的前测与后测试卷

圆柱体积的前测试卷

姓名：_____ 性别：_____ 年龄：_____

亲爱的同学，你已经学过长方体和正方体的体积，也认知了圆柱这个图形，因此，你可能知道一些关于圆柱体积的知识，或者什么都不知道，这都没有关系。请你回答下面的问题。（请不要用铅笔书写）

1. 圆面积公式为：$S = \pi r^2$。请你回忆一下我们是怎么推导出圆面积公式的？

2. 长方体的体积大小与它的"长、宽、高"有关，你认为圆柱体积的大小可能与它的什么有关？

3. （1）你知道圆柱的体积可以怎么计算吗？（   ）

    A. 知道   B. 不知道

如选择 A 请继续回答下面的问题。

（2）请你写出圆柱体积的计算公式。

（3）你是从哪种途径知道圆柱的体积计算公式的？（   ）

    A. 数学书   B. 父母   C. 同伴

    D. 老师   E. 网络   F. 其他途径

（4）请用自己的语言来解释一下圆柱的体积为什么可以这样计算。

（5）计算下面这个圆柱体的体积。（单位：厘米）

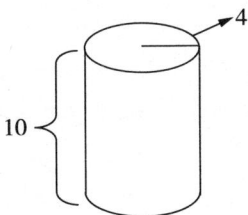

圆柱体积的后测试卷

姓名：_____ 性别：_____ 年龄：_____

亲爱的同学，你已经学过了有关圆柱体积计算的知识，请你回忆一下学习过的内容，然后回答下面的问题。(请不要用铅笔书写)

1. 请写出圆柱体积的计算公式。(　　　　　　　　　　　　　　　)

2. 用自己的语言来写一写圆柱的体积为什么可以这样计算？

3. 计算下面这个圆柱体的体积。(单位：厘米)

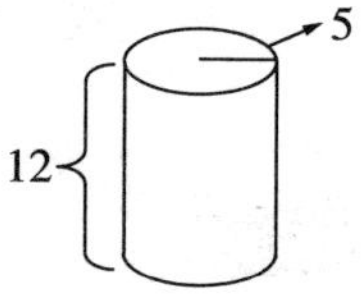

4. 已知一个圆柱的底面周长为 31.4 厘米，高为 12 厘米，这个圆柱的体积是多少立方厘米？

5. 如图所示，这个物体的体积是多少立方分米？

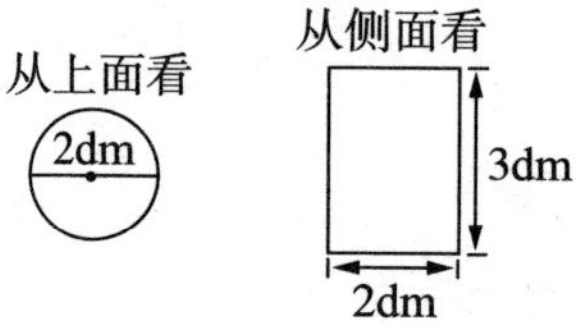

从上面看　　从侧面看

6. 两个底面积相等的圆柱，一个高为 4.5 分米，体积是 81 立方分米；另一个圆柱高为 3 分米，体积是多少立方分米？

7. 如图：一个塑料薄膜覆盖的蔬菜大棚，长 15 米，横截面是一个半径为 2 米的半圆，大棚内的空间约有多少立方米？

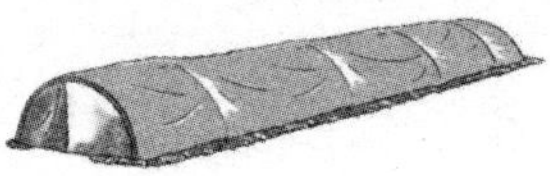

8 圆锥体积的前测与后测试卷

圆锥体积的前测试卷

姓名：_____ 性别：_____ 年龄：_____

亲爱的同学，你已经学过很多图形，但还没有在数学课上学习圆锥，因此，你可能知道一些关于圆锥的知识，或者什么都不知道，这都没有关系。请你回答下面的问题。（请不要用铅笔书写）

1. 下面是一个圆锥，你认为圆锥体积的大小可能与它的什么有关？（   ）（可多选）

A. 圆锥的高

B. 圆锥的底面面积

C. 圆锥的底面周长

D. 圆锥的底面面积

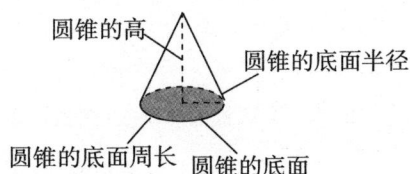

2. 右边的圆柱和圆锥，底面面积相等，高也相等，你觉得圆柱的体积和圆锥的体积（   ）关系。

A. 有   B. 没有   C. 不确定

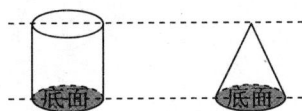

如果选择 A，请继续回答下面的问题：

你觉得圆锥的体积是圆柱体积的几分之几？（   ）

有没有办法证明你的想法是正确的？在下面写一写。

3. 你知道圆锥的体积可以怎么计算吗？（   ）

A. 知道   B. 不知道

如选择 A 请继续回答下面的问题。

请你写出圆锥体积的计算公式：_____

你是怎么知道圆锥体积计算公式的？在下面写一写。

4. 请你试着算一算右图圆锥的体积。（单位：厘米）

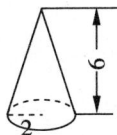

圆锥体积的后测试卷

姓名：_____ 性别：_____ 年龄：_____

1. 右图的圆柱和圆锥，底面面积相等，高也相等，你觉得圆柱的体积和圆锥的体积（　　）关系。

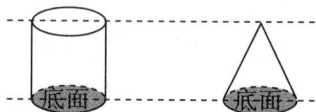

A. 有　　　　B. 没有　　　　C. 不确定

如果选择 **A**，请继续回答下面的问题：

你觉得圆锥的体积是圆柱体积的几分之几？（　　）

有没有办法证明你的想法是正确的？在下面写一写。

2. 求下面圆锥的体积。(单位：厘米)

（1）

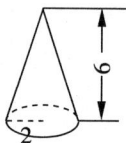

（2）

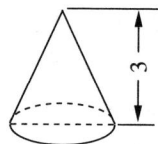

底面周长为9.42

3. 下面的圆锥与（　　）号圆柱的体积相等

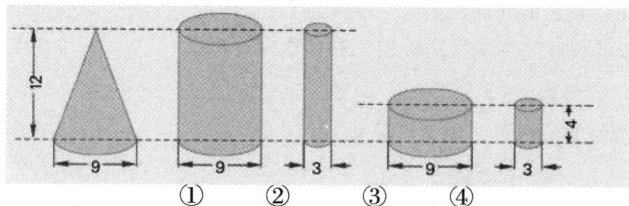

① ② ③ ④

4. 有两个空的玻璃容器（见下图），先在圆锥形容器里注满水，再把这水倒入圆柱形容器，圆柱形容器里的水深多少厘米？请你写出解答过程。

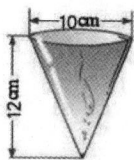

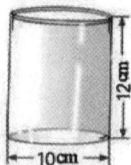

后　记

　　2009 年的大年初一，接到工作站班主任邵虹老师的短信，要我们思考该如何研究一节课，从此，对于一节课的研究就拉开了序幕，而完成工作站的这份作业也花了我们作业史上的最长时间——近五年。

　　这四年多来，这份"爱恨交加"的作业一直陪伴着我们，我们曾为了收集资料奔赴宁波，我们曾为了如何提出问题讨论到深夜……也正是这份作业，让我们了解了备课需要深度，需要广度；让我们明白了再深再广的历史背景与理论知识，最终都将落到具体的一节课。从不知道从何起笔到慢慢有所体会，从最初的茫然到其中一部分文章发表带来的喜悦……我们一点一点摸索，一点一点进步，在朱老师耐心的帮助与指导下，终于形成了今天展现在您面前的这些文字。也许，它还十分稚嫩；也许，思考也还比较粗浅，但我们真诚地想与你分享这几年我们的学习所获。

　　如前所述，这本书紧紧围绕"圆柱与圆锥"的教学展开，包含"圆柱与圆锥的认识"、"圆柱的表面积"、"圆柱的体积"和"圆锥的体积"四节课，呈现了我们就这四节课查找到的相关上位数学知识，大纲与课标的要求，不同时期的教材、教学设计，学生的调查情况等。在这些方面我们所搜集的资料和所想到的观点，都将真诚地与你共享，希望得到你的共鸣和批评。

　　全书分为 6 章，各章撰写人员如下：第 1 章，章剑；第 2 章，吴玉兰；第 3 章，章剑、张麟；第 4 章，沈美莲；第 5 章，张麟；第 6 章，吴玉兰。因四节课相互关联，四位作者很可能在文章的个别章节中关注了相同的问题，但都会联系各自的课

253

具体地展开。由于作者所持的研究逻辑和理论信念不尽相同，每章的体例和格式虽作基本统一，但仍保留了各自的特色。

感谢朱乐平老师，在他细致的指导与热情的鼓励下，我们才有信心完成这份长久的作业；也感谢教育科学出版社的郑莉老师，给我们的文风和文字做了很多点拨，增加了与读者的互动。这是我们的第一次尝试，一定还有许多疏漏和不当之处，诚挚地希望得到专家、老师们的批评指正，我们一定会努力改进。

吴玉兰　章剑　沈美莲　张麟
2013 年 7 月于杭州